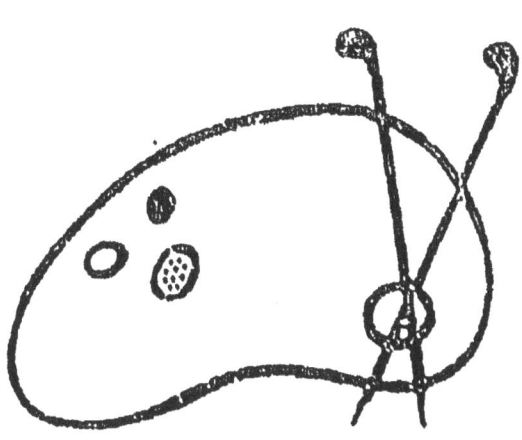

Couvertures supérieure et inférieure
en couleur

COUVERTURES SUPERIEURE ET INFERIEURE D'IMPRIMEUR.

56

LES
CONTES POPULAIRES
EN ITALIE

LES
CONTES POPULAIRES

EN ITALIE

PAR

MARC MONNIER

PARIS

G. CHARPENTIER, ÉDITEUR

13, RUE DE GRENELLE-SAINT-GERMAIN, 13

—

1880

Tous droits réservés.

AVANT-PROPOS

La Fontaine disait autrefois : « Si Peau-d'Ane m'était conté, j'en aurais un plaisir extrême. » M. Max Müller dit aujourd'hui : « Les nouvelles ont pris une des premières places dans les études qui font connaître le passé du genre humain. » Ces deux phrases montrent bien la différence entre les poètes du bon siècle et les érudits du nôtre ; les premiers allaient chercher leur plaisir dans les contes de fées, les seconds y vont chercher des documents.

Voltaire lui-même, qui avait tant de bon-sens, regrettait les démons et les farfadets et s'écriait avec un soupir : « Oh ! le bon temps que celui de ces fables ! » Luther n'aurait pas donné pour un trésor les histoires merveilleuses qu'on lui avait racontées dans son enfance, et tous ces hommes, plus jeunes que nous et par conséquent plus sages, ne cherchaient dans les contes d'enfants que des contes d'enfants. En Italie, Straparole les recueillait dans ses *Nuits facétieuses* et le Napolitain Basile, dans son *Pentamerone*, plus connu en Allemagne qu'à Naples même, avait tâché de noter non-seulement les narrations populaires, mais encore le dialecte de son pays. Avant d'être conquis par les Allemands, Basile fut pillé par Gozzi, Lippi, Wieland, peut-être même par notre Perrault, mais ce dernier point n'est pas établi encore. Un évêque de Bisceglie, monseigneur Pompeo Sarnelli, ne dédaigna pas d'écrire en napolitain une *Posillicheide* dans laquelle il rapporta cinq nouvelles racontées après un souper sur la colline de Pausilippe, par quatre petites paysannes et leur mère, avec beaucoup de vivacité et de naturel.

Jusqu'alors et longtemps après, on ne recueillait ces historiettes que pour s'amuser; mais vinrent les frères Grimm qui prirent ces études au sérieux et commencèrent dans leurs *Mærchen* et dans leurs *Sagen* une véritable enquête sur la langue, l'esprit, la psychologie populaires; ils firent école, et dans tous les pays du monde on voulut rechercher à leur exemple, écrire à leur manière, sous la dictée des gens du peuple, les traditions des rues et des champs.

Ce furent les Allemands qui les premiers exploitèrent l'Italie ; la Sicile fut explorée avec beaucoup de fruit par une femme de mérite, Mᵐᵉ Laure de Gonzenbach. Les Italiens qui sous l'ancien régime ignoraient et dédaignaient leurs richesses, ne se sont guère mis à l'œuvre que ces dernières années, mais ils l'ont fait avec leur ardeur habituelle ; M. Vittorio Imbriani à Milan et à Florence, M. de Gubernatis à Santo-Stefano, M. Bernoni à Venise, Mᵐᵉ Coronedi Berti à Bologne, et surtout M. Giuseppe Pitrè en Sicile ont exhumé des trésors que les frères Grimm leur auraient enviés.

L'auteur du présent volume a passé en Italie la plus grande moitié de sa vie déjà longue ; il connaît plus ou moins les dialectes, les patois de la péninsule ; il peut compléter ou commenter par des recherches et des observations personnelles les volumineux recueils où il va puiser à pleines mains[1]. Il lui est donc permis d'offrir aux lecteurs français un livre d'instruction et de récréation nouveau pour eux et destiné à tout le monde : aux enfants toujours affamés d'histoires, aux mères qui ne savent plus où en chercher, aux curieux qui aiment les vieilles légendes,

---

[1] Particulièrement la *Novellaja florentina* de M. Vittorio Imbriani (Livourne, Vigo, 1877) — et les sept volumes de la *Biblioteca delle tradizioni popolari siciliane, per cura di Giuseppe Pitrè* (Palerme, Pedone-Lauriel, 1870-1875).

aux studieux qui pourront y trouver des renseignements sur les mœurs, les idées, les superstitions, le langage, la diction du peuple, — et pour tout dire en un mot, aux naïfs comme La Fontaine et aux savants comme M. Max Müller. —

CONTES POPULAIRES
EN ITALIE

I

LES CONTES SICILIENS — LA MESSIA : SES VOYAGES, SA LANGUE, SA MIMIQUE — LES CONTEUSES — LES CHANSONNIERS — GIUFA LE JOCRISSE — LES OEUFS CUITS DURS — LE DIAMANT DU PÈRE ÉTERNEL.

Ce qui donne un intérêt particulier aux recueils de M. Pitrè, c'est qu'il n'y a rien mis de son propre fonds ; ce ne sont pas des traditions populaires arrangées en nouvelles par un artiste ingénieux pour amuser les oisifs. Ces naïvetés artificielles n'ont plus cours aujourd'hui ; ce n'est pas le dialecte affiné de Meli que recherchent les curieux, c'est la vraie langue du peuple. Pour la retrouver, M. Pitrè a voulu écrire sous la dictée des narrateurs illettrés qu'il rencontrait sur son chemin ; il a noté scrupuleusement les mots, les sons, les accents divers de toutes les provinces siciliennes ; mais c'est le peuple et non sa langue que nous voulons étudier dans ces contes où les narrateurs eux-mêmes ne sont pas les personnages les moins intéressants. M. Pitrè nous présente d'abord ses fournisseurs de récits; les plus riches, les plus brillants sont des femmes.

Au premier rang se place une Palermitaine, Agatuzza Messia. Elle n'est point belle, ni jeune : c'est une arrière grand'mère qui dès son enfance avait appris de sa grand'mère quantité d'histoires que cette grand'mère tenait de son aïeule, qui les tenait elle-même d'un aïeul. C'est ainsi que cette poésie narrative remonte à un temps déjà vieux et a pu grossir ou s'altérer en route; cependant la Messia (c'est sous ce nom qu'elle est connue) a une mémoire excellente, et si la forme change quand elle raconte, le fond ne change jamais. Elle habite le Borgo, quartier de Palerme, où elle se fit d'abord une réputation de cantatrice. On ne se lassait pas de l'écouter; sa voix s'est cassée depuis et elle ne chante plus, elle raconte, mais on l'écoute encore.

Il y a un demi-siècle environ, elle fit un voyage à Messine, ce qui lui donna une grande autorité dans le Borgo; les filles de ce quartier ne sortent guère de chez elles. Quand elles vont, pour quelques emplettes, dans la rue Victor-Emmanuel, elles disent, comme si elles changeaient de pays : « Je vais à Palerme. » Cependant la Messia était allée jusqu'à Messine; quand elle revint au Borgo, elle avait la tête pleine de récits et les yeux pleins d'images; elle parlait de la citadelle, une forteresse que pas un homme ne pourrait prendre : les Turcs eux-mêmes n'y étaient point parvenus. Elle parlait du phare de Messine, qui était beau, mais dangereux pour les navigateurs; elle parlait de Reggio en Calabre; elle disait que de la palissade elle avait pensé toucher cette ville avec la main.

La Messia ne sait pas lire, mais elle sait beaucoup de choses qui sont connues d'elle seule et elle les dit avec une propriété de termes qui étonne les lettrés. Parle-t-elle d'un bâtiment qui court la mer, elle prend sans s'en douter, tout naturellement, le vocabulaire des marins; elle sait le nom des mâts, des amarres, la rose des vents, court de babord à tribord, renfloue, agrène, carrègo, alargue, mange le vent, tient le lof, comme si elle n'avait fait que cela toute sa vie. Elle sait les mots techniques de tous les métiers : elle-même en a exercé plusieurs.

Tailleuse dans sa jeunesse, elle devint, sa vue baissant, piqueuse de couvertures, et, malgré le rude travail auquel elle s'astreint pour vivre, elle trouve beaucoup de temps pour ses dévotions. Chaque jour, l'hiver ou l'été, qu'il pleuve ou neige, elle sort à la brume et va prier. Sa piété satisfaite, elle raconte des histoires ; elle en sait des milliers et n'en a oublié aucune ; elle les dit toutes avec la grâce, la verve, la chaleur et l'expression qu'elle avait à vingt ans. C'est une mimique étonnante, un continuel mouvement des yeux, des bras, des pieds, de la personne entière, un perpétuel changement d'attitudes, une incessante agitation du corps qui s'incline, se dresse, va et vient par toute la chambre, se couche presque à terre ou bondit comme pour s'envoler ; un roulement de la voix qui prend tous les tons, parcourt toutes les gammes, tour à tour douce et grave, d'une solennelle lenteur ou d'une volubilité haletante, émue, effrayée, vibrante, allègre comme un éclat de rire, habile surtout à emprunter tous les accents, toutes les intonations des personnages que l'admirable conteuse met en jeu.

Tout cela est perdu dans le recueil de M. Pitrè, mais la narration suffit pour intéresser les lecteurs les plus exigeants : La Messia sait mener de front, sans confusion, deux ou trois épisodes qui ne se joignent qu'à la fin, et passe à chaque instant sans embarras, d'un saut vif et léger, du récit au dialogue. Il est vrai que le patois sicilien donne beaucoup de grâce aux choses les plus simples et de saveur même aux choses les plus fades ; nous n'en regrettons pas moins que la bonne femme ait négligé d'apprendre à écrire : la Sicile aurait peut-être un romancier.

La Messia n'est pas seule à raconter des histoires. Une commère du même quartier, Rosa Brusca, qui va sur ses quarante-six ans, l'égale presque dans les sujets badins ; elle tissait de la toile dans son jeune temps, mais elle ne peut guère aujourd'hui que tricoter des bas, car elle est aveugle. Assise dès l'aube sur le pas de sa porte, elle cause et badine avec les passants, leur jette des lazzis, ou gronde son mari qui perd au cabaret ce qu'il gagne au four. Son récit file droit, comme disent les Siciliens, sans hésitation, sans digression : peut-être la cécité lui permet-elle une plus grande concentration d'idées.

Quant à la *gnura Sabedda* (la dame Elisabeth), qui possède aussi un riche répertoire de contes siciliens, c'est une bonne servante à laquelle on attribue ce qu'il faut pour gagner le royaume des cieux : cette sainte simplicité donne à ses récits le charme et aussi l'autorité de la candeur. Elle doit avoir cinquante-cinq ans et répète ce que lui a narré son aïeule qui mourut centenaire. « J'étais alors bien petite..., et elle, la bonne âme, me disait : — Souviens-toi de la mère-grand et de ses contes, et quand tu seras belle, grande, tu les conteras aussi, toi. »

M. Pitrè cite encore beaucoup de narrateurs des deux sexes qu'il trouve médiocres, ou du moins inférieurs; les mieux doués sont ceux ou plutôt celles que nous venons de nommer. Les femmes l'emportent de beaucoup sur les hommes; elles ont plus de charme et d'imagination, sans doute aussi plus de temps, peut-être encore (en Sicile au moins) plus de langue.

Mais c'est assez parler des narrateurs, il est temps d'en venir aux narrations. Ce qu'on y rencontre tout d'abord, c'est la fantaisie et le merveilleux; nous avons là des contes et nullement des nouvelles. Le peuple comme les enfants n'aime pas la prose et ne s'intéresse guère aux réalités de chaque jour. La poésie qui le frappe n'est pas simple, enfermée dans un enclos, reléguée au foyer; la littérature potagère et casanière de certains romanciers lui serait insupportable. Est-il vrai que Graziella se soit intéressée à l'histoire de Paul et de Virginie? Le poète s'est peut-être mal souvenu. Ces filles de Naples préfèrent l'Arioste à toutes les études de mœurs et surtout à toutes les études de cœur : il leur faut des enchanteurs, des dragons, de grands coups d'épée et des voyages à la lune. Aussi est-il très-peu question d'amour dans les contes siciliens, ou du moins la passion n'est jamais le sujet du récit; on se contente de la signaler et l'on se garde bien de l'analyser : l'essentiel est de montrer dans quelles aventures, dans quelles infortunes cette passion jettera le héros et l'héroïne. Quant à l'amour même, on l'abandonne aux poètes lyriques, aussi nombreux en Sicile que les conteurs.

Ces rimeurs de carrefour, la plupart illettrés et anonymes, composent des *rispetti* qu'ils ne sauraient écrire : ce sont en général des strophes de huit vers, mesurant onze syllabes et se terminant par des rimes croisées qui se répètent quatre fois. Même dans ces couplets qui prennent en Sicile les noms de *canzuna*, *strambottu*, *sturnettu*, selon les localités, l'amour est une affaire d'imagination plutôt que d'émotion ; le sentiment disparaît dans les hyperboles. Le poète, qui ne pourrait signer ses œuvres que d'une croix, ne sait où trouver des vocables assez éblouissants pour chanter les gloires de sa maîtresse. Il affirme qu'elle a été baptisée par le pape dans l'eau du Jourdain, que Palerme et Messine lui furent amies, que son nom alla jusqu'à Marseille, et qu'elle reçut les mages à son berceau. Aussitôt trois aigles allèrent annoncer la nouvelle à l'univers entier. Les tresses d'or de la jeune fille ont été filées par trois anges et lui tombent jusqu'aux pieds. Ses lèvres sont du corail, ses yeux des étoiles, ses sourcils des arcs de triomphe. Elle est blanche comme la soie d'Amalfi : la reine de France osa un jour la défier, mais fut vaincue. La jeune Sicilienne est digne de s'asseoir en vie dans le paradis avec les saints. Toutes les images pâlissent auprès d'elle ; pour l'égaler en valeur, il faudrait des arbres chargés de diamants, il faudrait des palais construits en topaze et en rubis, il faudrait la lune et plus que la lune, le soleil. Dans ses *rispetti*, le chansonnier sicilien voudrait être changé en rossignol pour se poser sur l'épaule de la jeune fille, se nicher dans ses cheveux et lui fredonner aux oreilles des doux mots qui amollissent le cœur, ou en abeille pour lui poser du miel sur les lèvres, ou en poisson pour être acheté par elle et mangé. Il se pâme devant le grain de beauté qu'il aperçoit sur la joue de la déesse ; il fait vœu de le porter en amulette, de le donner à bénir au pape afin que cent ans d'indulgence soient accordés à qui le touchera. Ses désespoirs sont aussi fous que ses ivresses, il ne parle que de mourir et de suicide. « Mieux vaut mourir et descendre en enfer que d'être tourmenté par l'amour. »

Ce style figuré ne vaut certes pas la chanson du roi Henri; il exprime cependant une passion plus sincère que celle d'Oronte. Le Sicilien est parfaitement capable — non de se tuer; dans ces heureux pays les suicides sont rares, — mais de balafrer sa maîtresse et de poignarder son rival. Le sang lui monte vite à la tête, et le roi Ferdinand disait, non sans raison, que son royaume était en Afrique. Toutefois ce n'est point dans les chansons, ce n'est pas non plus dans les contes, que les moralistes trouveront des renseignements sur les amours des Siciliens. Les récits de la Messia et de ses compagnes ne se rapprochent de la réalité que lorsqu'ils tournent en anecdotes comiques; le peuple n'entend que la féerie ou la pochade, et il veut rire quand il n'est pas ébloui.

Ces anecdotes n'ont rien de bien intéressant; on les retrouve dans les traditions facétieuses de tous les pays. Les Siciliens, comme les Italiens des autres provinces, ont deux personnages bouffons qui les amusent fort; le premier est une sorte de Jocrisse rappelant par beaucoup de traits le Pulcinella de Naples, le Simonëtt piémontais et le Meneghin des Lombards. Il se nomme Giufà; c'est du moins sous ce nom qu'il est célèbre à Palerme, mais les gens de Trapani l'appellent Giucca, et, chose étrange, les Toscans aussi, qui ont adopté le personnage. Les Albanais disent Giucha (avec un *ch* qui se prononce à l'allemande ou à la grecque); les Calabrais, Giuvali; mais sous tous ces noms c'est toujours l'imbécile légendaire que nous connaissons tous, le valet maladroit, malavisé, qui perd ou casse tous les meubles de la maison, ne comprend jamais ce qu'on lui dit, obéit de travers, manque les commissions, abonde en bévues, en sottises et en pataquès : on le surprend en conversations avec la lune, il lui vient des imaginations que n'ont guère les naïfs plus sensés de notre pays.

Un jour qu'il s'était fait habiller à neuf et coiffer d'un beau beret rouge, il se demanda non sans inquiétude comment il s'y prendrait pour payer les marchands. Pour se tirer d'affaire, il fit le mort et se coucha sur un lit, les mains en croix et les pointes des pieds en l'air. Les marchands vinrent le voir et dirent tour à tour en le voyant :

— Pauvre Giufà, tu me devais telle somme pour les bas, les culottes, etc., que j'avais fait la sottise de te vendre ; je te les *bénis* (je te remets ta dette).

On porta le prétendu mort dans une église où il devait passer la nuit, selon l'usage, dans un cercueil découvert. Entrèrent à la brune des voleurs qui venaient partager le butin de la journée ; on trouvera peut-être que les voleurs siciliens, qui sont des hommes fort dévots, choisissaient un singulier endroit pour cette opération. C'est que les églises d'Italie sont moins austères que les nôtres ; elles servent aux rendez-vous d'affaires ou d'amour ; on y entre pour se promener, faire sa sieste, ou regarder les jolies femmes, pour s'abriter du soleil et de la pluie, ou tout simplement pour passer une heure comme dans un café bien décoré qui ne coûte rien. D'ailleurs on a le confesseur sous la main, prêt à donner l'absolution, et la madone est toujours pleine de compassion pour le pauvre monde.

Les voleurs vidèrent leur sac sur une table où

roulèrent des monnaies d'or et d'argent qui couraient *alors* comme de l'eau. Cet *alors* est de Rosa Brusca, qui raconte l'histoire et qui n'aime pas le papier-monnaie. Le partage fait, restait une piastre que le chef de la bande ne savait à qui donner ; chacun la réclamait vivement, et la discussion eût pu finir à coup de couteau ; mais l'un des voleurs eut une idée lumineuse.

— Il y a ici un mort, dit-il en montrant Giufà ; prenons-le pour cible, nous allons tous tirer sur lui, le visant bien, avec nos escopettes, et celui d'entre nous qui lui mettra une balle dans la bouche aura l'écu.

La proposition plut aux voleurs, qui préparèrent leurs armes. Aussitôt Giufà, qui par bonheur avait bonne oreille, se dressa sur ses deux pieds dans sa bière et cria d'une voix tonnante :

— Morts, ressuscitez tous !

On peut se figurer la terreur des malandrins, qui s'enfuirent à toutes jambes en laissant sur la table les pièces d'or et d'argent. Et Giufà trouva là de quoi payer son beau béret rouge.

Une autre fois Giufà était au service d'un tavernier qui l'envoya laver des tripes dans la mer. Vint à passer un vaisseau ; le garçon d'auberge fit des signes avec son mouchoir, et le vaisseau complaisant se détourna de son chemin pour aller voir à terre ce qu'on lui voulait. Le capitaine descendit, et Giufà lui demanda :

— Ces tripes sont-elles bien lavées ?

Imaginez-vous la rossée que reçut le pauvre garçon qui, croyant avoir mal parlé, murmurait en pleurant :

— Comment fallait-il dire ?

Le capitaine répondit :

— Il fallait dire : « Seigneur, faites-le courir ! »

Le marin pensait à son vaisseau, il aurait voulu que le valet lui jetât un souhait favorable. Ces vœux adressés tout haut, en toute occasion, même à des inconnus, sont une règle de la politesse populaire dans les pays méridionaux; il n'est pas de voyageur qui ne se soit entendu dire par les paysans de Naples qu'il a rencontrés sur son chemin : « Que la madone vous accompagne ! »

Giufà retint le mot du capitaine, et, ses tripes ramassées, se remit en route en criant à tue-tête : « Seigneur, faites-le courir ! »

A ce bruit s'enfuit de tous côtés le gibier que guettaient des chasseurs qui, retournant leurs fusils contre le crieur malavisé, le rouèrent de coups de crosse.

— Comment donc fallait-il dire ? demanda-t-il en pleurant de plus belle.

— Il fallait dire : « Seigneur, faites-les tuer ! »

Giufà n'oublia pas le conseil et, s'étant remis en route, ses tripes à la main, rencontra deux hommes qui se disputaient.

— Seigneur, faites-les tuer, s'écria-t-il.

Les deux hommes, qui allaient se battre, peu satisfaits du souhait, tombèrent sur Giufà qui, pleurant toujours plus fort, renouvela sa question.

— Il fallait dire : « Seigneur, faites-les séparer ! » répondirent les deux rustres.

Giufà se le tient pour dit et passa devant une église juste au moment où en sortaient deux mariés avec les gens de la noce.

— Seigneur, faites-les séparer, s'écria-t-il.

Nouvelle volée de coups de bâton; le malheureux criait en se débattant :

— Comment donc fallait-il dire?

— « Seigneur, faites-les rire ! » répondirent les mariés furibonds.

Giufà poussa ce dernier cri en passant devant un mort entouré de gens en larmes. Ce ne fut pas la dernière de ses mésaventures ; il était parti le matin pour aller laver ses tripes et ne rentra que le soir chez son maître, le tavernier, qui le mit dehors.

L'autre personnage comique est le valet malin, facétieux et retors, qui se moque de ses maîtres et de tout le monde, celui que notre Molière a fait venir de Naples et qu'il a baptisé Scapin. Les Siciliens le nomment Firrazzano, et lui prêtent toutes les niches, lazzis, bons ou mauvais tours que jouent à Turin Gianduja, Arlequin à Bergame, Crispin, Coviello, Mascarille et tant d'autres sur les théâtres de tous les pays. Ses méfaits rempliraient des volumes. Le fripon est mort impénitent, à ce qu'affirme la légende. Le confesseur qui était venu l'assister à ses derniers moments lui disait la phrase consacrée :

— Firrazzano, mon fils, il y a mort et vie, et le Seigneur vient par grâce. Pense combien tu en as fait au Seigneur !

— Cela est vrai, répondit le moribond ; mais ce que le Seigneur me fait en ce moment je ne l'oublierai jamais.

Les Siciliens admirent beaucoup ce fripon de Firrazzano. Ne leur jetons pas trop la pierre ; dans cette île, où le peuple n'a jamais été souverain, ni même indépendant, il n'a jamais pu opposer à la prépotence des grands que la force des petits, la ruse. Aussi ses contes sont-ils pleins de stratagèmes et de fourberies; les dupes doivent duper à leur tour pour devenir sympathiques.

Un jour, raconte-t-on à Palerme, un étranger voyageait pour ses affaires ; il s'arrêta dans une auberge et s'aperçut trop tard qu'on avait oublié de mettre sur sa note deux œufs cuits durs qu'il avait mangés. Retourner à l'auberge eût été une grande perte de temps, le voyageur préféra faire des affaires avec le prix des œufs, et à son retour le remettre à l'hôtelier avec les bénéfices. Il revint donc à Palerme dix ans après, et se présenta gaiement à l'homme en lui disant :

— Me reconnaissez-vous ?
— Non monsieur.

Il lui rappela sa visite et les œufs oubliés sur l'addition ; il lui dit que l'argent non payé avait prospéré dans ses mains et lui offrit une somme énorme, 50 onces. Cette monnaie d'or de Sicile valait 13 francs 73 centimes : l'hôtelier devait être content, point du tout.

— Cinquante onces ! s'écria-t-il non monsieur, il faut me donner le reste.

Et il lui exposa que de ces œufs il aurait eu des poulets, que les poulets seraient devenus des poules, que ces poules auraient produit toute une basse-cour, qu'avec la basse-cour il aurait acheté des moutons, et qu'il serait à présent propriétaire d'une bergerie.

— Vous m'avez enlevé ce capital et vous voulez me donner 50 onces ? Ma foi, non !

Tel fut le raisonnement de l'hôtelier, et les Siciliens battent des mains à ce bon tour, ils pensent que le brave homme avait raison ; d'ailleurs n'était-il pas de Palerme ? Les juges devant qui l'affaire fut portée donnèrent aussi gain de cause à l'hôtelier. L'étranger perdit son procès au tribunal civil et à la cour d'appel ; il y avait une suprême tentative à faire. Un petit robin de rien, un simple clerc vint à lui et s'offrit pour le défendre.

— Vous? lui dit l'étranger. J'ai eu le dieu des avocats et j'ai perdu : quel appui pouvez-vous me prêter?

Mais le clerc y mit tant d'insistance que l'étranger lui permit de tenter un dernier effort. A l'audience, au moment où les juges allaient prononcer un arrêt définitif, le clerc se précipita dans la salle tout effaré et ses deux bras en l'air :

— A l'aide, à l'aide! les thons de l'Arenella prennent le chemin de Palerme et vont venir nous manger tous.

— Que diable dites-vous? demanda le juge. Comment est-il possible que des poissons de mer viennent ici?

— Et comment est-il possible, reprit le clerc, que deux œufs cuits durs fassent des poulets et qu'il en sorte des bergeries?

Les juges se rendirent à cette bonne raison, et l'hôtelier perdit tout, même les 50 onces.

Les passions, les glorioles, les jalousies de clocher offrent encore aux Siciliens bien des sujets de raillerie. Les petits endroits, même les grands, n'ont jamais beaucoup aimé leurs voisins, en Italie surtout, où le sentiment national, l'idée de la grande patrie commune n'a été longtemps qu'une utopie littéraire. « Trois châteaux, trois couteaux, voilà l'Italie, » disait Giusti qui souffrait cruellement de ces divisions. Lors des commotions politiques, les bandes ennemies profitaient de l'occasion pour assouvir des rancunes qui remontaient peut-être au siècle des Capulets et des Montaigus. En temps de paix, les communes qui ne s'arment pas continuent la guerre à coups de langue et, pour ne parler que de la Sicile, Salaparuta et Gibellina se moquent de Partanna qui le leur rend bien. Palerme, qui fut capitale, tourne en dérision tous les provinciaux qui à leur tour font des gorges chaudes en parlant des Palermitains ; le Mont-Eryx trouve Trapani parfaitement ridicule et Trapani s'en venge en racontant les victoires de ses habitants sur les maris du Mont-Eryx. En revanche tous les Siciliens se mettent d'accord pour se gausser des Calabrais et surtout des Napolitains qui furent leurs maîtres. Les contes populaires sont pleins d'anecdotes attestant l'incontestable supériorité des insulaires sur les hommes du continent : Tout Sicilien aime avant tout la Sicile, « l'île de Feu » qui fut le grenier de l'Italie et le pays de Cérès.

« Un jour, dit une chanson, Dieu le Père était content et se promenait dans le ciel avec les saints ; il voulut faire un présent au monde ; il arracha un diamant de sa couronne et le plaça en face du levant. Les peuples l'appelèrent Sicile, mais c'est le diamant du Père éternel. »

II

LES PRINCES, LES BELLES-MÈRES, LES FÉES, LES DRAGONS,
LE DIABLE — LE JUIF ERRANT ET MALCHUS — JUDAS
ET PONCE-PILATE — BÉNIS SOIENT LES VOLEURS ! —
LES AMES DES DÉCOLLÉS — LES BÉVUES DE SAINT PIERRE
— LA MÈRE DE SAINT PIERRE — FRÈRE GROS-JEAN —
LA RELIGION DES SICILIENS.

Nous revenons à la fantaisie, tout chemin y mène dans les contes siciliens. Les plus nombreux sont des contes de fées qui se passent entre ciel et terre, non sans envahir la terre et le ciel ; mais dans le monde possible les conteurs cherchent les personnages les plus haut placés ; il y avait une fois un roi et une reine.

Au-dessous des souverains, on n'admet guère que des princes. Les illettrés sont naturellement monarchistes et ne reconnaissent d'autre supériorité que celle du rang.

Ces petits princes naissent d'ordinaire assez nombreux ; le plus intéressant est toujours le plus jeune. C'est lui qui fait tous les exploits, c'est à lui qu'arrivent tous les malheurs. Il descend dans les souterrains, tue les dragons et les géants, délivre les princesses enchantées et reçoit de leurs mains un fruit d'or. Un aigle auquel il a fait du bien arrive à propos pour le prendre sur ses ailes et le ramener sur la terre. Le plus jeune veille la nuit sur le jardin de son père et en chasse les voleurs et les brigands qu'il poursuit jusque dans les abîmes. Il s'élance aux plus hautes régions pour y trouver la plume de l'oiseau bleu, descend jusqu'au fond de la mer et en rapporte le cheveu d'or; il enferme le magicien dans les fentes d'un rocher; il triomphe à la fin de tous les obstacles, de toutes les infortunes; il est rare que le premier trône du monde et la plus belle fille d'empereur ne lui soient pas réservés.

C'est pareillement la plus jeune des sœurs qui est l'héroïne du conte. Elle est la victime de sa mère, de son père et surtout de ses sœurs; on la relègue au foyer comme Cendrillon, on lui impose les travaux les plus durs, on l'humilie, on la maltraite sans miséricorde; mais, douce et forte, elle supporte tout sans murmurer. Malheur à elle si elle a des belles-sœurs et une belle-mère; celle-ci, plus hideuse que nature, est particulièrement raffinée dans sa férocité. « Belles-mères et brus, dit un proverbe sicilien, sont venues au monde en se battant, » et cette fois le proverbe exagère à peine.

Tels sont les personnages nécessaires des contes; il y a aussi quelquefois des femmes coupables, beaucoup moins cependant que dans les fabliaux du moyen âge et dans les romans contemporains; il y a encore des personnages secondaires appartenant à toutes les castes et à tous les métiers, mais ils ne jouent jamais que des rôles accessoires.

Au-dessus des princes et des rois flottent les fées bienfaisantes pour la plupart, bien qu'elles soient condamnées par l'église comme des esprits malins; le peuple sicilien croit encore en elles et les voit passer sous diverses formes d'animaux ; elles lui apparaissent aussi comme des femmes superbement vêtues qui sortent une fois par semaine en quête de bienfaits à distribuer... Dans les contes siciliens, la fée est une jeune fille charmante qui se grime parfois en sorcière, mais qui se montre le plus souvent dans toute la fraîcheur de sa beauté. Elle est toujours présente à la naissance d'un fils de roi qu'elle comble aussitôt de ses dons en le berçant d'un refrain fatidique. Elle prend souvent la figure d'un ermite à longue barbe qui se trouve juste à point pour guérir un blessé, recueillir un fugitif et préparer ou prévenir un grand malheur... Puis elle rentre dans le souterrain, dans la source ou dans le tronc d'arbre où elle a élu domicile, heureuse de faire du bien, mais très-capable aussi de faire le mal, car elle est capricieuse et surtout susceptible (ce sont des défauts que l'homme attribue à tous les êtres surnaturels) ; elle n'entend jamais raillerie. Elle est de plus très-vulnérable dans son pouvoir magique qui tient quelquefois à un voile, à une bague, à un ruban. Qu'elle perde ses talismans, elle redevient une simple mortelle ; il faut de plus qu'elle reste vierge, non qu'elle y soit forcée par un vœu, comme les vestales et les religieuses ; mais si elle se marie, elle n'est plus qu'une femme comme les autres, sujette à vieillir et à mourir.

C'est grand dommage, car les fées sont des êtres heureux : elles enchantent tout ce qu'elles touchent ; telle jeune fille qu'elles ont dotée fait tomber de ses cheveux, quand elle les peigne, d'un côté des diamants et des perles, de l'autre de l'orge et du froment. La poupée qu'elles ont bénie rend un prince fou d'amour, les oiseaux parlent et révèlent des secrets qui font plaisir ; un petit couteau traçant des chiffres sur les arbres d'une forêt on fait couler autant de pièces d'argent qu'il y creuse d'entailles. Un os d'un fils de roi égorgé par ses frères et enterré dans un champ tombe dans les mains d'un berger qui en fait un chalumeau : il en sort aussitôt des lamentations qui dénoncent les fratricides. Les fées protègent particulièrement les bossus qui grâce à elles sont les plus alègres des hommes. Elles protègent aussi les cadets de famille et peuvent changer un jeune prince en anneau d'or afin que la princesse aimée le puisse passer à son doigt.

Parmi les esprits malfaisants, les plus féroces sont les dragons femelles affamés de chair humaine. Quant aux démons, ce ne sont pas positivement des divinités infernales ; ce sont des êtres indéfinis dans le monde de la magie ou de la sorcellerie : ils dépendent d'un magicien qui les évoque à son gré. Les Siciliens n'aiment pas à nommer le diable ; ils le désignent sous le sobriquet de maître Paul, de cousin Martin ou Martinet. Tel est le personnel des féeries.

Les aventures qui s'y passent n'ont guère varié depuis le moyen âge jusqu'à nos jours : descente dans des souterrains dont l'entrée est masquée par un chou, par un champignon monstre ou par des broussailles ; voyages très-longs ordinairement à pied, où l'on use, en marchant toujours, jusqu'à sept paires de souliers en fer ; batailles nocturnes (toutes les actions importantes se font de nuit) contre des êtres fabuleux et des animaux fantastiques ; jardins enchantés comme l'île d'Alcine, maisons habitées par des cannibales, grandes villes silencieuses dont les habitants remuent sans respirer, enfin tout ce que l'Arioste, Boiardo, les romanciers de la Table-Ronde ont trouvé dans leurs têtes ou dans les traditions de l'extrême Orient ; puis, au milieu de tout cela, quantité de légendes chrétiennes. Le Juif-Errant par exemple apparaît sous le nom de *Buttadeo* (rejette-Dieu) non-seulement dans les anciens contes, mais encore dans les récits tout frais que se font entre eux les Siciliens.

C'était en hiver, disait récemment une fille de Salsaferata ; mon père était dans une boutique en train de se chauffer ; entre un homme qui n'était pas habillé comme les gens du pays ; son bonnet et ses chausses étaient rayés de bandes jaunes, rouges et noires. Mon père en eut peur : qu'est-ce donc que cet homme?

— Ne crains rien, répondit l'étranger ; je me nomme Buttadeo.

Le bonhomme, se souvenant de ce nom, invita le nouveau venu à s'asseoir et lui demanda le récit de ses aventures ; mais Buttadeo ne put prendre place au foyer parce qu'il était condamné par Dieu à marcher toujours, et tout en parlant il parcourait la chambre dans tous les sens, avançant et reculant avec une agitation incessante. En partant, il voulut laisser à l'homme un souvenir et lui indiqua « une dévotion : » la formule de « cinq *credo* à la main céleste et d'un sixième à la main gauche de Jésus. »

Il existe dans les contes siciliens un autre Juif également condamné à marcher toujours, mais dans un souterrain, c'est Malchus qui donna un soufflet à Notre-Seigneur avec une main gantée de fer. Jésus n'en fut point offensé et ne poussa aucune plainte, mais depuis lors le sacrilége tourne continuellement autour d'une colonne qui s'élève au milieu d'une chambre ronde : il ne mange ni ne dort, ne connaît aucun des besoins de la vie, et tourne, tourne, se mordant les doigts, frappant la colonne de la main qui a souffleté le Christ et heurtant du front la paroi opposée. Malchus, plus malheureux que Buttadeu, ne voit personne, vit de soupirs et de remords, n'a aucun rapport avec les vivants; pour aller jusqu'à lui, il faut ouvrir sept portes de fer, se laisser glisser dans sept galeries et traverser sept longs corridors. Les Siciliens, comme les Napolitains, l'appellent *Marco*.

Il y a encore un Juif dans ces légendes : c'est Judas qui, après s'être pendu à un tamarix, ne fut pas précipité dans les flammes ou dans les glaces éternelles, mais fut condamné à flotter éternellement dans les airs, toujours à la même hauteur, et chaque fois qu'il passe sur un tamarix, il y voit son corps pendu, déchiqueté par les chiens et les oiseaux de proie.

Un autre personnage bien connu, enfermé dans un caveau de Rome, assis devant une table, lit avec une assiduité fatale de l'aube au soir et du soir à l'aube, sans en pouvoir jamais détacher les yeux, une grande feuille de papier déroulée devant lui. Un jeune homme descendit dans ce caveau, il en sortit vieillard, effaré, méconnaissable, ne proféra plus un seul mot de sa vie et ne voulut voir que le pape, auquel il montra son épaule nue où l'éternel lecteur avait écrit en lettres de sang : « Je suis Pilate. »

Veut-on maintenant passer des Juifs aux premiers chrétiens? L'imagination populaire, on va le voir, prend avec eux ses coudées franches.

Le Maître, content des Siciliens, cheminait un jour avec ses apôtres, la nuit le surprit en pleine campagne.

— Pierre, comment ferons-nous ce soir?

— N'ayez crainte, dit Pierre; je vois là-bas une

hutte et je sais une bergerie, venez avec moi.

Vite vite, l'un derrière l'autre, ils sont arrivés à la bergerie.

— Grâce de Dieu et vive Marie ! pouvez-vous nous donner un asile pour cette nuit? Nous sommes de pauvres pèlerins et morts de faim.

— Grâce de Dieu et vive Marie ! répondirent le maître berger et la bergère, et sans faire un pas vers eux, ils leur montrèrent la hutte où ils les envoyèrent coucher. Ils étaient en train de pétrir la pâte, mais donner à manger à treize en risquant de rester, eux, la panse vide, ils n'y tenaient pas du tout. Le pauvre Maître et ses apôtres allèrent se coucher sans dire un mot. Survint une bande de voleurs qui entrèrent en poussant des jurons et tombèrent à tour de bras sur la bergère et sur le maître berger. Ceux-ci, en criant miséricorde, ont pris la fuite *illico* (*illichi-illichi*.) Les voleurs nettoyèrent la bergerie en un clin d'œil, après quoi ils allèrent à la hutte.

— Tous debout ! Qui est là ?
— Nous sommes, dit saint Pierre, treize pauvres pèlerins fatigués et affamés, car ceux de la bergerie nous ont traités comme des chiens, sans même nous dire : « Il y a ici une chaise. »

— Si c'est comme cela, venez, la pâte est encore intacte : rassasiez-vous à la barbe de ces mauvaises gens, car nous allons suivre notre chemin.

Les malheureux, qui avaient une faim de loup (*allupatizzi*), ne se le firent pas dire deux fois et se mirent à table.

— Bénis soient les voleurs ! dit saint Pierre, car ils pensent aux pauvres affamés plus que les riches.

— Bénis soient les voleurs ! dirent les apôtres, et ils se remplirent galment la panse.

— Saint Pierre a raison, dit le Maître ; bénis soient les voleurs !

Nous empruntons ce dernier trait à une autre version de la légende, bien plus riche en détails que nous avons omis pour abréger ; on y voit saint Pierre se retournant la nuit sur la paille sans pouvoir dormir, guignant par la fente de la cloison le berger et la bergère, qui mangeaient de la recuite et du pain. Arrivent les voleurs avec leurs escopettes ; le berger se met à la fenêtre et les prie d'entrer : « toute ma maison est à vous. »

— Ah ! dit saint Pierre à part, qu'il vaut donc mieux être voleur qu'apôtre !

Ce chapitre inédit des évangiles apocryphes court toute la Sicile et les mères l'apprennent à leurs enfants. Les brigands eux-mêmes le savent par cœur et c'est d'eux que nous le tenons : ils le racontèrent un soir à un brave homme qu'ils avaient enlevé et qui l'écrivit pour nous sous leur dictée.

— « Nous sommes bénis de Dieu, répétaient ces malandrins, qui n'ont jamais cessé d'être dévots : c'est dit dans l'évangile de la messe. » Et ils ajoutaient : « C'est par nous que vivent les juges, les avocats, les domestiques, les sbires ; si les voleurs venaient à manquer, tout le monde mourrait de faim. »

Telles étaient les idées maintenues dans l'île, chez tout le peuple, sous le pieux régime du droit divin ; faut-il s'étonner du brigandage, de la camorra, de la maffia et autres héritages de ces bienheureux règnes? Les bandits en Sicile comme à Naples ont toute une littérature qui vante leurs hauts faits. Les femmes adorent ces Rolands des rues et des bois qui ont de si poétiques aventures et bravent la mort de tant de façons ; les enfants voudraient bien être à leur place. Les prisons ont des chansons et des épopées qui excitent l'enthousiasme et malheureusement aussi l'émulation des honnêtes gens. Il faut lire l'histoire des bandits Gioacchino Leto, Filippo Ardito, Cianciabella, Orofino, Chiappara, Giordano, leurs misères dans ce monde et dans l'autre, comment saint Pierre, qui se conduisit fort mal en cette circonstance, repoussa dans l'enfer un de ces héros qui tentait de lui échapper, comment Cianciabella demeure béni dans la mémoire des hommes, car c'est « un bandit qui ne fit jamais de tort à qui que ce fût; » tous d'ailleurs sont innocents et purs comme la Sainte Vierge.

Le brigand est intéressant dans ce pays étrange; bien plus, l'échafaud est sacré; on le regarde comme un autel où se font des sacrifices humains et les victimes deviennent des divinités bienfaisantes. Il existe à Palerme, depuis deux siècles, une église consacrée « aux âmes des décollés. » A Paceco, commune de la province de Trapani, l'on voue une sorte de culte à la mémoire d'un paysan, nommé Francesco Frusteri, qui avait tué sa propre mère; les gens de la ville et de tout le pays se rendent à pied en pèlerinage, en procession même, dans ce petit endroit, en portant des images où l'on voit le saint homme montant sur l'échafaud. Depuis sa mort, ce Frusteri a fait quantité de miracles, et une paroi de l'église où il est enterré porte cette inscription : « Francesco Frusteri est mort résigné et contrit en subissant le dernier supplice, de manière à inspirer l'admiration publique, le 15 novembre 1817. »

Dans l'église de Palerme qu'on appelle aujourd'hui madonna del Fiume, parce qu'elle s'élève au bord d'un fleuve, se trouvent quantité de petits tableaux représentant des Siciliens, et même des garibaldiens sauvés sur terre et sur mer par les âmes des décollés qu'ils avaient invoqués à temps à l'heure du péril. C'est surtout contre les voleurs de grands chemins que leur secours est efficace. M. Pitrè nous apprend qu'un dévot ayant sur lui beaucoup d'argent fut assailli un jour par une bande de malandrins; le voyageur invoqua aussitôt les décollés qui sortirent de leurs tombeaux, mais ils n'avaient point d'armes, tandis que les brigands étaient chargés d'escopettes, de pistolets et de longs couteaux. Que firent alors les âmes protectrices? Chacune d'elles prit dans la bière son propre squelette, et elles chassèrent ainsi les malfaiteurs à grands coups d'ossements. Le fait est récent et authentique; vous le trouvez point sur les murs de l'église, où aucun récit douteux ne saurait être admis.

Ceux qui croient aux décollés (et tous les gens du peuple ou presque tous y croient à Palerme) se rendent pieds nus à l'église en chantant des litanies spéciales et une oraison de circonstance qui doit être prononcée devant l'autel de saint Jean-Baptiste: ce précurseur du Messie, ayant été décollé lui-même, est le patron des décollés.

D'autres invoquent ces âmes à domicile, les mères pour leurs familles, les filles pour leurs amants et elles se figurent que les suppliciés leur répondent. Elles écoutent « l'écho des âmes, » c'est-à-dire les bruits du dehors : il y a des bruits qui portent bonheur, et il y en a aussi de néfastes. Le chant d'un coq, l'aboiement d'un chien, un coup de sifflet bien franc, un son de guitare, un tintement de cloche ou de sonnette, une chanson heureuse et surtout une chanson amoureuse, une porte heurtée, un volet fermé rapidement, une voiture roulant grand train : autant d'excellents augures, mais gare les plaintes, les disputes, l'âne qui brait, le chat qui miaule : ce dernier est surtout fatal quand on a des parents en voyage. Le pire des augures est le bruit de l'eau qu'on répand sur le chemin, ou qui s'égoutte comme des larmes. Les dévotes écoutent encore de leurs fenêtres les conversations des gens qui passent : si ce qu'ils disent est affirmatif et bienveillant, comme : « cela est vrai, tu dis bien, tu me plais, etc » elles ne doutent pas que les âmes des décollés ne leur soient favorables. En revanche, des négations, des objections, des gros mots échangés par les passants plongent les pauvres femmes dans de longues tristesses.

Mais nous n'avons pas encore tout dit sur saint Pierre. Dans les contes siciliens, cet apôtre est chargé d'un rôle comique et presque bouffon que ne lui attribuerait certes pas la dévotion plus austère du nord ;... il joue des tours aux autres, et on lui en joue souvent ; sa figure manque de gravité : c'est le gracioso de la tragédie évangélique. Il se laisse tromper par les cantiniers qui lui versent de mauvais vin en lui faisant d'abord manger du fenouil, et il est raillé même par Jésus qui l'aime pourtant, le sachant dévoué et bon homme.

Un jour le Seigneur, cheminant avec ses apôtres, leur avait dit :

— Que chacun de vous se charge d'une pierre...

Ainsi fut fait, mais saint Pierre ne prit qu'un petit caillou et s'en allait légèrement, tandis que les autres pliaient sous la charge. Ils entrèrent dans un village où il n'y avait plus de pain à vendre ; ils durent aller plus loin et s'assirent pour se reposer ; le Maître alors leur donna la bénédiction et changea en pain les pierres qu'ils avaient portées. Saint Pierre n'eut donc pour sa part qu'une bouchée et se sentit défaillir.

— Maître, dit-il, comment mangerai-je?

— Eh ! mon frère, dit le Maître, pourquoi n'as-tu pris qu'un petit caillou? Les autres ont eu beaucoup de pain parce qu'ils avaient porté beaucoup de pierres.

On se remit en marche, et le Maître renouvela l'épreuve, mais cette fois saint Pierre, le fripon, prit un quartier de roche.

— Moquons-nous un peu de celui-là, dit le Seigneur aux autres.

Ils arrivèrent dans un village où tous jetèrent bas leurs charges parce qu'ils y trouvèrent du pain, et saint Pierre resta tout courbé parce qu'il avait charrié un bloc énorme sans aucune espèce de plaisir. En cheminant toujours, ils rencontrèrent quelqu'un qui dit au Maître :

— Seigneur, j'ai mon père malade de faiblesse, faites qu'il se porte bien.

— Est-ce que je suis médecin? dit le Maître. Savez-vous ce que vous avez à faire? Mettez-le au four, et votre père redeviendra petit garçon.

Ainsi fut fait et l'on se remit en route. Saint Pierre marchait devant et vit arriver un homme qui venait à la rencontre du Seigneur.

— Que cherches-tu? demanda l'apôtre.

— Je cherche le Maître, parce que j'ai ma mère déjà bien vieille et bien malade ; le Maître seul peut la guérir.

— Eh bien ! ne suis-je pas là? C'est moi qui suis Pierre. Sais-tu ce que tu as à faire? Chauffe le four et mets-la dedans, elle guérira.

Le pauvre homme le crut sur parole, sachant combien saint Pierre était aimé du Seigneur. Il alla droit chez lui, chauffa le four, y mit sa mère, et la pauvre vieille devint un morceau de charbon. Le fils désolé poussa un juron terrible en traitant l'apôtre de teigneux, puis il alla se plaindre au Maître...

— Ah! Pierre, qu'as-tu fait? dit celui-ci.

L'apôtre cherchait à se justifier, mais le fils hurlait en demandant sa mère. Que pouvait faire le Seigneur? Il alla dans la maison de la pauvre vieille et il ôta de dessus saint Pierre ce grand clou.

L'apôtre eut une mère encore plus maltraitée que lui dans les légendes populaires de l'Italie. Le conte que la Messia fait sur elle est des moins édifiants; elle nous montre dans cette mère de saint Pierre une femme avare, avide, qui ne donnait jamais un sou aux pauvres gueux. Un jour pourtant que cette mégère épluchait un poireau, elle en offrit une feuille à un mendiant qui lui demandait la charité; ce fut l'unique bonne action de sa vie. Le Seigneur l'appela dans l'autre monde et l'envoya en enfer. Saint Pierre, qui était le chef du paradis, se tenait un jour devant sa porte, quand il entendit une voix :

— Ah! Pierre, mon fils, vois donc comme je rôtis. Va donc chez le Maître et le prie qu'il me fasse sortir de ces misères.

Saint Pierre va chez le Seigneur et lui dit :

— Maître, j'ai ma mère qui est dans l'enfer et demande la grâce d'en sortir.

— Ta mère? Bah! Elle ne fit jamais *un ongle* de bien; son seul plat de renfort est une feuille de poireau qu'elle a donnée à un pauvre. Tiens pourtant! Voilà une feuille de poireau ; dis-lui qu'elle la saisisse par un bout ; tire-la par l'autre au paradis

Un ange descendit avec la feuille. « Tenez-la bien. » Elle la prit et la tint ferme ; mais toutes ces pauvres âmes damnées qui étaient auprès d'elle s'accrochèrent à sa robe et l'ange tirait au ciel toute une queue de damnés. Que fit alors la duègne ? Elle se mit à donner des coups de pied et à secouer sa robe pour les faire tomber. Le mouvement déchira la feuille et la méchante femme retourna dans l'enfer plus bas qu'avant.

Ici finit le conte de la Messia, et voilà pourquoi dans toute la Sicile, en Vénétie, en Toscane, dans le Frioul, quand on veut désigner une créature rapace, égoïste et sans cœur, on dit : C'est une mère de saint Pierre.

Veut-on, avant de quitter les sujets religieux, une variante sicilienne d'une légende qui a couru dans tous les pays, notamment en France où elle a été republiée de nos jours : l'histoire nouvelle et divertissante du bonhomme Misère? Le héros du conte a nom Frate Ulivo en Toscane, Accaciuni à Palerme, et frère Giugannuni à Casteltermini. Ce dernier (car il faut choisir) était un moine d'un riche couvent qui existait déjà du temps que le Seigneur cheminait avec les apôtres et que, voyageant comme on sait en Sicile, il alla visiter le couvent de Casteltermini. Tous les chevaliers et les moines se pressèrent autour de Jésus pour lui demander la « grâce de l'âme, » mais frère Giugannuni ou Gros-Jean ne demandait rien.

— Pourquoi, lui dit saint Pierre, ne fais-tu pas comme les autres?

— Je ne veux rien demander, répondit le frère.

— Bien ! reprit saint Pierre, quand tu iras en paradis, tu auras affaire à moi.

Le Maître s'en alla ; quand il fut déjà loin, il s'entendit appeler.

— Maître ! Maître ! C'était Gros-Jean qui ajouta :

— Attendez, je demande une grâce de vous : c'est de pouvoir enfermer qui je veux dans ma besace.

— Que cela te soit accordé, dit le Seigneur.

Frère Gros-Jean était vieux ; survint la Mort qui lui dit :

— Tu n'as plus que trois heures à vivre.

— Quand tu voudras de moi, répondit Gros-Jean, viens m'avertir une demi-heure d'avance.

Revint la Mort qui lui dit :

— Me voilà, tu es un homme fini.

Le moine alors s'écria solennellement :

— Au nom de frère Gros-Jean, que la Mort entre dans ma besace ! Puis il alla chez la boulangère :

— Commère, voici mon sac ; pendez-le à la cheminée jusqu'à mon retour.

Pendant quarante ans il ne mourut plus personne. Les quarante ans passés, Gros-Jean alla chercher sa besace pour libérer la Mort et mourir, car il était plus que vieux et ne se tenait plus sur ses pieds. La Mort sortit et prit Gros-Jean d'abord, puis tous ceux qui depuis quarante ans auraient dû mourir. Le moine alla frapper à la porte du paradis, mais saint Pierre lui cria :

— Il n'y a pas de place ici pour toi.

— Où dois-je donc aller ?

— Dans le purgatoire.

Gros-Jean va frapper à la porte du purgatoire, mais là aussi on lui crie :

— Il n'y a pas de place pour toi.

— Où dois-je donc aller ?

— Dans l'enfer.

Gros-Jean va frapper à la porte de l'enfer ; Lucifer gronde : Qui va là ?

— Frère Gros-Jean.

Lucifer, à ce nom, hèle tous ses diables.

— Toi, dit-il à l'un, prends ton bâton ; toi, le marteau ; toi, les tenailles.

— Que voulez-vous faire de tous ces instruments? demanda le moine.

— Nous voulons te tuer.

— Au nom de frère Gros-Jean, tous les diables dans ma besace !

Ainsi cria le mort et, prenant son sac sur ses épaules, il le porta chez un forgeron qui avait huit ouvriers ; avec le maître, ils étaient neuf.

— Maître forgeron, combien demandez-vous pour donner pendant huit jours et huit nuits des coups de marteau sur cette besace?

Ils fixèrent le prix de quarante onces ; ils martelèrent nuit et jour, et la besace ne s'aplatissait pas; le moine était toujours présent. Le dernier jour le forgeron s'écria :

— Il y a ici des diables.

— Il y en a, répondit Gros-Jean, martelez fort !

L'opération faite, il reprit sa besace et l'alla vider dans une plaine ; les diables étaient tous boiteux, estropiés, et il fallut de la violence pour les faire rentrer dans l'enfer. Et le moine alla heurter de plus belle à la porte du paradis :

— Qui est là ?

— Frère Gros-Jean.

— Il n'y a pas de place pour toi.

— Mon petit Pierre, laisse-moi entrer, sans quoi je t'appelle teigneux.

— Puisque tu m'as dit teigneux, répond saint Pierre, tu n'entreras plus.

— Ah! c'est comme cela? s'écria Gros-Jean. Tu auras ma réponse.

Il se tient hors de la porte, et à toutes les âmes qui arrivent, il dit de sa forte voix :

— Au nom de frère Jean, toutes ces âmes dans ma besace!

Et il n'entra plus personne au paradis. Saint Pierre dit au Seigneur :

— Pourquoi ne vient-il plus personne?

— C'est que Gros-Jean est dehors, qui prend toutes les âmes dans son sac.

— Et maintenant qu'allons-nous faire?

— Vois si tu peux attraper sa besace et tâche de l'apporter ici!

Frère Gros-Jean entendait du dehors ce qu'ils disaient ; que fit-il alors? Il cria (mais pas bien fort :)

— Moi-même dans ma besace!

Et il s'y fourra sur-le-champ. Saint Pierre ouvrit la porte et regarda dehors : plus de moine! Vite il enlève le sac et l'introduit dans le paradis, puis il l'ouvre vivement ; c'est Gros-Jean qu'il y trouve. Il veut alors le prendre au collet et le jeter à la porte; mais le Seigneur l'arrête par un proverbe en patois sicilien :

> Dans la maison de Jésus,
> Quand on entre, on n'en sort plus.

C'est là un fabliau qui se retrouve dans toutes les littératures, mais on aurait tort d'y voir la moindre impiété. Le Sicilien, au moins jusqu'en 1860, était fort dévot, sinon parfaitement orthodoxe ; sa religion était un polythéisme passionné qui, tout en conservant beaucoup de traditions païennes, ne s'insurgeait aucunement contre la discipline de l'église et l'unité du catholicisme romain. Le ciel du peuple est une sorte d'Olympe rempli de dieux et de demi-dieux et dominé par l'éternel féminin, la Vierge Marie. L'*Ave Maria* est la prière de chaque jour et de chaque instant, bien plus commune que le *Pater noster*. Au-dessous de la Vierge-Mère s'étagent quantité de divinités subalternes entre lesquelles la dévotion n'a que l'embarras du choix.

— Tout cela, dira-t-on, ne ressemble point à la religion de la France.

Assurément, mais ce qui fait les âmes pieuses, ce n'est pas l'orthodoxie des dogmes, c'est uniquement la sincérité de la foi. Or, en Sicile, la foi est très-sincère, elle croit tout ce qu'on lui dit et ne raisonne pas ; elle s'agenouille avec une ferveur et une fièvre qui peut aller jusqu'au délire et ne veut point être rassurée contre cette peur du diable qu'on prend encore presque partout pour la crainte de Dieu. C'est précisément la solidité de cette conviction qui permet aux Siciliens de traiter gaîment les choses sacrées. L'homme en effet ne rit que de ce qui l'intéresse, et il faut que la religion nous tienne bien au cœur pour que nous y trouvions une source de gaîté. C'est dans les pays de croyants qu'on débite le plus de drôleries sur les prêtres.

Allez par exemple dans le canton de Vaud ; hantez les maisons les plus franchement chrétiennes, vous y apprendrez au dessert que le *Nouveau Testament* est un des mots qui désignent le tire-bouchon. Demandez pourquoi ; l'on vous répondra qu'un jour une réunion de pasteurs discutaient sur un passage de l'Évangile, et que, pour se mettre d'accord, ils voulurent consulter le texte même, mais aucun d'eux n'avait sur lui son Nouveau Testament. Vint l'heure du dîner, et il s'agit de déboucher une bouteille. Qui de vous, messieurs, a un tire-bouchon ? Ils étaient une vingtaine ; vingt tire-bouchons sortirent aussitôt des poches pastorales.

Cette première anecdote lâchée, on vous en dira cinquante autres pareilles ; cependant tous les convives sont orthodoxes et ont fait la prière avant de rompre le pain. Là où la religion est triste, on peut toujours la soupçonner, sinon d'hypocrisie (il faut éviter les mots durs), au moins d'une certaine affectation qui a pu tourner en mauvaise habitude.

Nous aurons plus d'une fois l'occasion de revenir sur les croyances et les superstitions des Italiens. Il est temps de retourner à nos contes de nourrice.

III

LA LÉGENDE DU SEIGNEUR DE CARINI — CONTES ANTIQUES :
RÉMINISCENCES DE POLYPHÈME, DE PSYCHÉ ET DE LAIS.

Voyons — si ces contes peuvent fournir à la science quelques documents nouveaux. Ce qui frappe tout d'abord, c'est à quel point ils ressemblent à ceux des autres provinces italiennes. Il fut un temps (c'était hier) où l'Italie, morcelée en petits états, ne permettait pas à ses enfants du midi de connaitre ceux du nord. Ces états mêmes se partageaient en compartiments distincts séparés par des clôtures qu'il n'était pas facile de franchir : les Abruzzais par exemple, les Campaniens, les Apuliens, les Lucains, les Calabrais, les Siciliens existaient bien sous le sceptre plus ou moins dur du même prince, mais n'avaient pas même un nom commun pour les désigner tous : on avait bien trouvé une combinaison géographique et politique appelée les Deux-Siciles, mais on n'avait jamais pu constituer un peuple appelé les Deux-Siciliens.

Eh bien ! malgré cette dispersion et cet isolement, les Italiens communiquaient entre eux par la poésie, échangeaient des strophes, des idées, des images, et ceci même entre illettrés, par d'insaisissables transmissions que la police ne pouvait réprimer ni prévenir.

Un *rispetto* sicilien dit qu'un garçon alla se confesser au pape d'aimer une femme éperdument.

— Si c'est comme cela, répond le pape, sois pardonné ; par pénitence, aime-la encore davantage.

La même idée se retrouve dans des chansons populaires de Toscane, du Piémont, de Ligurie, de Vérone et de Milan, seulement il y a des variantes : dans la chanson génoise, le pape prononce, sans trop de rigueur, cet arrêt : « que ce n'est pas un péché d'aimer, pourvu que la fille soit belle. »

A Milan, c'est au curé qu'on s'adresse : « Si c'est péché, répond-il, que ce soit péché (*peccato sia*), ma mère l'a fait aussi. » Voilà qui nous ramène à la pointe gauloise :

> Eh ! mes petits enfants, pourquoi,
> Si j'ai fait comme ma grand'mère,
> Ne feriez-vous pas comme moi ?

Béranger connaissait-il le couplet milanais lorsqu'il écrivit ces trois vers, ou n'est-ce pas plutôt qu'il y a dans l'air certaines idées qui viennent à tout le monde ? Ces rencontres si fréquentes entre les poètes populaires dans les contes patois de la Péninsule ont donné naissance à une thèse ingénieuse de M. Vittorio Imbriani. Ce jeune écrivain a fait un cours à l'université de Naples sur « l'organisme poétique de la poésie populaire italienne, » où il a tâché de prouver que les Italiens, comme tous les autres peuples, eurent une épopée commune, primitive et populaire, dont la partie narrative s'est en quelque sorte disjointe et a disparu. Il n'en est resté que des fragments lyriques qui, arrondis par le temps, ciselés par le peuple, ont fini par former de petits morceaux à part qu'on trouve un peu partout.

M. Imbriani ne s'est pas contenté de lancer cette conjecture dans le public ; il a cherché quelle pouvait être cette épopée primitive dont les brisures seraient devenues, selon lui, les chansons du peuple, et il pense l'avoir trouvée dans une légende sicilienne, « les amours de la fille du seigneur de Carini avec le comte d'Asturi » amours tragiques s'il en fut, car le père tua sa fille. M. Pitrè nous donne dans l'introduction de son recueil de chants siciliens un fragment de poème sur cet horrible sujet. Traduisons ce fragment mot à mot ; on y verra les franchises, les audaces, la syntaxe déréglée, les changements continuels de temps dans les verbes, les grandes ellipses et les enjambées de géant que se permet, en prose comme en vers, la muse plébéienne et rustique. Ces deux couplets nous apprennent comment le prince de Carini surprit les amours de sa fille coupable.

« Le prince de la chasse était revenu — « Je suis fatigué, je veux me reposer. » — Quand à la porte s'est présenté à lui — un moine, et il veut lui parler. — Toute la nuit ensemble ils sont restés. — Leur confession bien longue ils auront à faire.

« Jésus Marie ! quel air troublé ! — C'est le signal de la tempête. — Le moine descendait et riait, — et le prince en haut faisait rage. — La lune s'enveloppait de nuages, — la chouette en pleurant voletait. »

C'est bien là le ton de l'épopée populaire ; mais M. Imbriani aura de la peine à prouver que celle-ci soit primitive et que les Italiens de toutes les provinces l'aient connue dans le bon vieux temps. Notons d'abord que l'assassinat de la jeune fille est un fait historique qui s'est passé, dit-on, le 4 décembre 1503 : en cette année-là, le peuple connaissait déjà l'Arioste. M. Imbriani pense, il est vrai, que le poëme doit être inspiré par un événement beaucoup plus ancien et qui peut remonter au XIII° siècle : cette conjecture a été repoussée dans une discussion où nous ne voulons pas entrer. A notre humble avis, la grande épopée commune est encore à trouver, et il ne suffit pas, pour qu'elle existe, du plaisir qu'elle ferait à certains théoriciens. Les poètes viennent quand ils veulent ou quand ils peuvent, non quand les critiques ont besoin d'eux.

D'ailleurs on peut se passer d'une source commune pour expliquer les ressemblances entre les contes ou les chansons de tous les pays. M. de Puymaigre, qui a recueilli tant de chants populaires dans le pays messin, a déjà remarqué la facilité de locomotion qui caractérise la poésie campagnarde et plébéienne. « Alerte et court vêtue, comme Perrette, elle fait un chemin énorme malgré tous les obstacles ; montagnes, fleuves, rivières, et, chose incroyable, changements de langue, rien ne l'arrête. Elle passe les Alpes aussi facilement que les Pyrénées ; elle va du Piémont à la Normandie, de la Bretagne à Venise, de la Picardie à la Provence. » Et ces noms de pays ne sont pas pris au hasard ; les gondoliers chantent bien réellement dans leur dialecte futé des chants bretons.

Il est certain toutefois que bien des contes siciliens sont de très-vieux souvenirs qui n'ont jamais quitté le pays : n'oublions pas que l'île, autrefois grecque, a beaucoup gardé de la jeunesse héroïque où elle fut chantée par Homère.

Un jour, au mont Eryx, on conduisit auprès de M. Pitrè une petite fille de huit ans, appelée

Maria Curatolo, qui racontait déjà des histoires :
— Veux-tu m'en dire une ?

Et la petite fit le récit suivant que nous traduisons mot à mot :

LE MOINILLON,

Je vais conter à présent un conte qui fait peur ou peu s'en faut, c'est le conte du Moinillon.

On conte et on raconte qu'il y avait une fois deux moines, ces deux moines allaient chaque année à la quête, car c'étaient de pauvres gens. Une fois ils perdirent leur chemin, prenant un sentier mauvais, mauvais. Le petit dit au grand :

— Ce n'est pas notre chemin, celui-ci.
— Cela ne fait rien, marchons toujours.

En cheminant, ils virent une grotte bien grande, et il y avait dedans un animal qui faisait du feu, mais eux ne croyaient pas que ce fût un animal. Il dit (le grand) :

— Nous allons maintenant nous reposer ici.

Ils entrèrent, et il y avait cet animal qui tuait des moutons (parce qu'il avait des moutons) et les faisait cuire. Comme ceux-ci entrèrent, cet animal était en train de tuer une vingtaine de moutons et les cuisait.

— Mangez !
— Nous ne voulons pas manger, nous n'avons pas faim.
— Mangez, vous ai-je dit.
— Quand ils eurent fini de manger tous ces mou-

tons, le diable se leva (car l'animal était diable); eux se couchèrent, et lui, l'animal, alla prendre une très-grosse pierre, la mit devant la grotte, prit un fer très-grand, pointu, pointu, le fit rougir au feu et l'enfila dans le cou du plus grand des moines. Il le brûla, et voulut le manger en compagnie du petit.

— Je ne veux pas manger, je n'ai plus faim, dit le petit.

— Lève-toi, sans quoi je te tue.

Le pauvret transi de peur se leva, se mit à table ; il prenait, le pauvret, un petit morceau, il faisait semblant de le manger et le jetait à terre.

— Marie ! je n'ai plus faim, bien vrai.

A la nuit, le bon chrétien (*lu bonientu*) prend le fer, le réchauffe et le lui plante (à l'animal) dans les yeux, et les yeux lui jaillirent dehors.

— Ah ! que tu me tues !

Le bon chrétien se blottit de peur dans la laine des moutons ; l'animal à tâtons va ôter la pierre de la grotte et en sort tous les moutons un à un. Vint le mouton où était le bon chrétien, et le bon chrétien n'y était plus (dans la grotte). Il s'en alla à Trapani, en mer. Il y avait à Trapani toutes les barques et les marins. Il dit :

— Faites-moi mettre là dedans, et je vous en tiendrai compte.

— Il se mit dans une barque, l'animal alla pour le repêcher, et les marins firent courir la barque (à toutes rames). Tandis qu'il court (le moinillon), il prend une pierre dans sa poitrine, et lui (l'animal), qui était aveugle, tomba et se cassa la tête. Le Moinillon s'enfuit, et l'animal resta là.

Et l'histoire est finie.

Qu'aurait dit Guillaume Grimm, qui a écrit la légende de Polyphème, en entendant l'histoire du cyclope racontée ainsi, dans l'île où elle s'est passée, après tant et tant de siècles, par une petite fille de huit ans.

Voici encore une légende des temps antiques : ici nous sommes forcés d'abréger le récit un peu chargé de détails, mais nous en conservons l'allure et le mouvement.

LE ROI CRISTAL.

Il y avait une fois un père et trois filles qui n'avaient rien à manger. La grande fille dit à son père :

— Allez chercher ma fortune. Allez chez une dame (et elle la lui nomma) et demandez-lui un quarteron de vin : nous verrons alors si j'aurai du bonheur.

Ainsi fit le père, et la dame, à la première demande, lui donna le vin à la condition qu'il lui apporterait de la verdure (des légumes). Ainsi fut fait. Puis la fille moyenne dit à son père :

— Vous avez pensé à ma sœur aînée, pensez aussi à moi, et demandez-lui une galette en mon nom.

Ainsi fit le père et il paya la galette en verdure. La plus petite à son tour :

— Pensez à moi maintenant ; allez demander en mon nom un peu de monnaie pour mes dépenses.

Le père alla chez une autre dame et obtint aussi l'argent en promettant de la verdure ; il s'en revint tout joyeux en disant qu'il avait trouvé la fortune de ses trois enfants. Le lendemain, comme il allait dans la campagne pour chercher de la verdure, il n'en trouva point ; il ne trouva qu'un chou et se mit à le couper, mais il n'en put venir à bout ; le tronc étant fort, et puis la pluie l'assassinait. Il rentra donc chez lui et ses filles lui dirent :

— Père qu'avez vous fait ? Vous n'avez pas apporté de légumes.

Le père raconta sa malechance, et les sœurs aînées s'en prirent à la plus petite parce qu'elle n'avait pas de bonheur et que leur père avait pensé se noyer à cause d'elle ; mais le père leur dit :

— Je ne veux pas qu'on touche à ma fille, vous n'avez pas de bastonnade à lui donner. Quand la pluie aura cessé, j'irai cueillir de la verdure, et je la porterai à cette dame qui l'attend.

Baste ! la pluie cessa ; le père retourna vite à son chou et se remit à le couper. Vint à passer un chevalier qui lui dit :

— Que fais-tu là ?

— Qu'ai-je à faire ? répondit le pauvre homme, j'ai mes filles à jeun et je coupe ce chou parce que je n'ai trouvé que cela.

— Combien en as-tu de filles ?

— J'en ai trois, mais elles ne peuvent se voir, les aînées *font de grands mépris* à la plus petite, et elles l'ont battue hier au soir parce que je m'étais mouillé pour elle.

— Cette plus petite qu'elles ne peuvent voir, je la prendrai avec moi, dit le chevalier, et en attendant voici un peu d'argent : ce sont les arrhes que je te donne.

Le père s'en revint et fut assailli par une nouvelle averse ; il rentra tout trempé avec le chou et l'argent. Les sœurs aînées battirent encore la cadette.

Ici nouvelle scène de famille, exhibition du chou qui met les grandes sœurs en colère, puis de l'argent qui les apaise ; elles courent acheter des vivres et l'on soupe gaîment. Après souper, le père révèle à ses filles la rencontre qu'il a faite.

— J'ai trouvé la fortune de marier la plus petite avec un chevalier qui lui donnera des domestiques.

En entendant ceci, les grandes sœurs se mirent à pleurer, mais d'envie, bien qu'elles disent que c'était par amour. Bast! le père dit à la cadette de ses filles qu'elle avait trouvée la fortune, pourvu qu'elle voulût aller avec lui près d'un cavalier qui l'attendait. Elle dit que oui, et, contente d'être délivrée de ses sœurs, elle prit congé d'elles et s'en alla. Le père la remit au chevalier, qui donna au père un sac d'écus, et lui permit de l'aller voir seul quand il voudrait en lui ordonnant de ne jamais amener avec lui ses grandes filles. Les domestiques firent monter la cadette dans la maison, et lui *consignèrent* sa chambre à la condition pourtant qu'elle n'en sortirait jamais, et jamais n'ouvrirait la porte de la chambre qui était en face.

— Va bien, répondit-elle, je ne l'ouvrirai pas.

Le soir, comme elle était couchée et qu'elle s'endormait seule et dans l'obscurité, son mari vint se mettre près d'elle. Le mari avait un système de ne jamais laisser voir son visage, il n'allait donc près d'elle que la nuit, quand il faisait noir. Elle le comprit et ne s'en inquiéta pas. Le mari se mit aussi à dormir. Le lendemain, le père alla voir sa fille et lui demanda.

— Comment te trouves-tu? es-tu bien?

— Oh! répondit-elle, je suis comme une petite reine: moi riche, moi joyeuse, moi servie par tant de domestiques, moi bien traitée de tous ; il n'y en a pas de plus heureuse au monde.

— Bien ! bien ! fit le père.

Et le bonhomme va rapporter la nouvelle aux sœurs aînées qui voudraient bien aller voir aussi tout ce bonheur ; mais c'est impossible, l'injonction est formelle : le chevalier a permis les visites du père, mais du père seul. Si on le priait bien de laisser revenir leur sœur une fois, une seule fois dans leur maison, les aînées seraient bien heureuses ! Le chevalier y consent, mais une seule fois. Et voilà la cadette reçue par ses sœurs avec toute sorte de cérémonies, et les questions de pleuvoir, comme on peut le penser. Comment est le visage du mari ? C'est la question capitale. La mariée fut bien forcée d'avouer qu'elle ne l'avait point vu. La grande sœur lui dit alors :

— Écoute ce que tu as à faire, prends cette chandelle de cire que je t'apporte, et puis, quand il sera couché et qu'il dormira, tu l'allumeras et tu regarderas bien le visage de ton mari, et après tu sauras bien nous dire comment il est.

Cette proposition de la sœur n'était pas faite de bonne foi, c'était l'effet de l'envie... La cadette comprit bien que c'était pour lui faire perdre la fortune, mais toutes deux firent tant et si bien, que la plus jeune fut persuadée et promit de faire ce qu'elles disaient. La jeune sœur est ramenée chez son mari, rentre dans sa chambre, se couche le soir, attend qu'il vienne, et, quand il est venu, demeure éveillée, attendant qu'il dorme, et, quand il dort, allume la chandelle de cire et se met à le regarder. Et plus elle le regarde, plus elle l'admire.

— Oh ! comme il est beau ! que j'ai donc un beau jeune homme !

Pendant qu'elle faisait toutes ces réflexions, voici une goutte de cire chaude qui tomba dans le nez du chevalier, et lui, se sentant brûler, se réveilla en disant :

— Trahison ! trahison !

Il se leva, et aussitôt il renvoya sa femme.

Dirons-nous la fin de notre conte : comment l'épouse, qui était grosse, se mit en chemin, trouva deux ermites, l'un plus vieux que l'autre, se chaussa de souliers de fer, et en marchant longtemps, longtemps, finit par arriver au palais du roi Cristal, celui à qui les fées avaient enlevé son enfant ? C'est là une seconde histoire assez mal accrochée à la première. Ce qui nous intéresse dans tout ceci, c'est le mariage mystérieux de la pauvre fille, c'est la curiosité qui la perd, c'est le sujet qui a tenté tant de poètes : aujourd'hui M. de Laprade, avant lui Corneille et Molière, La Fontaine, longtemps avant eux Apulée : c'est le vieux mythe d'*Amour et de Psyché*. Et n'est-il pas singulier qu'Apulée ait commencé son récit comme un conte de fées : *Erant in quadam civitate rex et regina ;* il y avait dans une certaine ville un roi et une reine ?

Mais voici une histoire qui nous a paru plus étonnante encore : c'est la légende de la *Belle de Liccari*.

LA BELLE DE LICCARI

On conte et on raconte qu'aux vieux temps il y avait à Carini une jeune fille bien plus belle que le soleil, faite de sang et de lait, et on l'appelait la Belle de Liccari. Qu'est-ce qu'elle fit ? Il vint un jour ici, en Sicile, un empereur du Levant, avec une grande quantité d'armées, et il fit la guerre au royaume. Il fut vainqueur et mit tout à sang et à feu sans pitié ; les vieux et les hommes furent décapités ; les femmes et les enfants tous captifs. *Dans le tas était la Belle de Liccari.*

— Oh ! puissance de Dieu ! s'écria-t-on, comment donc est-elle si belle ? Tout de suite qu'on la mène à l'empereur !

L'empereur, sitôt qu'il la vit, devint stupide.

— Elle esclave ! dit-il. Rien de cela ; il faut qu'elle soit ma femme.

Il la fit délier (elle était attachée parce qu'elle était prisonnière) et il la prit et l'emmena avec lui dans les parages du Levant et il lui mit sur la tête la couronne d'impératrice. Dans le Levant, il y avait neuf empereurs plus petits (moins puissants,) qui étaient soumis à celui qui avait pris la Belle de Liccari, et lui payaient tant par an comme tribut. Comme ils vont et voient cette extrême beauté, ils lui tombent aux pieds avec toutes leurs couronnes.

— Majesté, dirent-ils, vous êtes si belle, que nous voulons être vos esclaves ; commandez, et nous et nos royaumes nous sommes tous sous votre domination.

Et tous les neuf lui présentèrent leurs couronnes. C'est ici qu'on voit combien est puissante la beauté sicilienne... La Belle de Liccari ne pouvait naître que chez nous, et la renommée de sa beauté a passé en proverbe :

   Riche, heureuse, elle vécut bien ;
   Nous, pauvres gens, nous n'avons rien.

Telle est cette histoire, écrite sous la dictée d'une jeune fille de Borgetto et traduite en français aussi littéralement que possible. Mais quelle était donc cette belle de Liccari? Selon toute probabilité, la belle d'Hyccara ou d'Hyccaraen, ancienne ville de Sicile, qui fut prise par les Athéniens commandés par Nicias environ 40 ans avant Jésus-Christ. Une petite fille de sept ans en fut emmenée captive et transportée à Corinthe où elle rendit célèbre le nom de Laïs. Sa beauté vénale passa en effet en proverbe : on disait qu'il n'était pas permis à tout le monde d'aller à Corinthe. Cette ville, toute fière de l'avoir accueillie, lui érigea un magnifique monument, frappa des médailles à son honneur, et, on le voit, les filles du peuple, dans l'île où elle est née, après vingt-trois siècles, gardent encore la mémoire de la courtisane immortelle.

IV

LA LÉGENDE DE VIRGILE A NAPLES ET EN SICILE — LES CONTES
ARYENS — LES PERROQUETS CONTEURS — L'HORLOGE
DU BARBIER.

C'est ainsi que les bonnes femmes de Sicile rajeunissent les faits anciens ; en revanche, elles vieillissent certaines traditions du moyen âge et en surchargent la biographie des illustres païens dont le nom est resté populaire dans toute l'Italie du midi. De ces derniers, le plus brillant est Virgile.

Pour le peuple de Naples et de Palerme, comme pour les contemporains de Dante, Virgile est plus qu'un poëte, c'est un prophète et un enchanteur. Nous avons entendu nous-même, de la bouche d'un lazzarone, l'histoire merveilleuse de l'homme qui avait annoncé la venue de Jésus-Christ. C'est Virgile qui a bâti Naples, creusé la grotte du Pausilippe, et fait sortir le château de l'OEuf d'un œuf enchanté. A Rome il bâtit une tour qu'il appela la *Salvazione di Roma*, et qu'il surmonta d'autant de statues qu'il y avait de provinces dans l'empire : quand une de ces provinces venait à se soulever, la statue qui la représentait sonnait une cloche, et la révolte était étouffée dans son germe par les cavaliers de l'empereur. Un jour, trois rois voulurent s'affranchir, et à cet effet envoyèrent à Rome quatre compères chargés d'enfouir de l'or en différents endroits ; ces compères se donnèrent pour des chercheurs de trésors et délivrèrent aisément ce qu'ils avaient enterré eux-mêmes ; ils dirent alors à l'empereur qu'en fouillant sous la tour de Virgile ils trouveraient une montagne d'or. L'empereur hésita longtemps à les laisser faire ; enfin sa cupidité fut la plus forte ; il donna son anneau aux compères afin qu'ils ne fussent pas gênés dans leur travail. La tour de Virgile croula, Rome avec elle. Vinrent les trois rois rebelles et l'empire fut détruit.

Un jour Virgile fut mis en prison, bien qu'il vécût en bons termes avec Auguste. Il dessina un vaisseau sur la muraille de son cachot et invita les autres prisonniers à remuer régulièrement des bâtons qui se changèrent en rames ; le vaisseau dessiné sur le mur devint un navire véritable et, soulevant dans les airs l'enchanteur et ses compagnons de captivité, alla les déposer en Apulie. Là, le vaisseau disparut sous le sable du rivage et les rames reprirent leur état de simples bâtons. Virgile s'en vint seul et s'arrêta près de Naples, dans une maison de pauvres gens qui n'avaient rien à manger ; il envoya ses esprits à la ville, et les esprits rapportèrent aussitôt des macaroni dans des plats fumant encore, qu'ils étaient allés prendre sur la table de l'empereur. L'empereur s'écria :

— Un seul homme a pu faire cela, c'est Virgile.

Le lendemain, en quittant son hôte, le poète magicien lui laissa une coupe d'excellent vin qui resterait toujours pleine, à condition qu'on ne regardât jamais dedans. Puis le bon sorcier revint à Rome, où il devait déposer un livre enchanté, annoncer douze cents ans d'avance la venue de Notre Seigneur. Il envoya son disciple Merlin à l'endroit où était caché ce livre ; Merlin devait le rapporter sans l'ouvrir, mais le moyen de n'être pas curieux quand on a sous le bras un pareil trésor ? Ce disciple déroula donc le volume, et aussitôt les signes étranges tracés sur le parchemin se mirent à tourbillonner dans l'air et à danser en hurlant une ronde infernale.

— Tu nous as évoqués, dirent-ils à Merlin (exactement comme l'Esprit de la terre au docteur Faust,) que nous veux-tu ?

— Que la route soit pavée de Naples à Rome.

Aussitôt la voie appienne se couvrit de dalles qu'on peut voir encore à Pouzzoles, à Cume et au-delà.

Ce livre enchanté avait d'abord appartenu à un autre sorcier nommé Zabulon, qui l'avait caché dans le nez d'un géant d'airain sur la montagne aimantée. Virgile s'embarqua pour l'aller prendre, mais il eut à souffrir toute sorte d'épreuves et de malheurs ; les sirènes endormirent les navigateurs avec leurs chansons fatales, et des crocodiles et des griffons les traînèrent endormis à l'autre bout de la mer ; plus tard la montagne aimantée attira les clous de la barque, dont les planches disjointes s'éparpillèrent de tous côtés. Puis il fallut vaincre le géant qui se dressa de toute sa hauteur en brandissant une massue formidable ; mais Virgile possédait un anneau enchanté dans lequel Aristote avait enfermé un méchant esprit marin sous la forme d'une mouche, et il put, grâce à cet anneau, s'emparer du livre sibyllin.

C'est à Naples surtout, ville fondée par lui, comme on sait, que l'enchanteur fit des miracles. Il y créa une école, la *Scuola di Virgilio*, qu'on montre encore au pied du Pausilippe ; il y enseignait la nécromancie, science où il était de première force ; il la tenait d'un démon qu'il avait tiré de la fente d'un rocher. Quand il eut appris de ce démon tout ce qu'il voulait savoir, il le remit dans la roche. Virgile creusa de plus des égouts, construisit les aqueducs de Naples, fit jaillir l'eau soufrée de Santa-Lucia, qui était d'abord de l'huile, aussi l'église défendait-elle d'en boire le vendredi et le samedi. On lui doit enfin les bains de Pouzzoles qui guérissaient de tout, comme l'attestaient des inscriptions, des peintures et des sculptures dont on voit encore des traces. C'est pourquoi les médecins de Salerne, ruinés par la concurrence, partirent une belle nuit sur une barque et allèrent détruire les thermes de Virgile et le temple de Sérapis, où cette hydrothérapie était une sorte de religion ; on voit encore les ruines des bains et du temple. Les allopathes de Salerne, après ce bel ouvrage, remontèrent sur leur barque pour s'en retourner chez eux, mais ils furent assaillis par une tempête et périrent tous.

On n'en finirait pas, si l'on voulait dire tout ce que Virgile fit à Naples : un étal de boucherie où la viande ne se corrompait jamais, un jardin à Pausilippe entouré de murs invisibles et infranchissables ; les fruits et les fleurs y pullulaient en toute saison au milieu de plantes merveilleuses, d'herbes salutaires dont la plus rare, celle de Lucius, rendait la vue aux aveugles ; une trompette qui sonnait d'elle-même les jours de sirocco et qu'on entendait au loin sur la mer, enfin quantité de travaux en bronze, car Virgile était artiste et savait fondre les métaux ; un cheval colossal, un cavalier, un archer, une sangsue, une grosse mouche et une porte en fer. La tête du cheval existe encore, on peut la voir au musée de Naples ; le cavalier parcourait la nuit les rues de la ville et tuait les bandits et les voleurs. L'archer, debout à la place où l'on voit maintenant la statue de saint Janvier, sur le pont de la Madeleine, tournait son arc bandé contre le Vésuve pour tenir en respect la montagne de feu.

Passa un jour un paysan calabrais qui s'arrêta devant l'archer et lui dit : « Tire donc et lâche ta flèche. » La flèche partit et alla piquer le cône de cendre où elle ouvrit un cratère ; le sol trembla aussitôt, la lave jaillit, Naples fut sur le point de crouler et de brûler comme Herculanum. Sans l'intervention de saint Janvier, la grande ville serait maintenant enfouie sous la cendre. C'est depuis lors que le saint a remplacé l'archer sur le pont de la Madeleine ; il tient le bras tendu vers le Vésuve, et Naples est maintenant à l'abri des tremblements de terre et des éruptions.

Quant à la sangsue et à la mouche de bronze, elles servaient à détruire les sangsues et les mouches véritables ; les vers et les serpents étaient relégués derrière la porte de fer. Virgile enchanta aussi sa propre image qu'il enferma dans la fiole où se liquéfie maintenant, une fois par an, le sang de saint Janvier. Quand l'enchanteur fut mort, il se fit hâcher menu et cuire pendant neuf jours à petit feu dans une chaudière fermée ; par malheur, un esprit qui surveillait l'opération s'absenta un instant ; survint Auguste qui ne savait rien et qui cassa la chaudière. Un fœtus en sortit, cria trois fois : Malheur ! et disparut.

Voilà ce que racontent les cicérones du Pausilippe en vous montrant le colombaire romain où M. Eichoff a fait inscrire l'épitaphe du poète :

Mantua me genuit, Calabri rapuere, tenet nunc
Parthenope ; cecini pascua, rura, duces.

Mais les cicérones affirment que jamais Virgile ne fut enterré là. Son esprit a été enfermé dans un rocher, d'où un enchanteur anglais du temps de Roger de Sicile l'aurait fait sortir, si le peuple ne s'était pas soulevé pour empêcher le sacrilège. Quant aux ossements de Virgile, on les a longtemps gardés au Fort-de-l'Œuf, derrière une forte grille en fer. Si un profane avait osé les tirer de là, une tempête aurait détruit la ville.

Tel est le Virgile napolitain. Le peuple de Sicile ajoute quelques traits à cette histoire. Une fille de Borgetto a raconté à M. Salomone-Marino que le grand magicien, avant d'acquérir toute sa puissance, avait pris pour femme une personne aussi méchante que belle : une « mule de fer, qui le faisait passer par la porte de Castro : » c'est la porte par laquelle on fait entrer dans Palerme, pour les marquer au passage, les béliers, les boucs, les bœufs et autres animaux pareils. A la fin, le mari perdit patience et devint l'ami de Maugis (Malagigi), « le plus fort maître en l'art de commander aux esprits, et de chevaucher le balai. »

Ce Maugis, pour les Siciliens, est le chef de la magie ; ils se le représentent maigre, décharné, vêtu de noir, affublé d'une longue robe, coiffé d'un chapeau aplati et traçant des cercles avec la verge qu'il tient à la main. Maugis eut pitié de Virgile et prononça une formule d'incantation, les diables pleuvaient de tous côtés comme des mouches, et en un clin d'œil le poète endoctriné devint le plus fort des magiciens. Il n'avait qu'à faire trois cercles et à prononcer l'évocation ; aussitôt les démons saisis d'effroi se pressaient autour de lui ; il les forçait jour et nuit à venir en foule, « et tantôt leur faisait faire une chose, et tantôt une autre, et ils travaillaient comme des chiens. »

Mais c'était surtout sa femme qu'il tourmentait ; elle l'avait mis d'abord au désespoir et presque hors de sens ; c'était lui maintenant qui la faisait tourner comme un cheval de manége. Il lui donnait pour mari tantôt Farfadet qui l'égratignait et crachait sur elle des jets de soufre et de feu, tantôt Lucifer qui la criblait de coups de cornes, tantôt Carnazza, qui, en soufflant, la gonflait comme une outre, et vlin, vlan, la rouait de coups (*tiritimpiti, tiritampite*). Les démons étaient sur les dents, et eux-mêmes avaient pitié de la pauvre femme.

Vint enfin la Mort chercher le magicien Virgile : ah ! seigneur, soyez béni. Les diables firent alors un complot dans l'enfer :

— Il ne faut pas que ce mauvais gueux entre chez nous, il nous ferait travailler comme des nègres.

Et avec des barres et des chaînes ils fermèrent les portes de la maison. Arrive le mort, qui chante :

— Top, top !
— Qui est là ?
— Le magicien Virgile.
— Passe ton chemin ; il n'y a pas de place ici pour toi.
— Mais où faut-il que j'aille ? je suis damné.
— Arrière ! arrière !

Et Virgile resta dehors, pleurant et se mordant les doigts, « parce que la Mort lui avait ôté la verge de l'art du commandement. »

Mais laissons les diables et prenons Maugis. L'affaire lui déplut ; que faire ? Il recueille l'âme et les os de Virgile, et les porte dans une île bien loin, bien loin, là où la mer est la plus haute et profonde. Il construit une belle sépulture de pierre, comme une caisse sans couvercle, y jette l'âme et les os, dit quatre paroles noires, dessine trois cercles puants et chante :

— Tourne, tourne autour, autour. — La mer, le monde, se découvrent, — la lune s'obscurcit, le soleil tremble, — et la fortune enveloppe, entraîne tout.

Depuis cette incantation, l'île est un lieu fatal. Qu'on aille à la sépulture et qu'on regarde les ossements, le ciel s'assombrit, le tonnerre gronde, les foudres tombent par milliers; on dirait le déluge universel. Pour la mer, qui dira ce qu'elle fait? Tempêtes, montagnes de vagues, batterie d'enfer : elle engloutit les barques et les vaisseaux comme des pilules. Il n'y a pas de courage qui tienne: plus on est hardi, plus l'on va au fond; Dieu nous fasse la grâce. Seigneur, que jamais n'aillent s'y risquer les fils de nos mères ! Et que celui qui a dit cette histoire et celui qui la lui a fait dire ne puissent jamais mourir de male mort !

Il serait facile de multiplier ces exemples et de montrer ainsi les étranges transformations qu'ont subies les fables païennes en devenant des contes siciliens. Tel de ces contes nous montre un prince quelconque doué d'une force extraordinaire qu'il devait à un cheveu d'or ; ce prince n'est autre que Nisus, roi de Mégare qui, blanchi par l'âge, avait conservé un cheveu de pourpre auquel était attachée la conservation de son royaume, et ce Nisus lui-même rappelle d'autres héros fabuleux, sans compter le héros biblique, Samson. Jupiter, Bacchus, Hercule reparaissent, réduits à la taille de simples mortels, dans les récits de la Messia et de ses compagnes, mais ces dieux et ces demi-dieux n'étaient eux-mêmes que des transformations de mythes plus anciens : en remontant à la source de quantité de traditions, on fait, de force ou de gré, le voyage des Indes. Tout y mène, même Giufà, le Jocrisse sicilien.

Les bonnes femmes racontent que Giufà, molesté par les mouches, alla porter plainte contre elles aux juges de son pays. Le juge, ne sachant que faire, lui permit, lui ordonna même de tuer tous les insectes qu'il trouverait sous sa main. Giufà suivit la prescription à l'instant même : une mouche étant allée se poser sur le front du juge, il la tua d'un coup de poing qui cassa en même temps la tête du conseiller malavisé.

Nous connaissons tous cette fable que nous avons lue dans la Fontaine ; avant notre fabuliste, Straparole avait raconté, dans ses *Nuits facétieuses*, comment un butor, nommé Fortunio, se trouvant au service d'un droguiste de Ferrare et chargé de protéger pendant la sieste le front chauve de son maître, l'avait fendu d'un coup de pilon pour en chasser une mouche qui s'y était plantée impertinemment. Longtemps avant Straparole, l'auteur indien du *Pantchatantra* (cinq livres de contes et d'apologues qui sont maintenant traduits du sanscrit dans toutes les langues) connaissait déjà l'aventure qui était arrivée, non point à un juge ni à un droguiste, mais à un très-puissant roi. Ce souverain se faisait garder la nuit par un singe qui, pour lui épargner la piqûre d'une abeille, prit un grand sabre et coupa d'un coup l'insecte et la tête de son maître endormi.

Il est certain qu'Hérodote popularisa en Grèce beaucoup de légendes indiennes, et que les Arabes au moyen âge en rapportèrent beaucoup d'autres de l'extrême Orient ; il est probable que ces légendes passèrent dans les fabliaux, puis des fabliaux dans les nouvelles de Boccace et de Straparole, et qu'elles se répandirent ainsi de la littérature dans le peuple, chez qui la littérature va maintenant les repêcher. Dans cette transmission incessante de plume à plume et de bouche à bouche, ces histoires se sont singulièrement modifiées, tantôt abrégées et tantôt grossies par la fantaisie du narrateur ; plusieurs ont été accouplées, d'autres simplifiées, au point que le trait accessoire est devenu le point essentiel, le sujet même du récit ; les personnages même se modifient et descendent de plus en plus ; ce qui était dieu devient homme. On peut admettre aussi, pour faire plaisir aux indianistes, que ces traditions ont été apportées en Sicile par les premiers Orientaux qui s'y installèrent, et qu'elles n'en sont plus sorties depuis lors.

On sait avec quelle érudition et quelle sagacité ces migrations des mythes ont été étudiées par MM. Benfey, Max Müller, et par un professeur italien, M. de Gubernatis qui a écrit en anglais une *Mythologie zoologique* récemment traduite en français. Les savants supposent un temps primitif, antérieur à la formation des nationalités distinctes ; dans cette période se forment des éléments mythiques, « c'est-à-dire des propositions conçues au présent et exprimant simplement un phénomène naturel mythologiquement envisagé. »

On dit par exemple : Céphale aime Procris, fille de Hersé ; c'est-à-dire le soleil à la tête lumineuse aime la goutte de rosée dans laquelle il se reflète tous les jours. Eos aime Céphale : l'aurore aime le soleil, car il sort tous les matins de ses bras. Céphale tue Procris : le soleil absorbe et détruit la rosée. « Voilà des expressions bien claires, dit M. F. Baudry, et qui ne diffèrent de la réalité que par la forme métaphorique ou, pour mieux dire, analytique que leur imposait la pensée enfantine de nos premiers ancêtres. Maintenant supposez-les reliées par des hommes qui en auraient oublié le sens : le mythe va naître spontanément, c'est-à-dire que les hommes, tourmentés du besoin d'inventer une explication pour ce qu'ils ne comprennent plus, vont, par une pente d'autant plus invincible qu'ils sont plus simples, composer une anecdote où tout cela sera relié. C'est l'effacement du sens primitif qui amène leur imagination à suppléer aux lacunes et à grouper en fable mythologique les éléments mythiques reliés. Plus tard, le mythe se transforme encore, et devient le conte populaire, qui en est en quelque sorte le dernier écho. Ce n'est plus cette production poétique à laquelle l'humanité supérieure avait part, mais, si l'on peut ainsi dire, c'est un résidu repétri par les plus simples, tels que les mères-grands et les nourrices. »

Remonter du conte au mythe et du mythe à l'élément mythique, tel est donc le travail d'une foule d'esprits ingénieux en France, où M. Gaston Paris, dans un petit livre tout plein de science, vient de démontrer comment une constellation, la grande Ourse, est devenue l'histoire du Petit Poucet.

Tout le monde n'a pas la mesure et la méthode de M. Gaston Paris, et quand la science est grossie, gonflée par l'imagination, ce qui lui arrive quelquefois, elle déborde et roule aux chimères. Le Véda est plein de mythes où le soleil et l'aurore reviennent à tout moment ; aussi ne voit-on partout que des soleils et des aurores. Si Cendrillon perd sa pantoufle, c'est que l'aurore, dans un hymne védique, était appelée « la fille sans pieds ou sans chaussures ; » si la Chatte blanche de Mme d'Aulnoy devient une belle jeune fille blonde vêtue de rose, c'est que l'aurore, également rose, remplace la lune, également blanche, quand la nuit s'en va. Le jeune prince qui court après Cendrillon, celui qui épouse la Chatte blanche sont des soleils errants: ainsi le veut l'école de M. Max Müller. Qu'en diraient Perrault et le bon La Fontaine?

Il existe à Naples un Christ miraculeux sur le front duquel repoussent des cheveux chaque année: un auteur allemand a reconnu dans ce tour de passe-passe un mythe solaire; autant vaut croire au miracle; les naïfs qui l'admettent ne se piquent pas du moins d'être savants.

Tout en résistant aux abus de cette théorie, il faut lui savoir gré des études qu'elle a suscitées et des faits très-curieux qu'elle a découverts. Les contes siciliens contiennent quantité de figures et d'images, de symboles peut-être qui leur viennent de l'Orient: la Belle à l'étoile d'or, les Sept montagnes d'or, les Sept cèdres, les femmes blanches comme la neige et rouges comme le sang, les chevaux ailés, les vaches qui filent, les oiseaux qui parlent et les hommes qui les comprennent, les duels sans nombre contre des monstres représentant la lutte éternelle des ténèbres et de la lumière, du bien et du mal. Quelques-uns de ces contes appartiennent-ils, comme on le voudrait, à l'époque où nos races formaient une seule famille, à la période qui précéda l'émigration des aryens? C'est bien difficile à prouver, si c'est séduisant à croire. Il y a toutefois des analogies frappantes entre certains récits recueillis par M. Pitrè et ceux des recueils indiens qu'on recherche et qu'on publie si activement de nos jours. Une des plus agréables histoires de la Messia est celle du perroquet conteur.

Un grand négociant se marie, épouse une femme « bonne comme le bon matin » et se met en voyage pour ses affaires, mais non sans avoir pris de sages précautions. Il laisse à sa femme une riche provision « de pain, de farine, d'huile, de charbon et de tout; » il a cloué les portes et les fenêtres, une exceptée très-haute, afin que la pauvre recluse pût avoir un peu de jour et d'air. Au reste ces mesures avaient été demandées, conseillées du moins par elle. Passèrent quelques jours, et la belle qui s'ennuyait fort avait grande envie de pleurer. Sa chambrière lui donna un excellent conseil.

— Poussons une table jusqu'au mur, nous monterons dessus et nous regarderons par la fenêtre ; nous aurons la belle vue du Cassaro (c'est la grand'-rue de Palerme.)

Ainsi fut fait, et la prisonnière poussa un cri de joie :

— Ah ! Seigneur, je vous remercie !

A ce cri, deux hommes qui étaient en face levèrent la tête, un notaire et un chevalier ; un pari s'engagea aussitôt entre ces deux hommes : quatre cents onces devaient être gagnées par celui qui parlerait le premier à ce beau visage qui venait de remercier le Seigneur. Le notaire, ne sachant à quel saint se vouer, se donna au diable, qui le changea en perroquet afin qu'il pût s'introduire dans la maison.

— Mais prends garde, lui dit le *virserio* (l'adversaire : c'est un des surnoms de Satan, que les Siciliens masquent toujours sous des euphémismes;) le chevalier, ton rival, s'adresse à une duègne qui sait le moyen de faire sortir la dame de la maison. Ne la laisse pas sortir, sais-tu ? Mais retiens-la toujours en lui disant : « Ma belle maman, assieds-toi là que je te conte un conte. »

Ainsi endoctriné, le perroquet va se poser sur la fenêtre, la chambrière le saisit avec son mouchoir, et la dame s'écrie en le voyant :

— Oh ! mon beau perroquet, tu vas être mon *aliénation* (ma distraction.)

— Moi aussi, belle maman, je vous aime.

Et l'oiseau fut mis dans une cage d'argent. Cependant la duègne qui sert les intérêts du chevalier se présente avec une corbeille de beaux fruits *hors de temps* (des primeurs sans doute) au tour pratiqué dans le mur pour approvisionner la maison. La vieille se donne pour l'aïeule de la dame, qui veut bien l'en croire, et toutes deux entrent en longue conversation.

— Tu es toujours cloîtrée, dit la duègne, et le dimanche tu ne vas pas à la messe?

— Et comment puis-je y aller, clouée comme je suis ?

— Ah ! ma fille, tu te damnes. Tu dois aller à la messe le dimanche. Aujourd'hui c'est fête, allons-y.

La dame se laisse persuader, le perroquet se met à pleurer. La dame ouvre son bahut pour s'habiller, le perroquet s'écrie :

— Belle maman, ne t'en va pas, la vieille te fait une trahison. Si tu n'y vas pas, je te conterai un conte.

Aussitôt gagnée, la dame congédie la duègne et s'assied auprès du perroquet qui se met à conter... Trois fois la vieille renouvelle la tentation, trois fois le perroquet la renvoie en promettant une nouvelle histoire. Le mari revient, l'oiseau le rend aveugle en lui jetant du bouillon aux yeux, puis lui saute à la gorge et l'étrangle. Le notaire finit par épouser la belle veuve et gagne l'argent qu'il a parié.

Tel est en raccourci le cadre de la légende sicilienne. Or il existe un très ancien recueil indien, le *Cukasaptati*, qui n'a jamais été publié intégralement ; la traduction la moins incomplète qu'on en connaisse est en langue romaïque, et a été publiée en 1851, dix-huit ans après la mort du traducteur, Démétrius Galanos. Dans ce recueil où ont puisé de tout temps les conteurs de tous les pays, et d'où est sorti le plus ancien des décamérons européens, *le Livre des Sept-Sages*, on trouve une femme qui, en l'absence de son mari, brûle d'aller rejoindre son amant, mais elle est retenue dans sa maison et dans son devoir par un perroquet qui lui raconte des histoires amoureuses. La Messia, qui ne sait pas lire, n'a jamais entendu parler du *Cukasaptati* ; d'où lui vient donc la légende de son perroquet ?

Voici un dernier conte qui ne déplaira pas aux amateurs du mytho solaire. Comme il est court, nous pouvons le traduire littéralement ; il est intitulé :

L'HORLOGE DU BARBIER.

On conte et on raconte à ces messieurs qu'il y avait une fois un barbier ; ce barbier avait une horloge qui cheminait et cheminait depuis des siècles et ne manquait jamais l'heure, sans qu'on eût besoin de la remonter. Le barbier l'avait réglée une fois, et dès lors, toujours et sans cesse, tic tac, tic tac, tic tac. Ce barbier était vieux, vieux, et ne savait plus lui-même combien il avait de centaines d'années... Tous ceux du pays couraient à lui dans sa boutique pour demander à l'horloge, qui était enchantée, les choses qu'ils voulaient savoir. Venait le paysan fatigué et amer, car il avait besoin d'eau pour ses semailles et voyait encore fermées les portes du ciel. Et l'horloge répondait (en vers) :

— Tic tac, tic tac, tic tac. — Tant que je serai rouge, — l'eau ne doit pas venir, et le domaine est à moi. — En tonnant, en tonnant, — s'il ne pleut pas cet an-ci, — il pleuvra l'autre.

Venait le pauvre vieux, appuyé sur son bâton, pris par l'asthme au point qu'il n'en pouvait plus, et il demandait :

— O horloge, horloge, dis-moi, y a-t-il beaucoup d'huile à ma lampe ?

Et l'horloge aussitôt :

— Tic tac, tic tac, tic tac. — De soixante à septante, — l'huile s'écoule dans la lampe. — Après l'an septante un, — la mèche seule s'allume péniblement.

Venait le garçon féru d'amour, galant et pimpant, tout battant neuf, riant, faisant bombance, et s'avançant vers l'horloge :

— Horloge, dis-moi, y a-t-il quelqu'un qui vogue plus heureux que moi au royaume d'amour ?

Et l'horloge alors :

— Tic tac, tic tac, tic tac. — Ce roi n'a pas de jugement ; — aujourd'hui heureux, demain dans l'abîme ; — aujourd'hui faisant figure, — demain dans le tombeau.

Vient et vient le malandrin de première classe, le chef camorriste de la vicaria (prison,) tout houppe et toupet, tout boutons et bagues, et en mâchant ses paroles il dit :

— A toi, horloge ! quel potentat y a-t-il qui puisse s'affranchir des mains que voilà ? Je serais homme à te couper la route à toi-même.

Et l'horloge, plus hautaine encore que lui :

— Tic tac, tic tac, tic tac. — Celui qui court pieds nus sur les rasoirs — tôt ou tard y perd sa semelle (sa peau.)

Vient après le pauvre affligé à jeun, nu, malade de la tête aux pieds :

— O horloge, horloge, quand auront à finir ces misères ? Dis-moi, par charité, la mort quand viendra-t-elle ?

Et l'horloge toujours de la même façon :

— Tic tac, tic tac, tic tac. — Aux malheureux et aux disgraciés — souvent sont destinés plus de jours.

Et ainsi toute sorte de gens venaient voir cette horloge merveilleuse et tous lui parlaient, et elle donnait réponse à chacun. C'était elle qui savait dire quand venait l'hiver et quand venait l'été, savait dire quand il faisait jour et à quelle heure finissait la journée, savait dire combien les gens avaient d'années, depuis combien de temps était fait le pays ; en somme c'était une horloge *machine*, une horloge sans égale, car il n'était chose qu'elle ne sût dire. Chacun l'aurait voulue en sa maison, mais nul ne la pouvait avoir, car elle était enchantée, aussi se rongeait-on inutilement, mais tous, ou voulant ou ne voulant pas, ou en cachette ou à haute voix, avaient à louer le vieux maître barbier qui avait su faire cette horloge prodigieuse et l'avait su faire pour cheminer toujours, et nul ne la pouvait démonter ou arrêter, hormis le maître qui l'avait faite.

Et qui l'a dit ce conte et qui l'a fait dire — ne puisse jamais mourir de male mort.

Cette histoire a été écrite par M. Salomone-Marino sous la dictée d'une femme du peuple, nommée

Rosa Amari. Tous nos lecteurs l'ont compris : l'horloge c'est le soleil, et le barbier c'est Dieu ; la conteuse comprenait-elle l'allégorie ? M. Salomone ne le dit pas, mais elle devait y entrevoir quelque double sens mystérieux, d'où la gravité, la solennité quasi biblique de ses paroles. Il y a de l'Orient dans cet apologue, et c'est ainsi que les filles de Sicile, les simples filles des rues et des champs, qui n'ont pas la moindre notion de l'alphabet, apportent peut-être à M. Benfey, à M. Max Müller et à leurs jeunes émules des pays latins, de nouveaux documents attestant la parenté des races indo-Européennes, et leur étroite union dans une antiquité si reculée que les calculs de l'homme n'en peuvent mesurer l'éloignement.

V

LES CONTES — NAPOLITAINS — LE PENTAMERON DE BASILE — LA POSILLICHEATA — LES CHANTE-HISTOIRES — MAITRE MICHEL — COSIMO SALVATORE — LE CYCLE CAROLINGIEN, A NAPLES.

Il est temps de quitter la Sicile et de passer le détroit. C'est à Naples que nous devrions trouver le plus de contes de nourrice. Un napolitain du XVII° siècle, Gian Battista Basile en avait recueilli cinquante dans un livre précieux intitulé *Pentameron ovvero Lo Cunto de li cunti, trattenimiento de Peccerilli,* imprimé pour la première fois en 1637 et souvent réimprimé depuis lors, traduit en italien et de nos jours en allemand par M. Félix Liebrecht. Malgré les censures de Galiani qui en trouvait le fond stupide et la forme monstrueuse, ce *Pentameron ou le conte des contes, divertissement pour les petits enfants,* rendit célèbre le nom de Gian Battista Basile et son anagramme de Gian Alesio Abbattutis; les fées, les ogres, les ogresses de l'ingénieux narrateur intéressent encore aujourd'hui les savants. Par malheur, Basile n'écrivait pas le dialecte parlé; il s'était fait un patois de salon qui, s'enjolivant, avait perdu la naïveté populaire. Son recueil est d'abord trop ancien, trop connu grâce aux traductions et aux plagiaires, pourqu'on puisse encore y puiser.

Il y encore la *Posillicheata* de monseigneur Pompeo Sarnelli, évêque de de Bisceglie : cinq nouvelles écrites en napolitain et censément racontées par quatre paysannes à leur mère, après un diner à Pausilippe. L'évêque de Bisceglie était un homme d'esprit qui écrivait avec entrain, mais son volume est de 1684. De recueil plus récent, il n'y a guère que les contes de Pomigliano dont on parlera plus tard.

Au reste le peuple de Naples a ses conteurs ordinaires, officiels ; ce sont les chante-histoires. Ici nous n'avons pas besoin de recourir à la science des autres ; il nous suffira de fouiller dans nos souvenirs personnels. Le chante-histoires est un professeur d'antiquités, de déclamation et de poésie ; sa chaire était un tréteau dressé sur le port. Autour du tréteau étaient rangés des bancs de bois où s'asseyaient les auditeurs ordinaires, ceux qu'on appelait les *appassionati*, les passionnés. Dans ce public en chemise et en caleçon, il se mêlait assez souvent des femmes. M. Rajna, le savant commentateur de l'Arioste, conteste le fait et croit que nous nous souvenons mal. Nous pouvons lui assurer qu'autrefois (vers 1840), maître Michel, qui était le chante-histoires en vogue, attirait les vieilles matrones et les jeunes marinarelles du quartier. Il est vrai que maître Michel était moins libre dans ses propos que le Cosimo d'aujourd'hui ; il sautait à pieds joints sur les passages scabreux des anciens poèmes. Le clergé qui l'épiait, un peu dans l'intérêt des mœurs, un peu par jalousie du métier, ne lui aurait pas permis de raconter l'épisode de Joconde. Il y avait donc des femmes, et l'auteur de ce livre se souvient fort bien (quoiqu'il n'eût alors que dix ans) qu'elles écoutaient des oreilles et des yeux. Quant aux hommes, les uns étaient recueillis, repliés sur eux-mêmes ; les autres suspendus, bouche béante, aux paroles de l'orateur ; ceux-ci riaient, pleuraient, s'irritaient et, du geste et de la voix, accompagnaient le récit du maître. Des marmots, vêtus d'un fragment de toile qui flottait autour d'eux comme un papillon, écoutaient gravement, les mains derrière le dos, campés d'aplomb comme des statuettes. Derrière les bancs des passionnés se pressait, debout, la foule mobile des amateurs. Maître Michel, monté sur sa planche et tenant en main une longue verge (peut-être le ῥάβδος antique) qui lui servait de sceptre ou de trident, soulevait à son gré ce peuple turbulent, cette mer houleuse. Derrière lui se dressait le vieux Château-neuf, la forteresse aux canons braqués sur la ville. Devant lui les mille navires du port étendaient, comme une forêt de sapins, leurs vergues blanches. Par-dessus les mâts et par delà la mer, immobile dans son manteau bleu, fumait le Vésuve ; à l'horizon enfin, comme des piliers d'azur, les montagnes de Castellamare et de Caprée semblaient soutenir la coupole éclatante du ciel.

En face de cet auditoire et de cette nature, maître Michel commençait ainsi :

> Rinaldo allora un gran fendente abbassa
> E il Saracin percuote sulla testa ;
> La spada trincia il capo ed oltro passa,
> Trincia in due parti il corpo e non s'arresta :
> Anche il cavallo in due metà trinciò,
> Et sette palmi sotto terra entrò [1].

[1] Renaud alors porte un grand coup d'estramaçon et frappe

On le voit, c'est l'histoire de Renaud que raconte le chante-histoires. Renaud est le héros du peuple napolitain, et l'on serait traité d'impertinent par le professeur du port, si on lui apprenait que Roland le Furieux joue le rôle principal dans le poème de l'Arioste. C'est pourquoi le chante-histoires est appelé aussi le chante-Renaud.

Dans ce mot composé, le verbe est aussi exact que le substantif. Le professeur ne déclame pas les vers italiens, il les chante.

M. Rajna remarque que cette cantilène est restée la même dans la bouche de tous les chante-histoires, napolitains ou siciliens ; il y voit une tradition qui remonte peut-être au moyen âge. Quand le lecteur a chanté l'octave de l'Arioste ou de tel autre poète qui a célébré Renaud, il n'a encore prouvé qu'une chose, c'est qu'il sait lire, science fort rare à Naples, même chez les bourgeois, et indispensable aux conteurs pour mériter la faveur populaire. Cependant, il aurait beau chanter de l'italien toute la journée, il ne serait pas compris par les plébéiens. Les vers de l'Arioste ont besoin pour eux d'une traduction et d'un commentaire : le professeur prend donc la parole et explique son texte dans le langage de ces bonnes gens. C'est là son triomphe. Jamais docteur de Sorbonne n'a montré une si vaste érudition ; jamais commentateur de Dante n'a tant enrichi de son propre fonds les passages obscurs du poète. Il transporte son auditoire dans le moyen âge, où combattait Renaud le paladin contre les païens d'Assyrie ; il groupe autour de lui tous les

le Sarrasin sur la tête. L'épée tranche la tête et passe outre, elle tranche en deux le corps et ne s'arrête pas : elle trancha aussi le cheval en deux moitiés et s'enfonça de sept palmes dans la terre.

personnages qu'il connaît : la sirène Cléopâtre, Frédéric Barberousse, l'empereur Néron, sainte Diane, vierge et martyre, dont la chapelle est à Baïa (à ce nom on se découvre et l'on se signe) ; il raconte les malheurs des chrétiens persécutés par les protestants arabes, qui versaient du plomb fondu dans les oreilles de saint Procope (à ce récit on éclate en cris d'indignation) ; il console enfin son auditoire en lui apprenant comment la vierge Judith, ayant coupé la tête au sultan, le grand Renaud, courant à son secours, massacra de sa propre main toute une armée de nègres. Mais un grand péril menace le vertueux paladin... Ici tout le peuple est en suspens, attendant avec une muette anxiété qu'on lui dise quel était ce péril : mais le chante-Renaud, s'interrompant tout à coup, ajoute ces trois vers de sa façon à la strophe de l'Arioste :

> Ora vi piaccia alquanto a por la mano
> A vostra borsa, e farmi dono alquanto ;
> Che finito ho di già l'ottavo canto [1].

Il reste alors planté comme un piquet sur sa planche et les *passionnés*, qui n'ont pas toujours dîné ce jour-là, s'empressent de lui porter leur obole.

Le chante-Renaud a quelquefois un autre chante-histoires qui lui fait concurrence et lui enlève bon nombre d'auditeurs ; c'est le narrateur des hauts faits des Spicciarelli et d'Angelo del Duca, malandrins célèbres. Les deux rivaux tiennent leurs séances à quelques pas l'un de l'autre, se mesurent du

[1] Qu'il vous plaise maintenant de mettre quelque peu la main à votre bourse et de m'offrir quelque petit don, car 'ai déjà fini le chant huitième.

regard, comptent leurs soldats et commencent. C'est à celui qui criera le plus fort, et ils s'agitent, se démènent et vocifèrent si bien, qu'on finit toujours par ne plus comprendre ni l'un ni l'autre. Les deux auditoires murmurent, s'insurgent, se renvoient des apostrophes, et quelquefois même en viennent aux mains. Plus souvent les deux professeurs se livrent un combat singulier ; chacun, du haut de son tréteau, défend son héros et sa cause.

— Quoi? dit l'un, tu voudrais comparer à Renaud le grand paladin, ton brigand d'Angelo ?

— Non, jamais ; mort à Angelo ! crie la foule.

— Pourquoi pas ? répond l'autre. Tous deux faisaient le même métier.

— C'est vrai, adhèrent les partisans d'Angelo.

— Le même métier! dit le professeur. Ceci est une infâme calomnie ! Renaud n'était pas un voleur, entends-tu ?

— Non, répond le chœur ; vive Renaud !

— Il n'était pas voleur, qu'était-il donc ? Tout le monde sait fort bien qu'il prenait volontiers les poules des autres.

— Bien touché, s'écrient les *angélistes* triomphants.

— Et parce qu'il volait des poules, était-il moins galant homme ? riposte le chantre de Renaud.

Et, fier de cet argument suprême, il se redresse de toute sa hauteur, fait le geste d'un Romain qui se drape et jette à son adversaire ses deux vers improvisés :

> Disse Rinalde che non è vergogna
> Rubare e assassinar quando bisogna [1].

[1] Renaud dit que ce n'est pas une honte de voler et d'assassiner quand il le faut.

Le chante-histoires avait une grande influence sur le peuple de Naples. Tous ceux qui l'entendaient ne vivaient guère que de ses récits. Le pêcheur laissait ses filets, la fille du marinier, la *marinarella*, quittait ses amours, le moine même oubliait sa quête pour passer quelques heures à l'écouter. Un jour, arrivant à Naples et débarquant sur le port, un voyageur vint s'y arrêter, le *facchino* qui portait sa malle la déposa tranquillement sur le sol et s'assit dessus pour écouter le chante-histoires. Ce n'était pas seulement une distraction pour ce peuple enfant, mais un véritable besoin que cette récréation poétique. C'était le spectacle du lazzarone, qui, ne travaillant pas, avait besoin d'être amusé le jour. Les chante-histoires entretenaient donc sa fainéantise, et en quelque sorte aussi son ignorance, en occupant à la fois son temps et son esprit. Ils lui donnaient encore la désinvolture de manières, la liberté de geste et l'air matamore qui nous étonnent en lui, quand nous l'abordons pour la première fois. Ils furent longtemps les seuls instituteurs du peuple.

La dernière fois que nous avons vu l'un de ces jongleurs, ce n'était plus sur le port, mais sur une petite place près de la douane, un carrefour humide et sans soleil. Nous reconnûmes aussitôt notre homme, non plus maître Michel d'autrefois, mais son successeur en titre, un hercule à lunettes, dont

---

Nous empruntons ce dialogue avec chœurs à un livre de M. Bidera intitulé : *Passeggiata per Napoli e contorni* (Napoli 1844). M. E. Bidera, penseur aimable et causeur érudit, a écrit des livres précieux à consulter sur les mœurs napolitaines. Son ouvrage capital, *Quaranta secoli della storia di Napoli* (quarante siècles de l'histoire de Naples) est l'un des travaux les plus singuliers et les plus savants que nous connaissions.

nous avons malheureusement oublié le nom. Le public était moins nombreux, moins fidèle surtout : les passionnés semblaient beaucoup plus rares. Nous en retrouvâmes cependant deux ou trois, immobiles comme autrefois et plus attentifs que jamais à cette histoire mille fois entendue. Quant au chanteur, il était toujours le même, fier, pompeux, épique, et plus roi dans son exil qu'il ne nous l'avait paru dans ses grands jours de toute-puissance. Il parla quatre heures selon son habitude, et s'arrêta tout à coup au moment le plus dramatique pour accabler son auditoire de son impitoyable conclusion :

> Dò la felice notte a chi mi ascolta :
> Narrerò di Rinaldo un'altra volta [1].

Il ôta alors ses lunettes, ramassa son mouchoir, roula son manuscrit sous son bras, et s'en alla gravement suivi d'une foule suppliante. — « Mon bon *canta-storie*, lui disaient les plus influents, apprends-nous, je te prie, ce qui arrive à ce pauvre Renaud que tu as laissé si misérable; pour l'amour de Dieu, dis-le-nous. » Mais le *canta-storie* resta immobile, car il savait à merveille, le puissant romancier, que tout son pouvoir était dans son silence, et que la moindre parole indiscrète serait une véritable abdication. Il continua donc sans sourciller sa marche triomphale et entra majestueusement dans une taverne voisine, en souriant comme Jupiter.

Cependant un voyageur alerte et un peu pressé, M. Renato Fucini ou Neri Tanfucci, a retrouvé récemment aux environs du môle deux chante-histoires, il les a écoutés en courant, sans enthousiasme,

---

[1] Je donne la bonne nuit à qui m'écoute ; je conterai sur Renaud une autre fois.

plus occupé de l'auditoire qui se grattait d'une façon inquiétante que du jongleur en plein vent donnant une matinée littéraire, comme nos récitateurs de profession. Ils se grattaient tous, nous dit le malin touriste, et si les Napolitains étaient faits de fromage et non de chair, au bout de vingt quatre heures il ne leur resterait plus que les ongles.

M. Rajna, qui est un homme de science, a pris au sérieux ces chante-histoires qu'il a écoutés patiemment l'an dernier, au mois d'août. Il explique d'abord pourquoi Renaud est le héros des Italiens et non Roland, le héros de France. C'est que Roland, le chevalier par excellence, était trop parfait pour les méridionaux; aussi l'Arioste a-t-il dû pour l'humaniser le rendre amoureux fou et fou furieux : à la bonne heure! Renaud, au contraire, plaisait tel qu'il était, par son indiscipline et sa turbulence, aux imaginations vésuviennes qui sont toujours en éruption. Voilà pourquoi le jongleur populaire est devenu le chante-Renaud; on l'appelle même aujourd'hui Renaud tout court.

M. Rajna en a vu trois : l'un sur le môle, l'autre aux carmes, le troisième hors de la porte Capouane : avis aux voyageurs qui partent maintenant pour ce beau pays. Le Renaud du môle, le plus ancien, a nom Cosimo Salvatore; vous le trouverez au pied de la lanterne, abrité sous une sorte de hangar. Devant lui, quelques bancs sont disposés en fer à cheval, une tente écarte les rayons du soleil couchant. Tout le public est masculin, comme autrefois celui des comédies grecques. Les camorristes abondent; le public est composé surtout de pêcheurs et de marins. Cosimo se tient au milieu; avant de commencer, il badine avec ses fidèles. C'est un homme de cinquante ans qui porte les favoris en collier, mode hideuse qui persiste à Naples dans le monde des lazzaroni. Ses cheveux grisonnent et manquent tout à fait au sommet de la tête, le visage est sympathiquement cordial et ouvert. Ajoutez à cela un air égaré, l'effarement de l'inspiration, et des boucles d'oreilles.

Cosimo prend ses aises ; il met bas sa veste, retrousse les manches de sa chemise et déboutonne son gilet, car il fait chaud. Pour dissimuler sa calvitie, Cosimo ne se couronne pas de chêne ou de laurier, comme Jules César, mais se coiffe d'un bonnet prosaïque. Il tient d'une main la fameuse baguette et de l'autre un livre fermé.

Attention ! On commence. La lecture est précédée d'une longue prière en octaves qui viennent tout droit du moyen âge. Toutes les fois que, dans cette prière et dans la lecture qui suit, le nom de Dieu est prononcé ou celui de la Vierge et des saints, Cosimo porte la main à son bonnet ; le public en fait autant, tout le monde salue du même geste.

Quelques-uns improvisent, d'autres disent par cœur, Cosimo lit son texte. On dit qu'en France le peuple n'aime pas qu'un curé lise son sermon ; il n'en va pas de même à Naples. Pour les illettrés du môle, tout ce qui est écrit est sacré. C'est un honneur que de savoir lire. On raconte qu'un jour un vieux Renaud devint aveugle ; comme il savait son métier, il ne s'en présenta pas moins à l'auditoire un livre à la main ; de temps en temps il y jetait les yeux et tournait les pages. Il faisait semblant de lire, bien qu'il sût par cœur son texte cent fois répété. La chose alla bien quelque temps, mais un beau jour, l'un des auditeurs qui avait quelques notions de l'alphabet s'aperçut que le livre était tourné la tête en bas. Cela fit une émeute, un chorus de huées et de sifflets ; le public ne voulut plus rien entendre. Renaud eut beau se défendre, alléguer son malheur, solliciter la commisération des bonnes âmes ; il ne lisait plus, il était fini.

Cosimo gesticule peu ; son livre le gêne ; mais il va et vient, fait des pas en avant et des pas en arrière comme les prédicateurs italiens. Les pupilles bougent beaucoup, se lèvent au ciel, se noient dans les paupières en produisant une cécité intermittente, et sous ces yeux blancs passent des sourires vagues ; le poète prend alors un air d'étrangeté, d'égarement qui fait peur. Vous le croiriez fou ; on ne vit pas impunément dans la société de Renaud, de Roland et d'Astolphe.

D'autres s'agitent beaucoup en récitant et font une pantomime effrénée ; on se rappelle l'anecdote d'un chante-histoires qui, racontant un duel entre paladins où l'un des combattants fut abattu d'un coup formidable, mit dans sa gesticulation tant de véhémence et de réalisme, qu'il tomba lui même les quatre fers en l'air. Le public fut divisé, les uns rirent aux éclats, les autres applaudirent. L'artiste se leva aussitôt, en prenant l'air avantageux d'un homme qui n'a pas manqué son effet. Tout le monde crut alors qu'il l'avait fait exprès et les applaudissements redoublèrent. Renaud profita de l'occasion pour tendre son plateau à la foule qui le remplit de cuivre et même d'argent.

La lecture de Cosimo, comme celle de maître Michel, est coupée de commentaires en dialecte, souvent exacts, mais pas toujours. Le maître ne comprend pas tout ce qu'il explique. De loin en loin, le marchand de fruits ou d'eau glacée interrompt la conférence par des intermèdes réconfortants. La séance dure une heure et demie ; après quoi maître Cosimo tire son bonnet et le présente aux auditeurs en leur demandant la charité pour le pauvre aveugle. Les novices pensent alors que Renaud parle de lui-même et s'étonnent de ne pas s'être doutés encore de sa cécité. La collecte faite, Cosimo la remet dans les mains d'un véritable aveugle assis là parmi la foule, c'est une aumône qu'il lui fait tous les jours. Après quoi le marchand de fruits vient quêter pour Cosimo. Les places de banquettes coûtent un sou, ceux qui se sont tenus debout donnent ce qu'ils peuvent, un centime ou deux, quand ils les ont. A ce métier Cosimo gagne trois francs par jour.

Dans ces lectures, le professeur suit un certain ordre, il ne ressemble pas à nos conférenciers vulgaires, qui colportent de ville en ville une vingtaine de causeries détachées sur toute sorte de sujets. Il y a les lectures des dimanches et celles des jours ouvriers : les dimanches, dans l'après-midi, on lit le *Guerrino Meschino*, que Cosimo a déjà parcouru d'un bout à l'autre deux cents fois environ ; il le sait par cœur. Les jours ouvriers il suit à la file tous les poèmes et romans du cycle carlovingien, depuis les *Reali di Francia*, la grande compilation que l'historien Ranke n'a pas dédaignée, jusqu'à *Drusiano del Leone*; l'*Ancroia*, l'*Innamoramento di Carlo-Magno;* l'*Orlando innamorato* et l'*Orlando furioso* forment un groupe à part. On a ainsi toute l'histoire poétique des princes et des paladins français depuis Constantin jusqu'à Roncevaux et au delà. Vous ne trouverez dans aucune université savante un enseignement aussi complet sur les héros et sur les récits du bon vieux temps; en ces matières Cosimo est plus savant que M. Gaston Paris. Il lit environ trois cents octaves par jour et s'arrête quand le soleil se couche et quand le souffle lui manque, sans préméditer le passage où il dira : La suite à demain. Il est en ceci moins charlatan que Boiardo et les autres. Il conserve quantité de poëmes inédits composés par le vieux pêcheur Esposito, qui mourut aveugle dans un hôpital en 1847. Cosimo possède cinquante-quatre romans imprimés ou manuscrits ; sa collection ferait envie à plus d'un bibliophile. Telle de ces copies (croyez-le si vous pouvez) lui aurait coûté trois cent cinquante francs.

M. Rajna nous parle aussi des autres Renauds qu'il a entendus à la porte Capouane et aux Carmes ; en le suivant jusque-là, nous ne manquerions pas d'amuser le lecteur, mais il est temps de nous arrêter. Ce que nous avons dit suffit pour montrer ce qui reste encore des anciens jongleurs et des histoires du moyen âge. On a vu comment tout cela s'est perpétué chez un peuple qui a gardé religieusement dans sa béate ignorance l'imagination crédule et fraîche du bon vieux temps. Tout cela va cesser grâce aux instituteurs primaires : ceux-ci vont remplacer les chante-histoires et substituer des grammaires aux manuscrits de maître Cosimo. Sera-ce un bien ou un mal ? nous n'en savons rien, nous savons seulement que cela est nécessaire. Il ne faut ni mépriser le passé, ni tourner le dos à l'avenir.

VI

POMIGLIANO D'ARCO — UN CONTE DE GIORDANO BRUNO — LES IMBRIANI — CHANSONS D'ENFANTS — LE CONTE DE MICCO — LA LÉGENDE DE TENNISJE — HISTOIRE D'ANIMAUX — NOEL — VIGNA — JOSEPH LA VÉRITÉ — L'OISEAU GRIFFON.

Pomigliano d'Arco est un grand village qui s'étend au pied du Vésuve, sur la route de Naples à Nole. Les habitants en sont fort épris et chantent volontiers ce refrain : « Je n'aime pas l'air d'Acerra, je n'aime pas l'air des vergers, j'aime Pomigliano la belle ; où je suis né je veux mourir. » Giordano Bruno devait passer par cette bourgade quand il allait de Nole à Naples. Ce dominicain du XVIe siècle, qui, révolté des mœurs de son couvent, jeta le froc aux orties, entra dans le protestantisme et passa outre, imagina une philosophie plus avancée que son temps et mourut sous les coups de l'Inquisition en disant à ses juges : « Votre arrêt vous fait peur plus qu'à moi-même, » Giordano Bruno riait volontiers comme Luther. Il écrivit contre l'avarice et la pédanterie une comédie un peu grasse, le *Candelajo*, qui fut regardée autrefois comme un imbroglio de mauvais goût et qu'on admire aujourd'hui comme un chef-d'œuvre. Un des personnages de la pièce, nommé Barra, fait le récit suivant, que nous abrégeons :

Moi donc, qui ne suis pas si fort en rhétorique, je venais avant-hier de Nola par Pomigliano, seul et sans compagnie; après avoir mangé, n'ayant pas trop envie de payer, je dis au maître de la taverne: — Messire hôte, je voudrais jouer — A quel jeu, dit-il, voulons-nous jouer? J'ai ici un jeu de tarot. — Je répondis: A ce maudit jeu, je ne peux gagner, parce que j'ai une mémoire détestable — Il dit: J'ai des cartes ordinaires. — Je répondis : Elles sont peut être biseautées, et vous en reconnaîtrez les marques; en avez-vous qui n'aient pas encore servi? — Il répondit que non. — Donc, pensons à un autre jeu. — J'ai un tric-trac (*le tavole*), sais-tu? — Je n'y entends rien. — J'ai des échecs, sais-tu? — Ce jeu me ferait renier le Christ. — Alors la moutarde lui monta au nez: — A quel diable de jeu veux-tu donc jouer, toi? Propose. »

Ici Barra propose différents jeux que nous n'indiquons pas parce qu'ils nécessiteraient des commentaires très longs et très inconvenants. Le tavernier se fâche, et le voyageur goguenard, après la boule, le mail, la toupie, offre enfin une partie de course.

« Or sus, dis-je, jouons à courir. — En voilà d'une bonne, dit-il ! — et j'ajoutai : (Je jure) par le sang de l'Immaculée que tu y joueras. — Veux-tu bien faire? dit-il. Paie-moi, et si tu ne veux pas aller avec Dieu, va avec le prieur des diables. — Je dis: (Je jure)... que tu joueras. — Et que je n'y jouerai pas, disait-il. — Et que tu joueras, dis-je. — Et que jamais, jamais je n'y jouerai ! — Et que tu y joueras à l'instant même ! — Et que je ne veux pas!

— Et que tu voudras. — A la fin, je me mis à le payer avec mes talons habiles à courir. Et voilà que ce porc, qui tout à l'heure disait qu'il ne voulait pas jouer et jurait qu'il ne jouerait pas, se mit à jouer, et jouèrent aussi deux de ses marmitons, de sorte que, me courant après un bon moment, ils m'atteignirent enfin, (mais seulement) par leurs cris. Sur quoi je vous jure, par la plaie terrible de saint Roch, que ni moi ne les ai plus entendus, ni eux ne m'ont plus vu.

Nous avons cité ce passage non-seulement parce que les Italiens le vantent pour la vivacité du dialogue, mais encore parce que c'est un des plus anciens contes de Pomigliano. C'est là peut-être que Giordano Bruno l'a trouvé; il eût pu aussi le trouver ailleurs.

Parmi les habitants les plus distingués du village, on compte aujourd'hui M. Vittorio Imbriani, qui appartient à l'une des meilleures familles du pays. Son père, Paolo-Emilio Imbriani, avait épousé la sœur du baron Carlo Poerio : aussi fut-il exilé de Naples après les troubles de 1848; il alla s'établir à Turin où il fit estimer sa ville natale. Il y put rentrer après la révolution de 1860 et devint sénateur du royaume d'Italie, professeur de droit constitutionnel, recteur de l'université; enfin, en 1870, syndic de Naples. C'est lui qui, en dépit de toutes les oppositions, changea le nom de l'ancienne rue de Tolède qui est aujourd'hui la *Via Roma*. Le sénateur avait un goût particulier pour le style lapidaire: à Genève, où il passa quelques jours il y a peu d'années, ce qu'il admira le plus, ce ne fut ni le lac, ni le Rhône, ni la cime du Mont-Blanc, ce fut l'inscription qui décore la façade de l'université;

il la transcrivit sur son calepin et déclara que le peuple de Genève était un grand peuple.

Paolo-Emilio Imbriani est mort il y a quelques années en laissant une grande réputation de droiture et de fermeté. Il avait eu cinq fils qui représentaient tous les partis napolitains : l'un d'eux était clérical, un autre conservateur, les trois autres républicains de diverses nuances ; les plaisants prétendaient qu'à la table de famille, pour éviter des bourrasques, on devait placer des paravents entre chacun des convives ; nous savons au contraire que, malgré leurs dissentiments politiques, les cinq Imbriani vénéraient leur père et se chérissaient entre eux.

Trois des cinq fils sont morts jeunes ; le plus intéressant pour nous est Giorgio Imbriani, étudiant, journaliste, ultra-républicain, jacobin, terroriste et surtout bon enfant. C'est lui qui en 1869, lors de l'anti-concile réuni à Naples contre celui du Vatican, salua le délégué mexicain de ce cri féroce: « Vive le pays qui a tué un empereur! » Il n'en avait pas moins l'âme douce et candide. En 1871 il vint en France avec Garibaldi et se battit pour nous contre les Prussiens, qui le tuèrent. Son corps, ramené en Italie, a été déposé, avant celui de son père, dans le caveau de la famille à Pomigliano d'Arco.

M. Vittorio Imbriani est un érudit et un polémiste, très-conservateur en politique et un peu téméraire en littérature : il ne craint pas de donner des coups, ni d'en recevoir. Il a professé avec succès, comme *privat docent*, à l'université de Naples, et l'on cite de lui des travaux estimés, notamment une étude sur le *Pentamerone* de Basile. Aussi appartient-il à cette famille de savants dont M. Pitrè, le collecteur des œuvres poétiques et narratives du peuple sicilien, est le membre le plus laborieux et le plus modeste.

Ces hommes d'étude parcourent les rues et les champs, écoutent les récits des nourrices et des paysannes, et les écrivent sous leur dictée en notant avec soin la prononciation de ces simples gens ; ils arrivent ainsi à faire de curieuses études sur les patois, sur les dialectes, sur les coutumes et les traditions, sur la mémoire et l'imagination populaires. Ils publient ensuite ces dictées naïves en y ajoutant des notes et des commentaires qui ont exigé de longues recherches et qui intéressent de plus en plus les studieux et les curieux.

Les plus petites choses préoccupent aujourd'hui la critique la plus docte et la plus fine ; il ne faut donc pas s'étonner qu'un Imbriani consacre tant de zèle et de temps aux narrations des bonnes femmes. Il y trouve des leçons de philologie, de psychologie, qu'il nous transmet avec beaucoup d'enjouement et de sagacité. Ce qui le frappe avant-tout, c'est à quel point les mêmes histoires se retrouvent dans toutes les provinces de l'Italie et dans tous les pays de l'Europe. Il semble que toutes les races aient puisé à la même source et rapporté leurs contes de l'extrême Orient. En creusant ce simple sujet, on arrive à d'étranges profondeurs ; on fouille sous la tige d'une fleur des champs et l'on trouve des racines cent fois séculaires. Voilà de quoi intriguer les critiques, ceux-là surtout qui aiment à chercher et à deviner.

M. Imbriani a donc recueilli et publié les chansons et les contes de son village, aidé dans ce travail par une institutrice des écoles communales, Mlle Rosina Siciliano, qui s'est donné la peine de noter ponctuellement, avec une orthographe nouvelle, tout ce qu'elle entendait raconter aux vieilles femmes de l'endroit. En même temps dans d'autres provinces, les Pouilles, la Sicile et surtout la Principauté ultérieure, des lettrés écrivaient avec la même exactitude les variantes des mêmes contes, narrées par d'autres villageois qui n'avaient jamais quitté leur clocher. Ainsi s'est formé le recueil des contes de Pomigliano.

Mlle Rosina Siciliano a pris d'abord au vol les chansons des nourrices et des enfants, celles qu'on murmure auprès des berceaux, celles qui accompagnent les rondes bruyantes et les jeux des fillettes et des garçons déjà grands. Ces jeux sont très divers, et l'on n'a pas dédaigné de nous les signaler, car il n'est rien d'indifférent en ce monde. Les enfants sautent à cloche-pied en avançant l'un vers l'autre, ou se rangent en deux files pour se rapprocher ou s'éloigner alternativement, ou s'assoient à terre les jambes étendues et les relevant l'une après l'autre jusqu'à ce qu'ils soient tous sur leurs pieds. Ils se tiennent debout autour de la maman ou de la nourrice et posent leur index sur ses genoux, puis avancent successivement leurs autres doigts quand un refrain le leur ordonne ; une petite fille s'accroupit à terre et ses compagnes dansent en rond autour d'elle. D'autres s'amusent à un divertissement plus compliqué où sont mêlés la main chaude, le cache-cache, et le cheval fondu. Chacun de ces jeux est accompagné d'une chanson particulière, ordinairement très folle et qui montre la gaieté du pays. Il en est aussi de très-pieuses. Voici une cantilène que les femmes répètent en faisant danser un bambin sur leurs genoux :

« Jésus-Christ voulait du pain : La Madone n'en avait pas. — Va, dit-elle, dans le panier, il y a des raisins secs. — Jésus-Christ n'en trouva point : la Madone s'agenouilla. — Agenouillons-nous, mon fils, et dis-moi ton catéchisme : — apprenons ce qu'il nous dit, nous irons en paradis ; — c'est l'endroit des belles choses, qu'on y monte, on s'y repose — Dans l'enfer, le feu ardent ; qu'on y tombe, on s'en repent. »

En voici une autre du même ton :

« Jésus-Christ allait au ciel, après lui Barthélemy. — Jésus-Christ se retournant : — Que fais-tu, Barthélemy ?

— Je m'en viens derrière vous. — Ne viens plus derrière moi, redescends, entre à l'église; tu verras là tous les saints, tu verras aussi Marie toute pleine de couronnes. Prenons des gerbes de fleurs pour en fleurir son mouchoir, prenons des gerbes d'étoiles, nous en fleurirons son voile. »

Traduisons encore un ou deux refrains chantés par les nourrices en berçant leur enfant :

« Viens, sommeil, je veux te payer deux demi sous par heure : ça fera deux sous pour deux heures. En peu de temps, je te ferai seigneur. Sommeil, qui vient du haut du mont, mets-lui ta boule d'or au front, mets-la sans lui faire du mal. Le petit veut faire dodo, veut dormir sur un lit de menthe ; — l'enfant dort, la mère est contente — veut dormir sur un lit de rose ; l'enfant dort, la maman repose.

« Viens, sommeil, si tu veux venir et ne te fais pas tant prier. La nuit je te prie et t'appelle, et tu ne viens jamais qu'au jour.

« Sommeil, sommeil, qui tardes et ne viens pas, viens à cheval sur un beau cheval blanc. L'enfant s'endort, et sa mère lui chante ; la mère chante pour le faire dormir. Paix et sommeil à mon petit enfant ! »

Telles sont les premières paroles qu'entendent les enfants de Pomigliano.

Quand ils sont un peu plus grands, on leur conte des histoires, et l'on commence par de simples *filastrocche*, rengaines ou litanies bouffonnes qui amusent les bambins de tous les pays. Il en est quantité de pareilles dans la littérature enfantine de l'Allemagne. Voici la plus populaire de ces fariboles pomiglianaises ; nous tâcherons de l'abréger :

Une mère avait un fils nommé Micco (diminutif de Dominique.) Un jour elle l'envoya ramasser des herbes pendant qu'elle faisait cuire les macaroni. L'enfant tardant à venir, la mère mangea presque tout : il ne resta plus au fond du chaudron qu'un fil de pâte qu'elle saupoudra de fromage et qu'elle noya dans du bouillon ; mais Micco ne voulut pas de cette pitance. La mère dit alors :

— Bâton, bats Micco parce qu'il ne veut pas manger les macaroni.

Le bâton n'eut pas l'air d'entendre. La mère dit alors :

— Feu, brûle le bâton, parce que le bâton ne veut pas battre Micco et Micco ne veut pas manger les macaroni.

Le feu n'eut pas l'air d'entendre. La mère dit alors :

— Eau, éteins le feu, parce que le feu ne veut pas brûler le bâton, le bâton ne veut pas battre Micco et Micco ne veut pas manger les macaroni.

Mais l'eau n'eut pas l'air d'entendre. La mère dit alors :

— Bœuf, bois l'eau, parce que l'eau ne veut pas éteindre le feu, le feu ne veut pas brûler le bâton, le bâton ne veut pas battre Micco et Micco ne veut pas manger les macaroni.

Mais le bœuf n'eut pas l'air d'entendre. La mère dit alors.

— Corde, attache le bœuf, parce que le bœuf ne veut pas boire l'eau, l'eau ne veut pas éteindre le feu, le feu ne veut pas brûler le bâton, le bâton ne veut pas battre Micco, et Micco ne veut pas manger les macaroni.

Mais la corde n'eut pas l'air d'entendre. La mère dit alors :

— Souris, ronge la corde, parce que la corde ne veut pas attacher le bœuf, le bœuf ne veut pas boire l'eau, l'eau ne veut pas éteindre le feu, le feu ne veut pas brûler le bâton, le bâton ne veut pas battre Micco et Micco ne veut pas manger les macaroni.

Mais la souris n'eut pas l'air d'entendre. La mère dit alors :

— Chat, croque la souris, parce que la souris ne veut pas ronger la corde, la corde ne veut pas attacher le bœuf, le bœuf ne veut pas boire l'eau, l'eau ne veut pas éteindre le feu, le feu ne veut pas brûler le bâton, le bâton ne veut pas battre Micco et Micco ne veut pas manger les macaroni.

Et comme ça le chat croqua la souris, la souris rongea la corde, la corde attacha le bœuf, le bœuf but l'eau, l'eau éteignit le feu, le feu brûla le bâton, le bâton battit Micco et Micco mangea les macaroni.

Nous avons en France plusieurs rengaines pareilles, notamment la chanson de Biquon et Biquette bien connue de nos enfants. N'est-il pas singulier que dans tous les pays on les amuse avec les mêmes fariboles ?

Une lectrice inconnue a bien voulu traduire et nous envoyer de Harlem une version hollandaise du conte de Micco. C'est *la Légende de Tennisje*, diminutif de Antheunis, Antony, Antoine.

Il y avait une fois un petit homme qui, balayant sa petite étable, y trouva un petit sou d'or, et avec cela il acheta un Tennisje. Mais Tennisje ne voulut pas aller à l'école sans être porté (sur les bras) ou *charrié en brouette*. Alors on va trouver le petit chien : « Petit chien, veux-tu mordre Tennisje, car Tennisje ne veut pas aller à l'école sans être porté ou charrié en brouette ? — Non, » dit le petit chien. Alors on va trouver le petit bâton : « Petit bâton, veux-tu battre petit chien car petit chien ne veut par mordre Tennisje et Tennisje ne veut pas aller à l'école sans être porté ou charrié en brouette ? — Non, » dit le petit bâton. Alors on va trouver le petit feu : « Petit feu, veux-tu brûler petit bâton, car petit bâton ne veut pas battre petit chien et petit chien ne veut pas mordre Tennisje, » etc. (Toujours en répétant toute la litanie.) Alors on va trouver la petite eau ; « Petite eau, veux-tu éteindre petit feu, car, etc. (nous supprimons les répétitions.) — Non, » dit la petite eau. Alors on va trouver la petite vache : « Petite vache, veux-tu boire, petite eau, car, etc. — Non, » dit la petite vache. Alors on va trouver le petit boucher : « Petit boucher, veux-tu tuer petite vache, car, etc. — Non, » dit le petit boucher. Alors on va trouver la petite potence : « Petite potence, veux-tu pendre petit boucher, car etc. — Non, » dit la petite potence. Alors on va trouver la petite souris : « Petite souris, veux-tu grignoter petite potence, car, etc. — Non, » dit la petite souris. Alors on va trouver le petit chat : « Petit chat, veux-tu attraper petite souris, car etc. — Oui ! » dit le petit chat.

Et le chat de courir après la souris, la souris vers la potence, la potence vers le boucher, le boucher vers la vache, la vache vers l'eau, l'eau vers le feu, le feu vers le bâton, le bâton vers le chien, le chien vers Tennisje, et Tennisje vers l'école sans être porté ni charrié en brouette.

Un humaniste allemand du XVI° siècle, Bebel ou Babelius, qui fut professeur à Tubingue et maître de Mélanchthon, ne dédaigna pas d'écrire en latin d'historiette que voici :

Deux frères partirent un beau matin pour aller cueillir des poires sur un chêne ; l'un monta sur l'arbre et en secouait les branches, l'autre demeura au pied du chêne et devait ramasser les fruits qui tomberaient. Il ne tomba rien, car les chênes ne portent pas de poires. Cependant celui qui était en bas dit à l'autre :

— C'est toi qui les manges toutes, et tu ne m'en laisses point.

— Nullement, répondit celui qui secouait les branches : c'est moi qui ai toute la peine, et c'est toi qui croques tous les fruits.

De là une discussion qui tourna en dispute, et des coups de langue on en vint aux coups de poing.

Mais je n'ai jamais pu savoir, dit Bebelius, comment les deux frères se sont mis d'accord.

En nous racontant cette facétie, le savant allemand ne nous dit pas où il l'avait prise ; elle lui était peut-être venue d'un humaniste italien qui la tenait d'un simple paysan. Il est certain que la fable court encore les provinces de Naples et d'Avellino ;

il y a des additions et des variantes. Au lieu de deux frères, ce sont deux bêtes amies, le coq et la souris, qui vont cueillir des poires dans un verger. Le coq y met de la mauvaise foi : du haut de l'arbre il jette à sa compagne un fruit qui lui fend la tête. Elle court alors chez le médecin qui, pour la guérir, lui demande des chiffons. Elle va chez le chiffonnier, qui réclame en paiement une queue de chien ; le chien, pour donner sa queue, veut du pain, mais le boulanger a envie d'un lion que la souris va demander à la montagne. Et ainsi de suite : on comprend tout ce que l'imagination et la volubilité méridionales peuvent broder sur ce canevas. La kyrielle de refrains recommence à chaque nouvelle démarche de la souris : — Montagne, donne-moi le lion, afin que je le porte au boulanger ; le boulanger me donnera du pain, que je porterai au chien ; le chien des chiffons que je porterai au médecin, et le médecin guérira ma tête que le coq a fendue.

Enfin la souris va chez un *galantuomo* (un monsieur) et lui demande de l'argent ; le *galantuomo* ne veut lui en donner que si elle entre à son service ; elle y consent, mais sa tête fendue s'enfle à tel point qu'elle en meurt.

Dans ce dernier trait perce la haine du paysan contre le monsieur, le *galantuomo*. Le conte de Bebel devient une satire sociale. Nous ne sommes pas bien sûr que la nourrice de qui nous le tenons n'ait pas un frère ou un amant dans la montagne. La Principauté ultérieure, d'où nous vient cette fable, *lo Haddro et lo Sorece*, est le pays d'Italie le plus fertile en brigands.

Les animaux jouent un grand rôle dans ces récits populaires ; non-seulement ils pensent et parlent comme des chrétiens (on appelle ainsi les hommes dans les provinces méridionales,) mais encore ils vivent en parfaite harmonie avec l'être qui se croit seul doué de raison et qui se dit le roi du monde. Cet accord entre bêtes et gens, que les Allemands pensent avoir inventé ou retrouvé dans leurs traditions les plus anciennes, existait bien avant eux dans l'extrême Orient et s'est perpétué jusqu'à nos jours dans les contes de Pomigliano, d'Avellino, de la terre d'Otrante et de l'Ombrie.

Saint François d'Assise trouvait des sœurs et des frères dans toutes les créatures ; il pleurait en voyant un agneau mangé par un porc, il attirait à lui des troupeaux de moutons qui aimaient à le suivre ; les oiseaux allongeaient le cou, étendaient les ailes pour l'écouter. Un jour qu'il allait prêcher dans Alviano, les hirondelles faisaient grand bruit sur les toits des maisons voisines. Il les laissa trisser un bon moment, puis il leur dit :

— Hirondelles, mes sœurs, vous avez assez parlé, il est temps que moi aussi je parle.

Les hirondelles se turent jusqu'à l'*Amen* final. Une cigale chantait sur un figuier près de la cellule du saint homme et venait souvent se poser sur sa main.

— Chante, lui disait-il, ma sœur cigale, et loue le Seigneur avec ta joyeuse chanson.

Et la cigale chanta bruyamment sur la main de François d'Assise jusqu'à ce qu'il lui permit de retourner sur le figuier. Cela dura huit jours, après quoi François dit à ses frères, les moines :

— Congédions notre sœur cigale ; elle nous a joyeusement exhortés toute une semaine à la louange du Seigneur.

Il reste quelque chose de cette harmonie paradisiaque dans les fables populaires des Italiens. On raconte à Pomigliano qu'il y avait une fois une petite vieille qui, balayant une petite église, y trouva un petit sou.

— Q'en ferai-je ? se dit-elle. Si j'achète des caroubes, il en faudra jeter les gousses ; si j'achète des carottes, il en faudra jeter les queues ; si j'achète des châtaignes, il en faudra jeter les écorces ; achetons de la farine et faisons de la polenta.

Ainsi fit-elle, puis elle mit la polenta sur la table et retourna à l'église et laissant ouverte la fenêtre de la maison. Passa une chèvre qui, alléchée par l'odeur, sauta par la fenêtre et entra dans la chambre. Quand petite vieille voulut rentrer, elle ne put ouvrir la porte parce que la chèvre était derrière. Petite vieille dut rester dehors, et elle pleurait, pleurait ;... passa un âne qui lui dit :

— Dame petite vieille, pourquoi pleures-tu ?
— Parce que la chèvre est dans ma maison.
— Ne pleure plus, je vais la faire sortir.

L'âne monta :
— Toc, toc.
— Qui est-là ?
— Je suis l'âne.
— Et moi je suis la chèvre ; j'ai trois cornes au front, pars vite ou je t'éventre.

L'âne se sauve, petite vieille restait dehors et pleurait, pleurait ;... passe ensuite un chien, puis un mouton, même dialogue avec la vieille et avec la chèvre. Arrive enfin la souris.

— Dame petite vieille, que fais-tu là ?
— Il y a la chèvre dans ma maison.
— Quoi ! c'est tout ça ? Sois tranquille, je vais la faire sortir.
— Voyez-vous ça ? L'âne ne l'a pas fait sortir ni le chien ni le mouton, et tu la ferais sortir, toi ?

Petite souris monta, heurta à la porte.

— Toc, toc.

— Qui est là ?

— Je suis la petite souris.

— Et moi, je suis la chèvre, j'ai trois cornes au front, pars vite, ou je t'éventre.

— Et moi, je suis commère la souris, le cou tordu, le cœur bilieux, pars vite, ou je te crève les yeux.

La chèvre se sauva tout de suite. Et comme la dame petite vieille entra dans la maison avec commère petite souris, *ils* se marièrent et demeurèrent ensemble *tous* les deux.

Notons qu'en italien et en patois la souris, *sorcio, sorece*, est du genre masculin, ce qui rend le mariage plus vraisemblable. Ce conte plaît particulièrement aux bonnes gens de Pomigliano, c'est un des premiers que les nourrices racontent aux enfants. Il y a beaucoup d'additions et de corrections : voici en quelques mots la variante qui a le plus de succès :

La petite vieille trouve un petit sou, mais au lieu de farine elle achète du blanc et du rouge, elle se farde, et se met au balcon. Passent divers animaux (autant qu'on en veut) qui la demandent en mariage, elle leur dit :

— Faites-moi entendre la voix que vous avez.

L'âne brait, le mouton bêle, le chien aboie, le chat miaule, le taureau beugle, et ainsi de suite. La petite vieille répond à chacun d'eux :

— Vous me feriez peur la nuit.

Vint la souris qui se mit à guiorer bien tendrement. La petite vieille épousa donc ce petit animal, et un jour qu'elle allait à la messe, elle le laissa près du pot-au-feu, en lui recommandant de n'y pas toucher. À son retour, plus de mari. Elle le chercha partout (ici les détails surabondent) et finit par le trouver dans le pot, brûlé vif. La douleur de la vieille est poignante.

Le même conte court dans toutes les provinces italiennes. Dans celle d'Avellino, ce n'est pas une petite vieille, c'est une chatte qui épouse la souris : singulier mariage. Dans la terre d'Otrante, la veuve du conte est une fourmi. Il en existe une version grecque où la fourmi désolée se lamente entourée de ses compagnes.

« Et la fourmi resta veuve, dit le texte grec, parce que celui qui est rat doit être goulu ; si vous n'en croyez rien, allez dans la maison de la fourmi, et vous la verrez. »

Dans tous ces récits, le conteur imite le cri des animaux qui recherchent la vieille, ou la chatte, ou la fourmi en mariage : ce sont là des drôleries qui ont toujours diverti les enfants et aussi les vieillards. Les naïfs et les précieux ont souvent les mêmes goûts. M. Imbriani nous le prouve par quantité d'exemples. Il s'est donné la peine de chercher dans toutes les littératures ce genre d'imitation, et il n'a pas oublié les vers autrefois célèbres du seigneur Du Bartas, que Goethe regardait comme un de nos plus grands poètes :

> La gentille alouette avec son tire lire...
> Vire et désire dire : adieu, Dieu, adieu, Dieu.

Jusqu'ici nous avons nagé dans la fantaisie ; les narrateurs populaires n'aiment pas à cheminer pédestrement dans la vie réelle, ils y passent quelquefois, mais ne s'y arrêtent point. Leurs histoires possibles ne sont jamais que des anecdotes, encore ne sont-elles guère vraisemblables ; celle de *Muzzella* par exemple nous montre un mari au désespoir parce que sa femme ne parle pas. Il va se plaindre à son compère, qui lui dit :

— Il y a un moyen de la faire parler, achète-lui des souliers trop étroits.

Le mari suit le conseil, mais la *Muzzella* reste muette. Le compère dit alors :

— Achète-lui une robe trop courte.

Mais la robe trop courte ne réussit pas mieux que les souliers trop étroits. Le compère dit alors :

— Cache-toi derrière la porte et pousse un grand cri pour l'effrayer.

Mais la Muzzella garde obstinément le silence.

— Il n'y a plus qu'un moyen, dit le compère, couche-toi sur ton lit et fais le mort ; il faudra bien qu'elle te pleure, et tu l'entendras parler.

Ainsi fit l'homme, et la femme pleura en effet en criant de toute sa force :

— O mon mari, mon mari ! ô les souliers étroits, étroits ! ô la robe courte, courte ! ô la peur derrière la porte ! ô mon mari, mon mari, qu'ai-je à faire à présent ?

Seulement elle prononça ces mots en bégayant et en balbutiant, ce qui faisait une lamentation grotesque.

Malite mmio, malite! a cappa titta titta, a vunnelluccia cotta, cotta, a paula allete a potta ! malite mmio, malite mmio, comm'hagge'a fà? Le mari sauta aussitôt à bas du lit et dit à sa femme :

— Ah ! c'est pour ça que tu ne voulais point parler ? tu es donc bègue ? que je t'y reprenne, et tu auras affaire à moi.

Voilà comment il entendit parler sa femme.

Voici une autre anecdote, *Natale*, dont nous trouvons une variante dans *le Moyen de parvenir*. La chambrière d'une veuve, dit Beroalde, était jolie, mais un peu follette ; sur quoi sa maîtresse lui disait toujours qu'elle n'avait point d'esprit. Or est-il qu'il y avait un jambon à la cheminée ; et cette fille, le voyant là, si longtemps, s'en ennuyait. Elle demanda à madame si elle le mettrait cuire. — « Non, dit-elle, c'est pour les *Pâques.* » Cette fille en fit le conte à quelques autres de ses compagnes, qui s'en gaussaient en son absence. Mais le clerc du notaire Barde ne fut point si sot, qu'il n'y prit garde pour éprouver le sens de la fillette. Un jour que la bonne femme était allée à sa métairie, et qu'elle avait laissé Mauricette toute seule, il vint heurter et demanda madame. Mauricette dit qu'elle n'y était pas. — « J'en suis bien marri, parce que je suis Pâques qui étais venu quérir le jambon qu'elle m'a promis. » — Il entra, et la chambrière le laissa paisiblement prendre le jambon.

Arrêtons-nous ici, la fin de l'histoire est leste.

A Pomigliano, les choses se passent autrement : c'est un mari et une femme qui sont en scène. Le mari possède un cochon et le garde pour Noël.

La femme se mit à la fenêtre et interpelle tous les hommes qui passent en leur demandant :

— Est-ce vous qui vous appelez Noël ?

Un curieux lui répond : « C'est moi, » et elle lui donne le cochon, qu'elle a préalablement décoré d'une longue chaîne d'or et de pendants d'oreilles en perles. Le même conte se fait à Bologne, seulement il y est question de Janvier, non de Pâques ni de Noël. Dans les Pouilles, on raconte l'histoire d'un père qui a beaucoup d'enfants. Sa fille cadette est le souffre-douleur de la maison, laide et sotte. On lui donne les reliefs des repas et le rebut des habits. Un jour son père a pitié d'elle et lui dit :

— Voici dix ducats ; quand mai viendra, tu auras une robe neuve.

La pauvre fille ne se sent pas de joie et se met à chanter tous les matins à sa fenêtre :

— J'aurai une robe neuve quand mai sera venu !

Passe un marchand ambulant qui lui demande ce qu'elle chante. La niaise s'empresse de le dire, et le marchand d'entrer dans la maison :

— Mai, c'est moi, s'écrie-t-il, et je t'apporte ta robe.

Il donne alors à la jeune fille une pièce d'étoffe grossière et emporte les dix ducats.

On voit que les contes de Pomigliano courent le monde ; il en est un entre autres qui a fait beaucoup de chemin. On rapporte que Frédéric II se rendait souvent pour les affaires de l'État chez son chancelier Pierre des Vignes. Un beau matin il ne le trouva pas ; mais, la chambre étant ouverte, il entra tout droit, et surprit au lit la femme de Pierre, qui était fort belle. Elle était endormie, et l'empereur ne la réveilla pas. Il se contenta de ramener la couverture sur les bras nus de la dame et se retira chastement, mais en laissant son gant sur le lit par malice ou par mégarde. Pierre, étant rentré, trouva le gant de l'empereur et en fut très-marri, mais n'en dit rien ; seulement il n'adressa plus la parole à sa femme, qui, fort affligée de ce silence, alla s'en plaindre au souverain. Frédéric se rendit chez Pierre, qui voulut devant sa femme lui donner une petite leçon à mots couverts, et il improvisa un couplet que nous transcrivons parce que ce sont peut-être les plus anciens vers italiens que l'on connaisse et parce que Fauriel les a cités inexactement :

> Una vigna ho piantà.
> Per travers è intrà
> Chi la vigna m'ha goastà.
> Han fait gran peccà
> Di far ains che tant mal.

La femme de Pierre lui répondit aussitôt :

> Vigna sum, vigna sarai,
> La mia vigna non fall mai.

Pierre répliqua sur-le-champ (et la paix fut faite) :

> Se cossì è come è narrà,
> Più amo la vigna che fis mai[1].

Brantôme trouva ce petit trait de bonne prise : il le glissa dans ses *Dames galantes*, et substitua le marquis de Pescaire à l'empereur Frédéric. Cependant l'anecdote est bien plus ancienne que Pierre des Vignes ; on la trouve dans plusieurs versions du livre de *Sendabar*, et précisément dans le *Mischlé sendabar*, dans le *Syntipas* grec et dans les *Sept vizirs* turcs, sous ce titre : *la Trace du lion*. C'est peut-être de là qu'elle est venue directement à Pomigliano, en Sicile, à Venise, dans l'Italie entière. Toutefois le dialogue rimé de Pierre des Vignes se retrouve plus ou moins altéré dans les versions populaires du récit. Voici comment on le narre à Venise :

Un roi a défendu à son majordome de se marier ;

---

[1] C'est presque de l'ancien français. Pierre des Vignes dit, en équivoquant sur son nom : « Une vigne ai plantée, à travers est entré qui la vigne m'a gâtée ; ils ont fait grand péché, de faire ains que tant mal. » La femme répond : « Vigne suis, vigne serai, ma vigne ne faillit jamais. » Pierre consolé s'écrie : « Si est ainsi comme est narré, plus aime la vigne que fis jamais. »

le majordome tombe amoureux d'une très-belle femme et l'épouse en secret. Le roi l'apprend, et veut voir cette fort belle femme. A cet effet, il charge le mari d'un message, entre au gynécée, et sans réveiller la belle endormie, la recouvre discrètement et laisse un gant sur le lit. Le majordome, en rentrant, trouve le gant du roi, et depuis ce moment boude sa femme. Le roi offre alors un banquet à tous ses gentilshommes et commande à ceux qui sont mariés de ne pas venir seuls. Le majordome a beau se défendre, il est forcé de s'exécuter. Au banquet, tous les conviés avaient un mot à dire, Vigna seule (la femme du majordome) se taisait.

— Que ne parlez-vous ? lui demanda le maître.
Elle répondit :

>   Vigne étais et vigne suis.
>   Aimée étais et plus ne suis,
>   Et ne sais par quelle raison
>   La vigne a perdu sa saison.

A quoi le majordome riposta :

>   Vigne étais, vigne seras,
>   Aimée étais, plus ne seras.
>   Par la griffe du lion
>   La vigne a perdu sa saison.

Le roi comprit et répliqua aussitôt :

>   Dans la vigne suis entré,
>   A ses pampres j'ai touché ;
>   Mais, par le sceptre que j'ai,
>   De ses fruits n'ai pas mangé.

Là-dessus réconciliation générale.

Nous disions que le peuple n'est pas réaliste ; il serait plutôt moraliste : plusieurs de ses contes ont la prétention d'enseigner la vertu. Tel est celui que M. Imbriani a mis en tête de son livre.

Il y avait un petit garçon nommé Joseph et surnommé *la Vérité*, parce qu'il ne disait jamais de mensonge. Vint à passer le roi qui, émerveillé du phénomène, voulut prendre l'enfant à son service et lui fit garder les vaches de la cour. Tous les matins, l'enfant se présentait au roi en lui disant :

— Serviteur de sa majesté.

— Bonjour Joseph la Vérité, comment vont les vaches ?

— Fraîches et grasses.

— Comment vont les veaux ?

— Frais et gros.

— Comment va le taureau ?

— Fort et beau.

Le roi était très-content de Joseph et le louait sans cesse ; les courtisans jaloux voulurent que le vacher fût pris en flagrant délit de mensonge. A cet effet, ils lui envoyèrent la « femme » et cette femme devait l'induire, « par ses paroles et ses manières, à tuer le taureau. » Joseph se laissa tenter et sacrifia la belle et forte bête, mais il se trouva après « fort embrouillé » sur ce qu'il aurait à dire au roi. Il fit une répétition pour préparer sa réponse, mit son manteau sur une chaise et supposa que ce fût le souverain.

— Serviteur de sa majesté.

— Bonjour Joseph la Vérité, comment vont les vaches ?

— Fraîches et grasses.

— Comment les veaux ?

— Frais et gros.
— Comment le taureau ?
— Fort et beau ;... non, dit-il en se reprenant, cela ne va pas bien. Je ferais un mensonge. Quand le roi me demandera : Comment va le taureau ? il faudra que je lui réponde : Le taureau est mort, et c'est moi qui l'ai tué.

Ainsi fit-il, et le roi le loua très fort de sa franchise. Joseph ne quitta pas la cour où on le tint en haute estime, et les courtisans se rongèrent les doigts.

Telle est la biographie de Joseph la Vérité comme on la raconte à Pomigliano. Si l'on veut comparer les récits du peuple avec ceux des écrivains de profession, qu'on cherche dans Straparole la cinquième fable de la troisième Nuit, on y verra comment Yseult femme de Lucaferro di Albano de Bergamo, croyant avec astuce dauber Travaglino, vacher d'Emilien son frère, pour le faire paraître menteur, perdit le patrimoine de son mari et rentra chez elle avec la tête d'un taureau aux cornes d'or, toute honteuse. On y notera ces cornes d'or qui se trouvent également dans d'autres versions populaires du récit, et qui en accusent l'origine aryenne. On notera encore que les contes du peuple se recommandent presque toujours par leur chasteté ; le narrateur de Pomigliano n'insiste pas sur les paroles et les manières de l'inconnue qui fit tuer le taureau, elle est désignée par un simple mot qui dit tout : « la femme » Straparole au contraire s'arrête avec une complaisance pleine d'agacerie sur la séduction d'Yseult. Une Allemande qui a recueilli avec beaucoup de soin des nouvelles siciliennes, nous donne une autre version très circonstanciée où la pointe grivoise ne fait pas défaut. Mais nous n'avons pas les libertés des Allemandes.

La fable de *Joseph la Vérité* prouve qu'il est profitable de ne point mentir; celle de l'*Oiseau griffon* démontre qu'il est dangereux de tuer son semblable.

Un roi souffrait du mal d'yeux, (les Napolitains appellent ainsi toute espèce d'ophtalmie et plus particulièrement la cataracte). Les médecins d'alors n'y entendant rien, le roi fit venir un charlatan.

— Il n'y a qu'un remède, c'est la plume de l'oiseau griffon qui habite le désert. On dissout dans l'eau cette plume réduite en poudre et l'on obtient ainsi un collyre infaillible.

Le roi manda ses trois fils et promit le trône et la couronne à celui qui lui apporterait la plume de l'oiseau griffon. Les trois fils se mirent en route; le plus jeune rencontre un vieillard qui lui dit:

— Va dans le désert et jette sur le sable un grain de maïs; l'oiseau griffon descendra pour le manger: tu n'auras alors qu'à te baisser et tu lui enlèveras une de ses plumes.

Ainsi fit le jeune prince, qui s'en revint avec la plume merveilleuse cachée dans l'un de ses souliers. Mais il trouva sur la route ses deux frères qui s'en retournaient chez eux les mains vides: le Benjamin de la famille fut saisi par ses aînés qui, l'ayant fouillé et dépouillé, le tuèrent et l'enterrèrent au pied d'un arbre. Puis ils rapportèrent la plume au vieux roi, qui guérit aussitôt et tint sa promesse. Il était inquiet cependant, parce que son fils cadet ne revenait pas; les deux aînés lui dirent qu'ils ne l'avaient point vu depuis leur départ.

Un jour un berger qui paissait ses moutons près

du poirier sous lequel était enterré le mort, vit avec étonnement les chiens du troupeau gratter la terre et en retirer un os.

— Le joli sifflet! dit le berger, qui mit l'os à sa bouche et voulut jouer un air; mais il entendit une voix qui sortait de l'os et qui disait:

— Berger qui me tiens à la bouche, tiens-moi bien et point ne me lâche; pour une plume d'oiseau griffon, mon frère m'occit par trahison.

Le berger fut stupéfait, et comme il savait l'histoire de la plume merveilleuse, il s'en alla souffler dans l'os devant le palais royal. Les gens du palais, se doutant de quelque chose, allèrent l'annoncer au vieux souverain, qui fit monter le berger et voulut siffler lui-même, et l'os chanta:

— Père qui me tiens à la bouche, tiens-moi bien et point ne me lâche; pour une plume d'oiseau griffon, mes frères m'occiront par trahison. Punis le premier, pardonne au second.

Le vieux roi ne tint pas compte de cette prière clémente: il saisit les deux fratricides, les fit brûler dans un tonneau de poix et jeter à la mer; il garda le berger pour son fils, et lui donna le trône et la couronne.

Ainsi finit le conte recueilli à Pomigliano. A Bagnoli Irpino, on le clôt par cette sentence: « Qui tue aujourd'hui sera tué demain. »

VII

LES CORNES — VIOLA — LES CONTES DE L'OGRE

Nous rentrons dans les féeries et nous ne voulons plus désormais en sortir. Jusqu'ici nous nous sommes contenté de résumer les récits et d'en donner la substance ; mais ce n'est pas la partie la plus intéressante de notre sujet.

Il faut savoir aussi comment le peuple raconte. Nous allons donc traduire, à peu près mot à mot, les trois histoires les plus détaillées du recueil, en tâchant d'être aussi naïf, aussi incorrect que possible. Par malheur, nous ne pouvons reproduire les grâces et les libertés du patois.

LES CORNES

Il y avait une fois un homme, et, parce qu'il n'avait rien à faire sur le pavé, il partit et s'en fut à la campagne. Il jeta un coup d'œil sur un arbre et vit un nid d'oiseau. Il monta sur l'arbre et prit la mère avec deux œufs. Sur ces œufs était une inscription qui disait:

« Celui qui mangera le cœur de cet oiseau sera pape, et celui qui en mangera le foie aura une bourse et cinquante ducats tous les matins. »

Cet homme ne vit rien de tout ça. Il alla au logis et dit à sa femme:

— Cet oiseau qu'en ferons-nous? Nos enfants meurent de faim, je vais le porter au compère, nous ferons un peu de polente pour les petits.

Il alla chez le compère et dit:

— Compère, je vous apporte ces deux œufs et cet oiseau pour amuser vos enfants.

Le compère lui dit qu'il n'en voulait pas; mais comme l'autre insistait pour qu'il les gardât, à la fin (le compère) voulut que l'homme emportât l'oiseau. L'homme en fureur le prit et se sauva, et il oublia les deux œufs sur la table du compère. Il s'en alla chez lui et mangea l'oiseau (avec ses enfants sans doute, qui eurent pour leur part le foie et le cœur, mais le conteur omet ce détail important.) Le compère va voir sur la table, trouve les deux œufs et lit l'inscription et dit:

— O malheur, qu'ai-je fait? J'ai laissé mon petit compère emporter l'oiseau, et sur les œufs est écrit tout ça!

Il court chez l'autre et lui dit que ses enfants s'étaient mis à pleurer parce qu'ils voulaient l'oiseau. Alors voilà que l'homme lui répondit qu'il était arrivé trop tard, et qu'il (l'oiseau) était mangé. Le compère alla chez lui et se concerta avec sa femme et dit:

— Femme, qu'avons-nous à faire?

La femme répondit qu'il devait prendre les créatures (les enfants du pauvre homme), disant qu'il voulait les élever. Ainsi fit le compère. Il alla chez l'homme et lui dit :

— Petit compère, je veux les deux petits parce que tu ne peux pas les nourrir. Je vais moi les élever.

Et il les emmena chez lui et les conduisit à l'école (ceci doit être une addition récente, jamais les paysans n'envoyaient leurs enfants à l'école sous les Bourbons). La femme du compère faisait chaque matin le lit des petits et trouvait une bourse et cinquante ducats, et traitait ces deux garçons avec beaucoup de bonne grâce.

Après six ou sept ans, le compère avait gagné une quantité d'argent, et ces petits s'étaient faits grands. Un matin, les deux garçons se mirent à jouer dans leurs lits, et en jouant ils firent tomber la bourse avec les cinquante ducats. Les garçons s'en aperçurent et dirent :

— Nous ne sommes plus bien ici, le compère a mis ici la bourse pour voir si nous prenons l'argent.

Et dans la journée ils dirent au compère qu'ils voulaient s'en aller. Lui ne voulait pas les lâcher ; mais après beaucoup de paroles le compère leur donna à chacun cent ducats et les laissa aller. Ils s'en allèrent et, marchant toujours, ils se mirent sur un chêne. Quand ce fut le matin et qu'ils se levèrent tomba la bourse aux cinquante ducats. Les frères dirent :

— Ah! c'est pour ça que le compère voulait nous garder chez lui, c'est cette vertu que nous avons.

Ils se mirent en chemin et ils marchaient. Et quand ils arrivèrent à un carrefour, l'un d'eux resta en arrière un moment et se mit à faire un service (on devine ce que cela veut dire). Les deux frères ne se retrouvèrent plus. Celui qui avait l'avantage de gagner chaque matin une bourse avec cinquante ducats se trouva dans une ville et celui qui devait être pape se trouva dans une autre ; mais ce dernier était à la rue, parce qu'il n'avait rien à manger pour vivre, il se mit à faire le sacristain dans une église. Vint le temps où dans cette ville on eut à faire un pape. On jetait en l'air une colombe pour voir sur la tête de qui elle s'arrêterait. Elle tomba sur la tête du sacristain, et ce fut lui qui fut pape.

Voilà un nouveau genre de conclave qui se retrouve dans plus d'un conte populaire en Italie et ailleurs. Pareillement, quand les rois sont embarrassés pour trouver un gendre, ils laissent tomber du haut d'une tour un mouchoir sur la foule. Celui sur qui tombe le mouchoir épouse la fille du roi.

Laissons maintenant le pape et prenons l'autre frère qui avait l'avantage de la bourse. Celui-ci alla dans une ville où on faisait le théâtre (où il y avait un théâtre) et où l'on payait cinquante ducats tous les soirs (soit deux cent douze francs cinquante centimes ; c'était un peu cher pour un fauteuil d'orchestre, mais l'imagination populaire ne lésine jamais). La femme qui faisait le théâtre (la prima donna) en était fort occupée et se disait à elle-même :

— Que doit être ce seigneur-là qui vient chaque soir ici ?

Elle avait avec elle une vieille duègne (*ruffiana*) et elle lui dit de demander à ce seigneur qui il était. La vieille alla auprès du jeune homme et lui dit :

— Quelle fortune avez-vous pour venir chaque jour au théâtre ? — Il répondit et lui dit :

— J'ai chaque matin une bourse de cinquante ducats.

Alors voilà que la femme de théâtre dit à la duègne de demander au jeune homme s'il veut l'épouser. La duègne le dit et le jeune homme répondit :

— C'est aussi mon plaisir.

Et cette femme, le soir d'après, le spectacle étant fini, le voulut chez elle, et puis, petit à petit, avec son papotage, lui tira de la bouche comment il avait cette bourse tous les matins. Lui, comme un ignorant (un naïf), lui fit connaître qu'il avait mangé le foie d'un oiseau. La femme, ayant appris ça, voulut l'avoir à dîner chez elle, et elle lui fit manger une chose qui lui fit rendre tout ce qu'il avait sur l'estomac et de plus le foie de l'oiseau, et elle le mangea elle-même. Après quoi, elle chassa de sa maison le pauvre diable, et elle eut chaque matin la bourse de cinquante ducats.

Le pauvre homme resta au milieu de la rue et n'avait absolument pas de quoi manger. Il s'en alla dans un bois et il mangea de l'herbe comme les animaux. Il se mit à regarder en l'air et il vit un figuier chargé de fruits mûrs hors de saison, (*contratiempo*). Il en mangea une et une corne lui poussa sur la tête. Il en mangea une seconde et une seconde corne lui poussa. Il se retourna et s'aperçut que les cornes cognaient les branches et il dit :

— Me voilà bien arrangé pour les fêtes. Il ne me manquait plus que des cornes sur la tête, et elles me sont venues.

Il y avait dans le bois une fontaine. L'homme alla

y boire un coup et il redevint chrétien comme avant, et il dit :

— Pourtant j'ai trouvé un remède.

Après il lui vint à la tête de manger un peu de salade et il devint un âne. Il but un second coup d'eau et il redevint chrétien comme avant, et il dit :

— J'ai maintenant trouvé deux remèdes.

Il acheta un panier, le remplit de figues, le mit sur sa tête et se promena devant le palais où était la femme de théâtre en criant :

— Figues de paradis, hors de saison !

La duègne se mit à la fenêtre et fit acheter les figues à sa maîtresse. Et cet homme les fit payer une piastre le *rotolo* (le kilogramme ; dans leur saison, les figues coûtaient un sou la livre et même un demi-sou). On mit les figues hors de la fenêtre. Et voilà que le domestique en mangea deux en cachette, et deux cornes lui sortirent du front. Il se cacha pour que sa maîtresse ne le vit pas. La servante aussi en mangea, et il lui sortit aussi des cornes et elle aussi s'alla cacher.

La dame, à midi, appela ses gens mais aucun d'eux ne répondit. Elle mangea toutes les figues, et il lui poussa sur la tête une multitude de cornes. Quand elle s'en aperçut, elle se mit à faire du vacarme. Accoururent alors le domestique et la servante, et tous les trois se virent avec des cornes sur la tête. Ils s'enfermèrent alors dans le palais et ne sortirent plus. Ils firent venir beaucoup de médecins, mais aucun d'eux ne sut les guérir. Cet homme (celui qui avait vendu les figues) remplit une fiole d'eau, et puis il fit dire par le pays qu'il était venu un médecin étranger qui guérissait les cornes. Cette dame, le plus tôt qu'elle put, le fit appeler et lui dit :

— Seigneur médecin, vous devez, si vous pouvez, me faire la faveur de m'ôter ces cornes, car je ne peux plus aller au théâtre.

— Oui, répondit le médecin, je veux vous guérir, mais je veux d'abord traiter l'affaire de l'argent.

— Oui, monsieur, suffit que vous me guérissiez, ce que vous voulez, je vous le donne.

— Vous devez me donner cinq mille ducats.

Cette dame les lui donna, et il prit cette grosse somme. Après cela sort la vieille duègne, et elle lui dit :

— Monsieur, par charité, moi aussi j'ai des cornes et je veux être guérie.

— Toi, répondit le médecin, tu dois me donner quatre cents ducats.

Ainsi fut fait. Sortit ensuite le domestique, disant que lui aussi devait être guéri, et, les conditions faites, il eut à donner deux cents ducats, et il s'en trouva bien. Et après le médecin s'en alla.

Une autre fois il remplit le panier de cette herbe qui l'avait fait devenir baudet. Et il l'alla vendre sous la porte cochère de cette dame. Celle-ci s'empressa d'acheter. Le vendeur voulut qu'elle en mangeât un peu devant lui, et comme ça elle devint bourrique. Il lui mit le licou et, en la tirant, il l'emmena.

En ce temps-là on faisait un temple au sommet d'une montagne, et on y montait des prêtres sur des ânes. Cet homme y alla aussi et voulait toujours faire deux ou trois courses de plus que les autres pour maltraiter l'ânesse qu'il menait. Les autres compagnons qui travaillaient là mirent le nez dans cette affaire et allèrent le dénoncer au pape. Le pape fit venir le jeune homme et lui demanda pourquoi il maltraitait la pauvre bête. Lui, dit d'abord qu'il le faisait pour gagner plus d'argent, mais voyant après que le pape ne voulait pas le croire, il lui raconta toute l'histoire et tout ce qui était arrivé depuis qu'il était né. Le pape alors lui fit savoir comme quoi il était son frère et lui ordonna de donner à la femme de théâtre cette certaine eau qui l'aurait fait redevenir femme. Ainsi fut fait. Les deux frères restèrent ensemble heureux et contents, et ils laissèrent aller cette dame de théâtre à cause de cette bourse qui lui avait causé tant de tribulations.

Cette histoire des cornes se reproduit de mille façons dans toutes les provinces et dans tous les dialectes de la péninsule. Nous en possédons une version milanaise qui ne manque pas d'intérêt. Il s'agit ordinairement d'un jeune homme ou d'un fils de roi trompé par une belle princesse qui lui gagne aux cartes ou autrement les talismans qu'il porte sur lui. A la fin, c'est l'homme qui à son tour joue la femme et se fait aimer d'elle. Dans d'autres contes ; il n'y a pas de femme ; la plus belle moitié du genre humain est remplacée par un fourbe quelconque, un aubergiste par exemple : de tout temps et en tous pays l'aubergiste a passé pour un coquin. Voici une petite légende recueillie à Santo-Stefano par M. de Gubernatis.

Un père avait trois fils. L'aîné va chercher fortune et trouve en chemin un vieillard : c'est Jésus en personne qui lui tient compagnie. Mais voyant qu'il ne lui arrive rien d'heureux, le jeune homme perd courage et veut retourner au logis. Alors Jésus lui fait cadeau d'une table à trois pieds à qui il suffit de dire : « Couvre-toi, » et elle se couvre de toutes les grâces de Dieu. Le jeune homme arrive dans une auberge et il est si heureux qu'il ne peut garder son secret. Mal lui en advient, car l'hôtelier, qui est un voleur, dérobe la table pendant la nuit et en met une autre à la place. L'aîné des frères se remet en route et, rentrant au logis, annonce un miracle, mais le miracle rate, et l'on se moque du hâbleur.

Le second des frères part à son tour, et lui aussi rencontre le vieux Jésus. Ils font route ensemble. Ne trouvant pas cependant à faire fortune avec Jésus, le jeune homme veut s'en retourner, et Jésus lui donne une brebis qui sécrète des louis d'or. Il descend à la même auberge où il cause trop. On substitue pendant la nuit une brebis à la sienne, et quand il est rentré au bercail, ses frères lui rient au nez.

Vient le tour du troisième qui rencontre également Jésus, et le quitte un beau jour parce qu'on ne gagne pas assez d'argent avec un pareil compagnon de route. Jésus lui donne un bâton à qui l'on n'a qu'à dire : « Tape ! » et la trique assène de grands coups à tort et à travers jusqu'à ce qu'on lui ait dit : « Assez ! » En chemin, le cadet des frères veut essayer le gourdin sur trois riches seigneurs et l'épreuve réussit à merveille. Les seigneurs lui donnent tout ce qu'ils ont sur eux afin qu'il arrête la bastonnade. Il arrive à l'auberge et dit au bâton : « Tape ! » Le bâton tombe à coups redoublés sur les gens de l'auberge, et il ne se serait jamais arrêté si l'hôtelier n'eût pas restitué la table et la brebis qu'il avait volées. Le jeune homme retourne au logis chargé de biens et parfaitement heureux.

Les contes de nourrice en Italie sont appelés les contes d'ogres, parce que l'ogre (*orco, uorco, uerco* etc.) y joue un rôle important. M. Imbriani nous apprend que cet *orco* vient tout droit de l'*orcus* antique. On sait que ce mot désignait l'enfer, ou le roi des enfers, ou la mort, ou les fils d'Eris qui châtient les injustes et les parjures. Pareillement l'ogre des contes de nourrice est un justicier fantastique enlevant les enfants qui ne sont pas sages pour les croquer à belles dents. On a cru longtemps que ce nom venait de *Hongres* ou Hongrois, à cause des férocités attribuées à ces barbares ; mais cette étymologie n'a pas de consistance, et M. Littré ne l'adopte point. L'*orco* remplit les contes de fées ; c'est un animal à figure humaine, quelquefois bon, mais toujours laid ; on le retrouve dans les poèmes chevaleresques.

Il en est un bien féroce qui remplit le chant XI du *Roland furieux* : c'est un monstre marin de la pire espèce. On sait comment Roland parvint à s'en rendre maître par une pêche plus miraculeuse que toutes celles des Evangiles. Seulement les traducteurs n'ont pas osé conserver le nom d'ogre à cet animal carnassier qui déjeunait chaque matin d'une femme ; aucun lecteur ne l'eût pris au sérieux sous ce nom-là. Aussi a-t-on traduit *orco* par *orque*. L'orque est un mammifère marin, la *phocène orque* ou vulgairement l'épaulard. Au XVIe siècle, grâce à l'Arioste, alors très connu en France, cet habitant de la mer devint fantastique et terrible, d'où ces deux vers de Du Bellay :

> Je vis sortir des abysmes
> Une orque pour m'abysmer.

Mais revenons à nos contes d'ogres ; le premier

est celui de *Viola*. Nous traduisons littéralement la version recueillie à Pomigliano.

VIOLA

Il y avait un fois trois filles et la plus jeune se nommait Viola. Toutes les trois travaillaient, mais la première filait, la seconde tissait et la troisième cousait. Le fils du roi en devint amoureux (de la troisième) et toutes les fois qu'il passait, il disait :

— Qu'elle est belle celle qui file, qu'elle est plus belle celle qui tisse, mais qu'elle est plus belle encore celle qui coud. Elle me coud le cœur. Vive Viola ! vive Viola !

Les sœurs en avaient de l'envie et, par dépit, elles la mirent à filer. Passa le fils du roi, et il dit :

— Qu'elle est belle celle qui tisse, qu'elle est belle celle qui coud, mais qu'elle est plus belle encore celle qui file ! Elle m'a filé le cœur ! Vive Viola ! vive Viola !

Les sœurs la mirent à tisser, mais le fils du roi n'en dit pas moins son refrain, et il revenait toujours à vive Viola.

Un jour, Viola étant à coudre sur le balcon, son dé tomba dans le jardin de l'ogre. Alors voilà qu'elle va le dire à ses sœurs. Ses sœurs qui ne pouvaient la voir (la souffrir), lui répondirent de ne pas s'en fâcher parce qu'elles l'attacheraient à une corde et la descendraient dans le jardin, et qu'après elles la feraient remonter. Viola les crut, mais ses amies ne firent pas comme ça. Quand elles l'eurent fait descendre, elles cassèrent la corde et s'en allèrent. La pauvre Viola, se trouvant là, ne savait pas elle-même ce qu'elle avait à faire. Elle pensa qu'elle ferait bien en se mettant sous la chaise de l'ogre. Un moment après, l'ogre s'assit, et pendant qu'il était assis, il fit un bruit. Alors voilà que Viola sort de là-dessous et dit :

— Papa, Dieu vous bénisse !

L'ogre se retourna et dit :

— Oh ! malheur ! avec un bruit j'ai fait une fille !

Il la mena en haut et la garda auprès de lui. Un jour Viola était en train de se laver la figure : parut le perroquet du roi, parce que le roi logeait en face de l'ogre. Le perroquet dit à Viola :

— Fi ; fi ! la fille de l'ogre se lave la figure !

Elle rentra tout en colère. L'ogre lui demanda la raison du pourquoi elle était ainsi. Elle le dit, et l'ogre lui souffla qu'une autre fois que le perroquet dirait ça elle aurait à répondre :

> Tais-toi, je veux, beau perroquet,
> De tes plumes faire un bouquet,
> De tes jambes faire un bâton.
> Serai femme de ton patron.

Le matin après, Viola va se laver la figure ; le perroquet lui dit comme ça :

— Fi, fi ! la fille de l'ogre se lave la figure ! Elle répondit alors comme l'ogre lui avait dit : « Tais-toi ! » etc., et alors voilà que le perroquet eut tant de colère qu'il mourut. Le roi le trouvant mort en acheta un autre, mais cet autre aussi, quand Viola s'alla laver la figure, lui dit :

— Fi, fi ! la fille de l'ogre se lave la figure.

Cette pauvre fille l'eut à peine entendu qu'elle lui répondit les mêmes paroles qu'elle avait dites au premier. Et du coup mourut aussi le second. Alors le serviteur du roi, quand il vit que son maître avait acheté un troisième perroquet, voulut faire le guet pour voir qui c'était qui le ferait mourir. Et quand ce fut le matin d'après, le serviteur entendit que le perroquet disait :

— Fi, fi ! la fille de l'ogre se lave la figure, et que Viola répondait : « Tais-toi ! Je veux, beau perroquet, » etc., et voyant que le perroquet mourait, dare, dare, il l'alla dire au fils du roi. Le fils du roi lui envoya dire (à Viola) que véritablement il voulait l'épouser et qu'elle devait demander à l'ogre ce qu'elle avait à faire pour se marier. Viola fit la question. L'ogre d'abord ne voulut pas le lui dire ; mais, après avoir vu toutes les promesses que lui fit sa fille, il répondit :

— Tu veux le savoir ? Eh bien ! pour te marier, toi, je dois mourir, moi.

Viola le dit au fils du roi, et celui-ci lui répondit qu'elle devait lui demander (à l'ogre) ce qu'il fallait pour le tuer. Elle le lui demanda ric-à-ric, mais l'ogre lui dit d'abord :

— Tu veux le savoir pour me tuer, donc ce n'est plus vrai que tu m'aimes ; tu veux me faire mourir, et pourquoi ça ?

Mais après, voyant que Viola lui promettait qu'elle l'aimerait, qu'elle voulait le savoir *pour une chose*, il dit :

— Pour me tuer, il faut aller à tel endroit, il y a là un porc épic. Quand il a les yeux ouverts, il dort, et, quand il a les yeux fermés, il est éveillé. Pendant qu'il dort, on le tue, on prend les œufs qu'il a dans le corps, on les bat contre mon front et je meurs.

La femme le dit tout de suite au fils du roi, et celui-ci, dare dare, envoie un serviteur, fait tuer le porc-épic, se fait apporter les œufs, les fait battre sur le front de l'ogre pendant qu'il dormait, et épousa la fille.

L'histoire de Viola, dont les éléments ont été pris çà et là dans quatre ou cinq contes de fées, nous montre bien comment se font ces compositions collectives où collaborent tant de siècles et tant de pays divers. On y trouve notamment un de ces œufs enchantés aussi nécessaires aux récits enfantins que les songes aux tragédies classiques. Tous les étrangers ont vu à Naples une roche fortifiée qui s'avance dans la mer pour défendre la ville ou pour l'effrayer ; sait-on pourquoi cette roche est appelée le Fort de l'Œuf? C'est que l'enchanteur Virgile, dont nous avons déjà beaucoup parlé, après avoir fait surgir le fort avec sa baguette magique y cacha, dans une cellule souterraine, une cage contenant un œuf ; de cet œuf dépend le sort de Naples. Tant que la coquille n'en sera pas brisée, la ville peut se passer de torpilles : elle n'aura jamais à craindre d'agression du côté de la mer.

Cependant, il faut l'avouer, l'histoire de Viola n'est pas bien racontée : le conteur ou la conteuse de Pomigliano manque un peu de talent ; son vocabulaire est pauvre, et sa narration est maigre ; il répète trop souvent les mêmes mots et raconte les choses crûment, sèchement, sans y mettre du sien et sans ménager ses effets ; on peut l'accuser de négligence et de paresse. Aussi ne lui demanderons-nous pas le dernier conte que nous voulons offrir à nos lecteurs, celui de *Petrosinella* ou *Prezzemolina* (Persillette.) Les gens de Pomigliano ne le savent pas bien, ils en ont oublié la moitié et ne nous en donnent qu'une réduction assez courte et froide. C'est en Toscane, aux environs de Pistoie, que cette belle histoire s'épanouit dans sa fleur. La Toscane, on le sait, est la seule province d'Italie où le dialecte soit à peu près (nous en reparlerons) du pur italien, et le peuple, surtout celui des champs, le parle si bien qu'il peut l'enseigner aux gens de lettres. Quand Manzoni, Azeglio, Ranieri ont voulu se corriger du provincialisme lombard ou napolitain, ils sont allés retremper leur langue à la source vive et demander, non pas aux académiciens de la Crusca, mais aux plébéiens de Florence les termes et les tours que Dante avait appris de leurs aïeux. Le dialecte de Pistoie n'est pas aussi pur que celui du Marché-Vieux ; mais la fille du peuple, Luisa Ginanni, qui a dicté pour nous la version toscane de Persillette, laisse bien loin derrière elle toutes ses émules du midi. Qu'on en juge.

VIII

LE CONTE DE PERSILLETTE

Il y avait une fois une petite paysanne ayant un peu de terre, et à grand'peine elle y trouvait sa subsistance. Elle avait un garçon qui faisait ses affaires. On le sait, les femmes, quand elles sont seules à côté d'un homme finissent toutes de la même façon. Cette paysanne plut au garçon et lui à elle, si bien qu'ils ne purent demeurer longtemps à pâtir : conclusion, les noces. Et aussitôt la femme devint grosse. Mais elle ne se sentait jamais bien parce qu'elle ne trouvait rien de bon à manger, et il n'y avait pas moyen de lui faire entrer dans la bouche autre chose que du persil. Passe encore s'il y avait toujours eu du persil dans le jardin, mais il n'y en avait plus depuis bien du temps. Aussi la femme demeura sans rien mettre dans sa bouche pendant trois longs jours. C'était un désespoir dans la maison. Voilà qu'arrive un colporteur, de ceux qui vont çà et là par la campagne, un peu au hasard, pour vendre des bagatelles, des épingles, du coton aux fermières. En voyant ces deux êtres à demi hébétés :

— Ah ! qu'avez-vous ? dit le colporteur, vous avez l'air de fantômes !

— Eh non ! dit l'homme, ma femme, pauvresse ! est grosse et ne peut manger que du persil, mais tout celui du jardin est épuisé, et l'on n'en trouve plus par ici, si bien que depuis trois jours elle reste avec les dents sèches.

Le colporteur dit :

— Je vous enseignerai, moi, où du persil, on en trouve à foison. A cinq ou six milles d'ici un seigneur a un jardin, clos de tous côtés, avec tous les biens de Dieu dedans et avec trois plates-bandes de persil épais et dru que c'est vraiment une merveille. Courez là au petit jour, vous aurez à manger à bouche que veux-tu.

Le garçon n'entendit pas en sourd, et le matin, quand le soleil n'était pas même levé, ayant pris avec lui un sac et une faucille, il alla chercher le jardin, et marche ! marche ! il y arrive. Mais il lui fallut de grands efforts pour grimper sur le mur haut et raide. En somme il réussit à y entrer. Il n'y avait pas âme vivante, et lui, vite, vite, coupa une demi plate-bande de persil. Il en remplit le sac et, en route, à la course pour le porter à sa femme, qui toute contente, en eut de quoi se rassasier pour huit jours. Figurez-vous !

Maintenant il faut savoir que ce jardin, l'ogre l'avait en propriété, et quand il sortit du lit et vit le pillage du persil, il lui prit une grande passion (colère,) et il se mit à tempêter, criant à sa femme :

— Descends, Cathò, descends ! Viens voir qu'on m'a volé mon persil. Infâmes voleurs, me l'eussent-ils au moins demandé, s'ils en avaient besoin ! Mais me le voler est un trait de coquins. Si je vous y prends ! Si je vous y prends ! Vous reviendrez bien une fois !

Alors, dans l'idée qu'on reviendrait, il dressa-là, à l'écart, une hutte couverte de branches vertes, et il se mit à y faire sentinelle devant son persil. Au bout de huit jours, le persil était complétement avalé, si bien que le garçon, avec son sac et sa faucille, revint en cachette au jardin de l'ogre pour en faire une seconde provision. Mais à peine commençait-il à couper, voilà que l'ogre saute dehors et l'empoigne à la gorge.

— Je t'y prends, malandrin, cria-t-il avec une grosse voix à faire peur à une troupe de madones, et maintenant tu n'échapperas pas, et tu auras à me le payer avec ta peau !

Cela dit, il le traîne dans sa maison, et il l'abattit contre terre pour le finir. Et il criait :

— Allons, arrive, Cathò, il faut le manger sur-le-champ.

Le gars, à ce fracas, se crut mort. Mais après il reprit un peu d'âme, et il se leva sur ses genoux et il se mit à raconter son histoire à l'ogre, et il sut la raconter si bien et avec tant de larmes que l'ogre se sentit attendrir et dit :

— Je te pardonne, allons, mais à une condition !

— Dites seulement, répondit le gars rassuré, je vous accorde tout, pourvu que vous me laissiez retourner chez ma pauvre femme.

L'ogre dit :

— Voici ma condition : Prends dans mon jardin autant de persil qu'il t'en faut pour entretenir ta femme. Elle mangera du persil tout frais et accouchera d'une belle créature toute fraîche ; mais, quand elle sera accouchée, cette créature, j'en veux la moitié pour moi, car elle devra servir pour mon déjeuner.

— Tope ! que votre plaisir soit fait, répondit sans y penser le paysan. Et puis, ayant rempli de persil son sac, plus mort que vif, se tenant à peine sur ses jambes, il retourna dans sa maison.

La femme en le voyant ainsi tout défait, eut à bon droit des soupçons et voulut savoir ce qui était arrivé à son mari. Il lui raconta toutes les disgrâces qui lui étaient tombées dessus. La femme s'écria :

— Ah ! malheureux, qu'as-tu promis ? Donc la créature, il faudra l'écarteler en deux morceaux ?

— J'aurais voulu voir, si tu avais été là et qu'il t'eût voulu jeter dans une chaudière pour te manger après bouillie, ce que tu aurais fait ? Quand nous sommes loin du danger, il est aisé de faire les braves. Mais là, sous le fer, même les braves se mettent à l'abri. Allons, ne pensons pas tant au mal, quand on a du temps devant soi, et que la fortune peut changer.

La femme, à ces mots, se calma, et puis il n'y avait pas de remède. Et alors ils prirent la résolution d'aller de l'avant sans se décourager, si bien que tous les jours le gars allait chez l'ogre pour prendre du persil tout frais, et sa femme engraissait ainsi à vue d'œil, alerte et fortifiée. « Le temps est galant homme » disaient-ils. Vint le jour des couches, et la femme mit au monde une fille à cheveux blonds qui était vraiment une grande beauté à voir avec ses petits yeux ouverts et pétillants. Voilà qu'on frappe à la porte.

— Qui est là ?

— Ouvrez, je suis l'ogre. Est-ce que vous avez oublié notre pacte ?

Figurez-vous l'abattement de ces deux parents

désespérés. Mais l'ogre sort une hachette aiguisée, puis il prend la petite par un pied, donne l'autre à sa femme et puis lève le bras avec le fer pour fendre en deux la créature. A cette vue, la mère ne put se tenir : elle saute à bas du lit et se jette à genoux et se met à hurler et à pleurer comme une âme damnée :

— Ne me la partagez pas ! ne me la partagez pas ! Prenez-la plutôt toute entière : au moins ne la verrai-je pas abîmée ainsi !

L'ogre dit :

— Je l'accepte ; je la prendrai toute pour moi, mais pas tout de suite. Je vous la laisse à garder, bien plus, je vous paierai tous les frais pour votre peine. Puis, quand la bambine sera grande, je l'emmènerai avec moi et j'en veux faire une pitance friande. Donc adieu, c'est une affaire entendue, à nous revoir !

L'ogre et sa femme retournèrent chez eux et tinrent parole, parce que tous les mois ils envoyèrent aux parents de la petite une belle somme d'argent, et des effets d'habillement, et de bonnes choses de choix pour manger. Mais, quand la fillette eut cinq ans, l'ogre vint la prendre, et tout fut inutile ; il la voulut avec lui de toute façon. Et quand il l'eut emmenée dans sa maison, il l'enferma pour l'engraisser dans une chambre au haut d'une tour où il n'y avait pas d'escalier pour y monter. Et puis il dit à la Cathò :

— Garde-la bien, que rien ne lui manque. Aie bien soin que personne ne la voie et qu'elle ne s'échappe point quand je serai dehors pour mes affaires.

Et pour pouvoir l'appeler, il lui donna le nom de Persillette.

Donc la Persilletto enfermée là-haut dans cette chambre croissait toujours plus belle et, comme celle qui la gardait était la Cathò, elle l'appelait maman. Et quand la Cathò voulait monter à la tour pour lui tenir compagnie, elle appelait d'en bas :

— Persillette ! Persillette ! jette en bas tes tresses et tire en haut ta mère !

Et Persillette laissait pendre ses tresses de la fenêtre et la tirait dans la chambre. Un jour la Cathò lui dit :

— Peigne-moi, Persillette.

Aussitôt Persillette prit un peigne et se mit à peigner la Cathò. La Cathò disait pendant ce temps :

— Qu'y trouves-tu, Persillette ?

— Bah ! que voulez-vous ? J'y trouve bien des poux.

— Bien ! Persillette, sais-tu ce que tu as à faire ? dit la Cathò, prends-les, ces poux, et mets-les dans le creux d'un roseau. Ils pourront te servir quelque jour, parce qu'en soufflant dans le tuyau, on les disperse au dehors, et un grand buisson pousse où ils tombent.

Et la Persillette fit comme voulait sa maman. Une autre fois, la Cathò hurla du rez-de-chaussée de la tour :

— Persillette ! Persillette ! jette en bas tes tresses et tire en haut ta mère.

Et quand elle l'eut tirée en haut, la Cathò dit :

— Si j'avais besoin de rester quelque temps hors d'ici, est-ce que tu saurais te faire à manger ?

— Moi, non, répondit Persillette ; et puis où sont les choses à manger et le bois pour les cuire ?

La Cathò dit :

— Il y a remède à tout. Prends ici, je te donne

cette baguette enchantée et demande ce qui te fera plaisir, tu seras contentée à l'instant même.

Après, elle lui dit adieu et sortit de la maison pour rester quelque temps dehors à faire ses affaires.

Un matin, tout à coup, Persillette entendit qu'on l'appelait du bas de la tour :

— Persillette ! Persillette ! jette en bas tes tresses et tire en haut ta mère.

Elle pensait que c'était la Cathò, mais quand elle eut tiré en haut avec ses tresses, elle s'aperçut que c'était un beau jeune homme, un fils du roi. Gare l'amorce à côté du feu ! Ils s'enamourèrent au moment même et restèrent ensemble la nuit aussi. Le lendemain voici la Cathò :

— Persillette ! Persillette ! jette en bas tes tresses et tire en haut ta mère.

Figurez-vous quelle confusion pour ces deux pauvres amoureux ! Comment faire ? comment faire ? Parce que, si Cathò les trouvait ensemble, qui sait comment la chose aurait tourné pour eux ?

— Pas de crainte, j'ai le remède, dit Persillette.

Et ayant pris dans un coin la baguette, elle changea en fagot le fils du roi. Après elle descendit les tresses et fit monter sa mère. A peine la Cathò fut-elle entrée dans la chambre qu'elle voit tout de suite le fagot.

— Oh ! ce qui est là, à quoi cela sert-il ?

— Oh ! à quoi cela sert-il ? A cuire de quoi dîner, répondit Persillette. Est-ce que vous ne vous rappelez pas que vous m'avez donné la baguette pour subvenir à mes besoins quand vous n'y êtes pas ?

La Cathò dit :

— Oui, oui, tu as raison. Bravo, ma fillette. Donc fais les choses comme il faut, parce que je m'en retourne. Et je dois rester plusieurs jours dehors. Adieu, adieu.

Et elle s'en va pour rester quelque temps dehors à faire ses affaires. Après trois ou quatre matinées, voilà que revient Cathò.

— Persillette ! Persillette ! jette en bas tes tresses et tire en haut ta mère.

Mais Persillette, avant de la tirer en haut, changea le fils du roi en petit cochon.

La Cathò dit :

— Oh ! le joli petit cochon ! Qui te l'a donné, cet animal ?

— Votre baguette, répondit Persillette : est-ce que vous ne vous rappelez pas vos enseignements ? Je l'ai pour me tenir compagnie, afin de ne pas rester toute seule quand vous n'y êtes pas.

La Cathò dit :

— Bravo, ma fillette ! Conduis-toi toujours bien, sais-tu ? Mais il faut que je te quitte, parce que j'ai encore à faire dehors. Adieu, adieu !

Et elle sort pour ses affaires. Quand la Cathò fut sortie, Persillette fit redevenir homme le petit cochon. Et ils décidèrent entre eux de se sauver ensemble. Mais Persillette avait peur que les meubles de sa chambre ne se missent à l'espionner, parce qu'ils étaient tous enchantés. Elle se met donc en tête de les rendre bons pour elle. Elle dit aussitôt à la baguette :

— Je veux une belle chaudière pleine de macaroni.

Et quand le macaroni apparut dans la chambre, Persillette en donna une cuillerée à chaque meuble : une au lit, une aux chaises, une au miroir, en somme à tous ; mais elle oublia la caisse aux balayures. Persillette et le jeune homme se laissèrent glisser de la fenêtre, et en route! à toutes jambes, à travers champs.

Laissons-les courir de cette façon et revenons à la Cathò. Elle rentrait avec l'ogre son mari, et quand elle fut à la maison, elle hurla comme d'habitude :

— Persillette ! Persillette ! jette en bas tes tresses et tire en haut ta mère.

Le lit répond : — Je ne puis, je suis au lit.

La Cathò dit : — Dépêche-toi, ne me fais pas attendre.

La chaise répond : — Je ne puis, je suis sur la chaise.

La Cathò reprend :

— Oh ! qu'as-tu ce matin que tu es si paresseuse ! Dépêche-toi, allons !

Le miroir répond : — Je me regarde au miroir.

En somme, tous les meubles, les uns après les autres, les outils et les serrures de la chambre trouvaient des biais pour ne pas dénoncer Persillette, qui s'était sauvée avec son jeune gars. Seulement la caisse aux balayures se mit à brailler :

— Ce n'est pas vrai ! ce n'est pas vrai ! Persillette n'y est plus, elle est par les champs avec son bon ami qui l'emmène.

A ce discours, la Cathò et l'ogre, figurez-vous dans quel état ils demeurèrent. La Cathò dit :

— Cours, mon homme, cours ! Avec tes grandes jambes, tu la rejoindras en deux sauts. Oh ! coquins ! *Ils me l'ont faite* (ils m'ont joué.)

Et pendant que l'ogre poursuivait ces deux malheureux, la caisse aux balayures goguenardait :

— Pauvre maîtresse ! vous l'avez vu, le fagot ? vous l'avez vu, le petit cochon ? C'était lui, son bon ami ? Et vous ne vous en êtes pas doutée. Tous ont eu des macaroni pour vous dire des mensonges ; à moi rien, et les mensonges, je ne vous les dis pas.

Et la Cathò, en entendant raconter comment s'en était allée Persillette, ne pouvait se calmer, ne pouvait pas. Cependant l'ogre, à force de courir, était arrivé à les voir de loin, Persillette et son jeune homme, et s'aventurait à les rejoindre et à les rattraper. Persillette dit :

— Giannino, je sens un froid dans le dos.

— Mets ton châle, dit-il.

Persillette répond :

— C'est pour sûr mon père ; s'il nous prend, pauvre nous!... Mais attends, je vais l'arranger.

Et en parlant ainsi, elle tire de son giron le roseau avec les poux et souffle dedans contre l'ogre, si bien que pousse un buisson démesurément haut et large qui paraissait une forêt d'épines. Et quand l'ogre y fut arrivé, il ne vit plus rien, et il ne put passer à travers, et il dut rebrousser chemin. La Cathò lui dit :

— Eh bien donc ?

L'ogre dit : — Quand j'étais sur le point de les attraper tous les deux, ils me sont disparus, parce que j'ai trouvé un buisson d'épines qui fermait toute la route, et il n'y avait point de trou pour passer outre.

La Cathò s'écrie : — Oh ! moi, malheureuse ! C'est moi qui lui ai appris ces maléfices. Ce sont mes poux du roseau. Cours, cours, mon homme ! tu es toujours à temps pour les rejoindre.

Et l'ogre partit. Et après un bon moment, voilà qu'il revit Persillette avec son bon ami qui marchaient. Persillette dit :

— Giannino, je sens un froid dans le dos.

— Couvre-toi mieux, dit-il.

— C'est que c'est mon père, c'est l'ogre qui est derrière nous. Mais j'ai encore un remède.

Et avec la baguette enchantée elle se changea en église, et son jeune homme était le prêtre qui se préparait dans la sacristie pour dire la messe. Elle fit ensuite apparaître un petit garçon qui gardait les moutons sur le pré, devant l'église. Voici que l'ogre arrive, et il demanda aussitôt à ce gardeur de moutons :

— Dis donc, valet, as-tu vu deux (jeunes gens) qui étaient ensemble, un garçon avec une fille ?

Et le gardeur de moutons : — Galant homme, on va dire la messe, et je n'ai pas de temps à perdre. Si vous voulez l'entendre aussi, vous, venez à l'église.

L'ogre dit : Je te demande si tu as vu passer par ici deux (jeunes gens) ensemble, un garçon et une fille bras dessus, bras dessous ?

Le gardeur de moutons dit : — Avez-vous entendu ? on a sonné la messe. Voici le prêtre qui monte à l'autel. Si vous voulez aussi venir à l'église, dépêchez-vous. J'y vais, moi, adieu.

Pour abréger, l'ogre ne put savoir la moindre chose et pensa qu'il valait mieux s'en retourner chez lui. Allez, il n'avait pas de malice ! Quand la Cathò voit son mari sans personne et qu'il lui raconte l'histoire de l'église, du prêtre et du garçon qui gardait les moutons dans le pré, elle s'écria toute rageuse :

— Oh ! mameluc d'homme ! tu ne t'es pas aperçu que l'église était Persillette et que le prêtre était son jeune gars ? Elle a fait cette transfiguration avec ma baguette enchantée dont je lui fis cadeau comme une brute que j'étais. Cours, mon homme ! rejoins-les et ne te laisse plus battre par des tromperies.

À ces mots de la femme, l'ogre se mit à courir de nouveau après Persillette. Ayant fait beaucoup de milles, il la vit marcher sur la route, toujours avec son bon ami. Persillette dit :

— Giannino, je me sens froid dans le dos. Pour sûr, c'est l'ogre, comme d'habitude, et pauvres nous, s'il nous prend aux cheveux. Vite, vite, cachons-nous !

Et au moment même, avec sa baguette enchantée, elle fit apparaître un lac, et tous les deux plongèrent. Si bien que Persillette devint une vandoise (*lasca*) et Giannino, fils du roi, un beau brochet. Et ils nageaient dans l'eau à n'en plus pouvoir. En deux sauts, l'ogre arriva au bord du lac et dit :

— Cette fois, vous ne m'échapperez pas, je vous ai reconnus !

Et pour mieux les attraper avec ses grosses mains, il se jeta tout droit dans le lac. Mais ce fut inutile ; il prenait le brochet, et le brochet lui glissait entre les doigts, il prenait la vandoise, et elle filait de même. On sait, les poissons de leur nature sont tout gluants et ne restent pas dans la main. Si bien que l'ogre sortit de l'eau fort mal en point, et puis il dit à ces poissons :

— Je vous maudis ! Et toi, que j'avais élevée comme une fille, je te maudis la première. Sois maudite de moi, et lui, ton damoiseau,

> À l'auberge il te laissera
> Et plus à toi ne pensera
> Quand sa mère l'embrassera.

Il s'en fut ensuite sans se retourner ni à droite ni à gauche.

Quand Persillette et le fils du roi furent rentrés

dans leur premier état et comme ils étaient à peine à cinq milles de la ville royale, le jeune homme dit :

— Ecoute, Persillette, je ne peux te conduire comme nous sommes au palais de mon père. Il faut que je fasse savoir à la cour que j'ai trouvé une épouse, et que je vienne te chercher ensuite avec la voiture et les gardes, comme il sied à une princesse, et que tu sois habillée en dame. Je te laisserai donc ici à l'auberge et dans trois jours au plus je serai de retour, comme je te l'ai dit.

Persillette dit : — Faites votre paix, car moi je m'en tiens à ce que vous commandez ; mais rappelez-vous que votre mère ne vous baise pas, parce que l'ogre, vous le savez, nous a donné ce vilain avertissement et nous a maudits.

— Bah ! bah ! n'aie crainte, Persillette, lui répondit Giannino, je ne me laisserai pas baiser par ma mère.

Et après l'avoir recommandée à l'hôtelier, le fils du roi partit pour la cité. A la cour, quand Giannino entra au palais, ce fut un tel vacarme et une telle fête que les gens accoururent pour voir ce qui était arrivé.

— Bienvenu ! Bienvenu ! Il y avait tant de mois qu'on ne savait où vous étiez ; si vous étiez mort ou vif. On était en peine, savez-vous ? Même votre papa et votre maman.

Ces propos étaient tenus à Giannino pendant qu'il montait l'escalier du palais. Sur le palier vinrent à sa rencontre le roi et la reine, les larmes aux yeux. Mais il n'y eut pas moyen qu'il se laissât baiser par sa mère. Et elle était à demi désespérée et ne pouvait prendre son parti que son fils eût si peu de cœur. Lui cependant lui dit pour l'adoucir qu'il avait une raison et qu'elle lui pardonnât, parce que plus tard, quand il serait temps, il se laisserait embrasser tant qu'elle voudrait. En somme, les compliments finis, ils se mirent à souper et, pendant qu'ils mangeaient, Giannino raconta sa vie, et qu'il avait trouvé une belle épouse, et qu'il irait la chercher à l'auberge avec toute la cour, et avec la voiture et les chevaux du roi.

Et ensuite, quand ce fut tard, car ils restèrent longtemps à table, les serviteurs les accompagnèrent chacun dans sa chambre pour dormir.

A peine le soleil fut-il levé, la reine, qui n'avait pu fermer l'œil de toute la nuit par le chagrin qu'elle avait de ce que son fils n'eût pas voulu se laisser embrasser par elle, alla en pantoufles dans la chambre de Giannino qui dormait encore comme une taupe, et, sans même l'éveiller, elle lui sauta au cou et le baisa autant qu'elle voulut. A cette embrassade, Giannino se réveilla, vit sa mère, lui rendit ses baisers et, en attendant, il oublia bel et bien son épouse Persillette. Et ainsi passèrent trois jours, passèrent trois mois sans qu'il pensât jamais à sa promesse et à cette pauvre abandonnée qui l'attendait toujours à l'auberge. Cependant la reine songea à lui donner une femme, et on trouva pour lui une fille de roi, et l'on avait déjà commencé à faire les préparatifs des fêtes pour les noces. Et les bans furent publiés dans tous les pays du royaume.

Revenons maintenant à Persillette restée ainsi toute seule dans une auberge et qui se consumait de chagrin.

— Pauvre petite, se disait-elle, pour sûr, Giannino s'est laissé baiser par sa maman ; aussi m'a-t-il oubliée. Hélas ! qu'ai-je à faire ?

Figurez-vous si elle pleura, la malheureuse, quand

elle entendit publier le mariage du fils du roi. Cependant il lui vint à l'esprit d'éprouver sa baguette enchantée et elle fit apparaître deux beaux pigeons, un mâle et une femelle, qui tous les deux parlaient comme des chrétiens. Elle les envoya discourir sur la fenêtre de la chambre de son jeune homme pendant qu'il serait au lit. Donc les pigeons s'étaient mis là, sur la saillie de la fenêtre, et le mâle faisait semblant de ne pas faire attention à sa compagne, et celle-ci lui disait :

— Ne te souvient-il pas quand tu volais là-haut dans cette tour où j'étais enfermée? Et je te mis dans mon nid.

Et le mâle : — Oui, oui, maintenant il m'en souvient.

Et la femelle de nouveau : Et ces jours où je te changeai en fagot, ensuite en petit cochon pour que maman ne pût te reconnaître, et quand on fit des macaroni et qu'on les donna à tous les meubles, excepté à la caisse des balayures, et qu'ensuite on se sauva ensemble, ne t'en souvient-il plus?

Et le mâle : — C'est vrai, c'est vrai. Maintenant il m'en souvient.

Et la femelle de continuer : — As-tu donc oublié quand on était nous deux sur la route et que l'ogre nous courut après par trois fois, et moi d'abord je fis apparaître un buisson d'épines et puis on se changea nous deux en une église avec toi dedans, qui disais la messe, et le petit gardien de chèvres dans le pré ; et puis on devint deux beaux poissons au milieu d'un lac et que l'ogre nous maudit?

Le mâle dit : — Oui-da, toutes ces choses me reviennent à la mémoire.

Et la femelle : — Et que l'ogre me dit :

> A l'auberge il te laissera
> Et plus à toi ne pensera
> Quand sa mère l'embrassera.

Et que toi effectivement tu m'as laissée à cette auberge, avec la promesse que tu reviendrais me prendre au bout de trois jours au plus. Ne t'en souvient-il plus, mon époux ? C'est donc que ta mère t'a baisé ?

En entendant ces propos des deux pigeons, le pauvre prince devint songeur, et se mit à repenser à sa vie passée, et finit par se souvenir de toutes choses et de Persillette qui l'attendait à l'auberge depuis si longtemps, si bien qu'il saute à bas du lit comme un diable, tire toutes les sonnettes et se met à hurler pour faire venir tous les domestiques avec son papa et sa maman. Au tapage qu'il faisait, on accourut pour voir ce qui était arrivé et Giannino se mit à raconter les propos qu'il avait entendus des pigeons sur la fenêtre, et que c'étaient eux qui lui avaient rendu le souvenir de sa femme Persillette, abandonnée à l'auberge à cause des baisers de la reine et des malédictions de l'ogre.

— Vite, dit-il, qu'on aille avec les voitures chercher ma Persillette.

Sans retard, on attela les chevaux et toute la cour alla chercher Persillette. Ils la portèrent en triomphe au palais où l'on fit les noces avec de grandes fêtes, des carrousels et des dîners. On invita toutes les personnes du royaume. Ainsi finirent les peines de Persillette, et elle resta avec son époux joyeuse et contente, aussi longtemps qu'elle vécut.

Il y a une autre version de ce conte écrite par

Celio Malespini, auteur assez prolixe, beau diseur et s'attardant aux sentences.

Un roi d'Égypte a si longtemps offensé la Providence qu'il devient lépreux. Il convoque tous les médecins de son royaume et leur ordonne de le guérir. Comme ils n'y ont pas réussi au bout de trois jours, ils sont mis sous clé et attendent le supplice; mais l'un d'eux, le plus vieux, le plus obscur, s'avise d'un remède infaillible. Il faut trouver un jeune homme de sang royal et lui couper les veines: le roi se baignera dans le sang du prince et guérira. C'est cruel, mais la raison d'état! Il s'agit de sauver le trône. Des pirates sont envoyés sur la mer. L'un d'eux va droit en Italie et enlève le jeune Terminion, fils du roi de Sicile. Le lépreux ne se sent pas de joie et demande que Terminion soit saigné sur-le-champ.

— Non, dit le médecin, ce jeune homme a eu trop d'émotions, son sang échauffé ne vous ferait que du mal. Attendez au printemps, d'ici là traitez-le bien, rendez le frais et gaillard et promettez-lui Pirinie, votre fille.

Le roi y consent, Pirinie et Terminion sont mis en présence et deviennent amoureux l'un de l'autre. La princesse est informée du sort qui est réservé au prince; elle se tait cependant jusqu'à la dernière heure. Alors seulement elle l'instruit du péril et le sauve. A l'aide d'un talisman qui les rend invisibles, les fiancés, à tire-d'aile, descendent le Nil. A l'aide d'un autre talisman, Pirinie qui est magicienne a endormi la reine sa mère. La reine, également magicienne, se réveille et court à la poursuite des fugitifs. Au moment de les atteindre, elle a ses deux mains coupées par le glaive étincelant de Terminion ; elle lance alors contre les fiancés la malédiction de l'Ogre : Pirinie sera délaissée et oubliée si Terminion reçoit le baiser d'une autre femme. A partir de ce moment, la nouvelle suit le conte. Le prince arrive en Sicile et laisse sa fiancée dans une auberge pour se rendre à la cour et revenir la chercher avec une pompeuse escorte de dames et de chevaliers. Mais pendant son sommeil il est embrassé par sa mère, et il oublie aussitôt l'Égyptienne; il est sur le point d'épouser la première princesse qui est offerte à son choix. Le dénoûment de la nouvelle est plus compliqué que celui du conte; nous n'y trouvons pas le duo poétique entre les deux pigeons. Pirinie se rend à la cour où elle traite assez mal trois chevaliers un peu entreprenants. Elle comparaît devant le roi qui doit la juger et, sans nommer personne, elle lui raconte son histoire. Puis elle jette en l'air son anneau en annonçant qu'il retombera au doigt de l'époux qui l'a délaissée. L'anneau retombe naturellement au doigt de Terminion qui reprend aussitôt la mémoire, et les deux époux rendus l'un à l'autre finissent par aller en Égypte, « où ils vivront de longues années royalement et allégrement. »

Telle est la nouvelle littéraire. Mais comme le conte est plus intéressant ; comme le récit court plus vite, avec toute l'aisance et avec toute la liberté de ses mouvements, quand il ne vise pas au beau style oratoire ! Nous ne pouvons rendre en français avec nos naïvetés cherchées et nos incorrections voulues la saveur et le parfum du dialecte toscan dont la grâce familière efface toutes les élégances de l'art. Tout au plus avons-nous pu garder la simple et franche allure de l'original. Luisa Ginanni, la plébéienne des environs de Pistoie qui a dicté ce récit, nous paraît avoir atteint l'idéal du genre : elle dit tout, vite et bien, sans bavardage et sans sécheresse, et que de choses dans ce récit! que de réminiscences venant de partout et attestant encore une fois les origines communes de tant de nations qui se croient aujourd'hui divisées par des haines de race! Il y a le jugement de Salomon, la baguette de Circé! Il y a le poétique tableau de la jeune fille laissant tomber du haut de sa fenêtre les longues tresses de ses cheveux pour faire à celui qu'elle aime une échelle de soie et d'or. Les contes du moyen âge et de l'Orient ramènent volontiers cette scène merveilleuse et touchante. On la retrouve dans des chansons grecques et dans les *fiabe* de tous les pays Italiens. Pareillement la malédiction de l'ogre accompagnée d'une cantilène qui donne le frisson est un ressouvenir des nénies antiques, ces nénies ont elles-mêmes passé le Gange avec les Aryens. M. Max Müller a dû être heureux s'il a lu en toscan le conte de Persillette.

IX

MÉMOIRE SUR LA JETTATURA — LA JETTATURA DANS L'ANTIQUITÉ GRECQUE ET LATINE — L'OPINION DE METRIUS FLORUS — LA JETTATURA DANS LA LOI DES XII TABLES — LA JETTATURA DE LA VOIX, DES YEUX, ETC — LES ANCIENS PRÉSERVATIFS CONTRE LE MAUVAIS OEIL.

Faut-il ranger la *Jettatura* parmi les contes de nourrice ? Les esprits forts disent que oui, nous disons que non. Nous allons pourtant traiter le sujet à fond, pour confondre les esprits forts.

On raconte qu'Aulu-Gelle étant arrivé à Brindisi trouva sur le port quelques manuscrits très anciens qu'il acheta parce qu'ils n'étaient pas chers. Il emporta chez lui ces volumes et les parcourut avec le plus vif intérêt durant plusieurs nuits. Il y apprit bien des choses, entre autres celle-ci, qu'il existait en Afrique beaucoup de familles qui, avec des paroles louangeuses, menaient à mal les enfants, ravageaient les vertes campagnes, abattaient les chevaux superbes, et qu'il existait en Illyrie des hommes dont les yeux exerçaient une désastreuse fascination. On trouvera le détail de ces faits au chap. IX des *Nuits attiques*.

Or nous avons eu la même fortune qu'Aulu Gelle, non pas à Brindisi, au bord de la mer Adriatique, mais à Genève, au N° 84 de la rue du Marché. C'est là qu'un homme de bien, M. Autran, rassemble depuis quatorze années tous les vieux papiers de la ville pour les vendre aux industriels qui fabriquent pour nous de belles feuilles blanches. Le produit de cette vente est employé à entretenir des ouvroirs, des ateliers, des agences qui procurent du travail aux pauvres gens. Dans ces quatorze années, M. Autran a pu recueillir ainsi deux mille soixante-deux quintaux de papier qui, sans lui, auraient été perdus pour tout le monde et qui, grâce à lui, ont déjà rapporté plus de 19000 francs à de pauvres femmes qui n'ont plus faim.

Quantité de Genevois ont des sacs qu'ils remplissent pour M. Autran, qu'ils bourrent de lettres, de journaux, de prospectus, de toutes les paperasses inutiles. La plupart des brochures courantes y passent; rapports de sociétés ou de compagnies diverses, thèses de juristes ou de théologiens, comptes-rendus annuels d'associations très-loquaces, polémique pour ou contre le catholicisme libéral, etc., etc., mais dans tout ce fatras il se trouve parfois des publications intéressantes; aussi allons-nous de loin en loin bouquiner chez l'excellent philanthrope dont les livres, comme ceux que put acheter Aulu-Gelle, ne sont jamais trop chers.

Or un jour un petit volume écrit en italien nous tira l'œil. Les premières pages en étaient déchirées et nous n'en pûmes connaître ni le titre ni l'auteur. C'était un docte traité sur le *fascinum* des latins et sur la *jettatura* moderne. Nous passâmes plusieurs nuits, comme Aulu-Gelle, à déchiffrer ce précieux document. Il nous parut d'abord que ce devait être un fragment du grand ouvrage de Valletta dont parle Alexandre Dumas dans son *Corricolo*. Il va sans dire qu'Alexandre Dumas n'a jamais lu le livre de Valletta ; mais son collaborateur Pier-Angelo Fiorentino, qui était Napolitain et qui avait beaucoup de lecture, devait connaître ce remarquable auteur. Nicola Valletta fut un jurisconsulte, un philosophe, un professeur, un poète et un homme d'esprit qui vécut au commencement de ce siècle et laissa des discours, des chansonnettes, des traductions d'Horace, des psaumes en patois napolitain et quantité de gros livres de droit : il croyait à la *jettatura*, sur laquelle il a écrit, paraît-il, un ouvrage considérable, un in-folio de 600 pages, à ce qu'écrit Alexandre Dumas sous la dictée de Fiorentino. Aussi ne pouvons-nous croire que le petit livre égaré chez M. Autran, bien qu'il contienne tout ce que dit le *Corricolo* et beaucoup d'autres choses encore, ne soit qu'un extrait du grand ouvrage de Valletta : c'est un traité complet, bien qu'il ne mesure que 120 pages.

Quoi qu'il en soit, nous allons faire comme Aulu-Gelle et donner aux lecteurs patients un abrégé de cet abrégé qui contient cependant tant de matière. Nous y ajouterons çà et là quelques faits nouveaux résultant de nos observations, de nos recherches personnelles et nous n'aurons pas fait une œuvre inutile si nous arrivons à ébranler le préjugé tenace qui empêche de croire au mauvais œil.

Il s'agit avant tout de prendre la question au sérieux et de ne pas se laisser influencer par les ricanements des sceptiques. *Plus negare potest asinus quam probare philosophus*, a dit sagement la grammaire de Lhomond. Nier les faits qu'on ne peut comprendre et s'expliquer est souvent le signe d'une grande médiocrité d'esprit et d'une déplorable sécheresse d'imagination. Lorsque Hamlet, qui était un penseur érudit et qui avait étudié à l'université de Wittenberg, eut vu apparaître le fantôme de son père, il dit sincèrement à Horatio : « Il y a plus de choses dans le ciel et sur la terre que n'en rêve votre philosophie. »

Il convient aussi, pour rassurer les esprits inquiets, d'écarter de notre dissertation les influences surnaturelles. Plus d'un auteur mystique appelle fascination une illusion magique des sens qui trouble nos yeux et leur montre des choses qui ne sont pas, en vertu d'un pacte tacite entre les hommes et le démon. C'est le diable qui, dans l'opinion de ces rêveurs, offense les hommes par son regard malfaisant en répandant autour de lui dans l'air des émanations pernicieuses. Il ne s'agit point ici de magie noire ou blanche, ni de communication avec ces êtres insaisissables, les fées, les elfes, les lutins ou les gnomes qui flottent entre le ciel et l'enfer. Un homme d'une sagesse incontestable, Scipione Maffei dans son *Arte magica annichilata*, III, 6, a démontré que depuis la rédemption du genre humain, le démon a perdu la faculté de secourir celui qui l'invoque. Nous avons aussi pour nous les *Décrets* du célèbre Burchard dit Brocart qui fut, comme on sait, précepteur de Conrad le Salique et évêque de Worms. Ce jurisconsulte acquit une telle autorité qu'il suffisait, dans les disputes de l'école, d'alléguer une de ses sentences pour terrasser un adversaire. De là vient le nom de *brocart* qui désignait dans l'origine une de ces réflexions auxquelles on ne réplique pas. Eh bien! nous trouvons dans la collection de *Décrets* de Burchard, au livre XIX° des *Canons pénitentiaux romains*, l'arrêt suivant que nous traduisons pour ne pas mettre trop de latin dans le présent mémoire :

« Si jamais tu as cru ou si tu as été complice de cette perfidie, que les enchanteurs et ceux qui se disent promoteurs de tempêtes puissent, par l'incantation des démons, ou soulever des tempêtes ou changer les esprits des hommes; si tu as cru cela, si tu en as été complice, tu feras aux fêtes légales une pénitence d'un an. »

Les influences infernales étant donc écartées, qu'entendons-nous par fascination, en latin *fascinum*? C'est d'abord, si l'on veut, un entraînement par lequel les esprits se laissent conduire: l'effet produit, par exemple, par la parole de Mirabeau, par le style de Mme Sand : « Ne nous abandonnons pas, a dit Ed. Quinet, à la fascination énervante de ce faux idéal qui du haut du Vatican plane sur toute la race romane. » C'est une lésion qu'on porte à autrui, souvent par haine ou par amour au moyen du regard, de la voix, du toucher, ou de n'importe quelle action du corps nuisible. Quelques anciens auteurs y ajoutaient l'influence des étoiles, mais c'est là tout un monde supra-terrestre dans lequel il ne nous convient pas d'entrer.

Nous appelons *jettatura*, en attribuant à ce mot le sens le plus large, toute espèce de dommage que l'homme puisse souffrir dans sa personne ou dans ses intérêts par l'influence mauvaise d'autres hommes. *Jettatura* vient du napolitain *jettare*, en toscan *gettare*, jeter. Inutile d'expliquer plus longuement l'étymologie du mot, nous disons de même en français « jeter un sort. »

Quant au *fascinum* des latins, les uns l'on fait venir de ces écharpes ou bandelettes (*fasciæ*) qui étaient en général de trois couleurs et que les fascinateurs malfaisants employaient même au temps de Virgile.

> Terna tibi hæc primum triplici diversa colore.
> Licia circumdo....

A cette conjecture, d'autres scoliastes opposent l'opinion de Festus. Nul n'ignore, en effet, que Festus veut que *fascinum* dérive de *fando*, par la raison qu'aux temps anciens les gens de foi croyaient que certaines paroles, des vers, par exemple, des sentences pouvaient apaiser les orages, adoucir les cœurs, guérir les maladies, endormir les serpents, que sais-je encore ? même en français « chanter » et « enchanter, » sont à peu près le même terme et Virgile a pu dire dans sa VIII° églogue :

> Frigidus in prato cantando rumpitur anguis.

On crut donc d'abord que les *chants* pouvaient avoir une action bienfaisante ; on finit bientôt par admettre qu'ils faisaient du mal. Peu à peu les enchanteurs baissèrent la voix, marmottèrent entre leurs dents les paroles maléfiques et finirent par ne plus les laisser entendre du tout ; on reconnut dès lors qu'ils agissaient par le regard. De là, cette expression grecque φάεσι καίνω (je tue par les yeux), d'où les savants d'Allemagne ont fait venir βασκαίνω (j'ensorcelle) et de βασκαίνω *fascinum* ; mais la méthode rigoureuse que nous nous sommes imposée dans ces recherches ne nous permet pas d'accepter sans réserve cette conjecture des philologues d'outre-Rhin. Pourquoi en effet βασκαίνειν ne viendrait-il pas tout simplement de βάσκειν ou de βάζειν qui signifie parler, marmotter des paroles ? d'où *fascinare* et l'ancien mot français « fesner. »

Cette enquête étymologique, dont l'utilité ne peut échapper à aucun lecteur, démontre que la *jettatura* est de la plus haute antiquité. Un jour que Plutarque soupait chez Metrius Florus (voir les *Symposiaques*, livre V, quest. 7), « plusieurs convives parlaient avec admiration de ceux qui charment et qui ont l'œil ensorceleur (nous prenons les termes d'Amyot); les autres passaient la chose en risée et moquerie, mais Metrius Florus dit que les effets qu'on en voyait aidaient merveilleusement au bruit qui en était et qu'il n'était pas raisonnable que, si l'on ignorait la cause d'une chose faite, on la mécrût pour cela, attendu que d'une infinité d'autres choses qui réellement sont en essence, nous n'en pouvons comprendre la cause. Car généralement celui qui veut qu'en toute chose il y ait raison apparente, en ôte la merveille parce que là où on ignore la cause, on commence à douter et à enquérir c'est-à-dire à philosopher, de manière que l'on peut dire que ceux qui décroient les choses merveilleuses ôtent toute la philosophie. Mais il faut de telles choses chercher le pourquoi avec la raison. »

Cette opinion de Metrius Florus nous paraît forte et ingénieuse: on peut l'opposer aux sceptiques d'aujourd'hui comme l'amphytrion de Plutarque l'opposait aux sceptiques d'autrefois. « Nous savons et connaissons, ajouta ce philosophe, des hommes qui par regarder fixement de petits enfants les offensent grièvement, parce que la température de leur corps qui est humide et imbécile s'en altère et s'en tourne en pis, là où ils souffrent moins quand leurs corps sont déjà fermes et robustes. » Et Philarchus écrit que certains peuples qui habitaient jadis au royaume du Pont et que l'on appelait les Thébéens étaient « mortels et pestilents, » non-seulement aux jeunes enfants mais aussi aux hommes faits, parce que ceux qui recevaient ou leur haleine ou leurs regards ou leurs paroles se fondaient en langueur et tombaient aussitôt malades... » et tout ainsi comme les ailes des autres oiseaux, quand on les met avec celles des aigles périssent et viennent à néant, parce que les pennes et plumes leur tombent et pourrissent : aussi est-il bien raisonnable que l'attouchement des hommes, d'aucuns soient utile et profitable, et des autres nuisible et préjudiciable. »

Voilà deux faits importants attestés par Pline (Hist. nat., VII, 2 et X, 4) et commentés par des docteurs éminents. (Voir Weckeri *de Secretis*, liv. IV.) Nous n'entrerons pas dans le détail des explications scientifiques par lesquelles Metrius Florus démontre la probabilité de ces deux faits : il nous suffit qu'un homme de cette valeur les accepte et les affirme. Le même philosophe, au même souper, dit encore ceci : « Nous expérimentons souvent le secours que fait à ceux qui ont la jaunisse le regard du loriot, car s'ils le peuvent voir ils guérissent, ayant cet oiseau telle nature et température qu'il attire à soi et reçoit la maladie sortant du patient comme une fluxion par le conduit des yeux. C'est pourquoi les loriots ne veulent jamais regarder une personne qui a la jaunisse ni ne la peuvent endurer et la fuient et s'en détournent, tenant leurs yeux clos de peur de la regarder : non pour envie qu'ils portent à la guérison des malades, comme quelques-uns estiment, mais pour ce qu'ils en sont blessés et offensés eux-mêmes. » C'est là encore un fait constaté par Pline (Hist. nat., XXXVI, 61 ; XXX, 28 et M, 50) et le naturaliste va plus loin : il déclare que les loriots en meurent.

« Voilà pourquoi, disait Metrius Florus, ceux qui hantent et fréquentent avec ceux qui ont mal aux yeux, facilement et promptement prennent le mal, tant la vue a une prompte et légère puissance d'attacher à une autre le principe de quelque contagion. »

Un convive très-sensé, voulant payer son écot du banquet, apporta d'ingénieuses considérations sur les rapports de l'âme et du corps et sur les préservatifs que les Grecs appelaient προβασκανια et « qui avaient force contre l'ensorcellement d'envie détournant le regard maléfique, afin qu'il s'appuyât moins et, pris, eût moins pied sur les patients. »

Un troisième convive, nommé Soclarus, entrant dans la discussion, y amena l'exemple d'un très étrange jetateur qui s'ensorcela lui-même :

> Belles étaient la face et chevelure
> D'Eutelidas, mais trop à sa malcheure
> En l'eau d'un fleuve éblouï les mira,
> Et sa beauté tellement admira,
> Que de ses yeux il se charma soi-même
> En se fondant par maladie blême

Cet Eutelidas, s'étant vu dans une rivière, se trouva si beau et s'affectionna si fort à cette vue qu'il en perdit sa beauté même et son embonpoint.

A ce propos quelqu'un rappela une opinion d'Hippocrate : « L'extrême embonpoint, a dit ce père de la médecine, est fort dangereux et les corps qui sont parvenus jusqu'à une extrême vigueur de bon portement n'y peuvent demeurer, mais penchent incontinent et inclinent vers l'opposite. Quand donc ils sont venus à croître tout à coup, et se voient en meilleur état qu'ils n'espéraient, tellement qu'ils s'en émerveillent et se contemplent, alors leur corps est proche de mutation et tendance selon leur habitude au pire et s'ensorcellent et se charment eux-mêmes. Et cela se fait plus facilement par la repercution de la surface de l'eau que de tous autres miroirs parce que ces images rejaillissent en arrière, à l'encontre de ceux-mêmes qui regardent, tellement que le mal et dommage qu'ils eussent fait à autrui ils se le font à eux-mêmes. »

Mais il est temps de quitter Plutarque en rappelant seulement à quel point l'histoire authentique d'Eutelidas ressemble à la fable de Narcisse. Tous nos lecteurs ont dans la mémoire le passage d'Ovide qui s'y rapporte et ce vers charmant des Métamorphoses :

Quod cupio mecum est, inopem me copia fecit.

Il est donc certain que les Grecs croyaient à la *jettatura* ; qu'ils avaient des préservatifs contre ce fléau ; qu'ils invoquaient contre lui la déesse Némésis, dont l'image pour le même motif fut transportée à Rome et placée au Capitole. Pindare estimait que les envieux jettent de mauvais sorts et un vers de Théocrite nous apprend que pour écarter le maléfice les croyants crachaient trois fois sur leur propre poitrine. Il est permis de conjecturer que ces croyances venaient aux Grecs des Chaldéens et des Égyptiens. Les égyptologues sérieux qui cherchent à scruter le fond des choses ont écrit des pages bien intéressantes sur les chats et les scarabées, talismans qu'on a retrouvés sur les bords du Nil. On connaît les amulettes que serraient les momies dans leurs mains rigides et qui les ont défendues pendant des siècles contre toutes les injures des hommes et des saisons. Les terreurs salutaires qui préservèrent les Chaldéens de tant de malheurs furent aussi connues des Hébreux ; nous en avons la preuve dans le Deutéronome (XVIII, 10) : « Qu'on ne trouve chez toi personne qui exerce le métier d'enchanteur. »

Passons maintenant à Rome où les documents surabondent. Dans ces fragments des lois décemvirales que le temps a laissé parvenir jusqu'à nous, il en est deux que nous recommandons à toute l'attention des paléographes. La loi XIV de la table VII est la suivante :

QUEI. MALOM. CARMEN. INCANTASIT. MALOMQ. VENENOM. FASCIT. DVITVE. PARICEIDAD. ESTOD.

En français : « Les jetteurs et les empoisonneurs sont parricides, » en d'autres termes « subiront la peine de mort. »

Voici en second lieu la loi III de la même table :

QUEI. FRUGES. EICSCANTASIT [1].

C'est-à-dire : « Qu'on livre en sacrifice à Cérès celui qui par des incantations aurait empêché de croître le blé d'autrui, » ou, selon d'autres commentateurs : « l'auraient transporté dans un autre champ. » Les Romains croyaient que des incantations pareilles n'enlevaient pas seulement les moissons et les vendanges, mais arrachaient jusqu'aux dieux tutélaires des autels domestiques où ils étaient vénérés. Il est évident que le collége des augures n'avait d'autre mission que d'annoncer si la *jettatura* contrarierait ou non les entreprises des hommes. Voilà pourquoi les augures regardaient

---

[1] Le texte, que nous tirons du livre de M. Autran, est évidemment complété, restauré et recouvert d'un vernis archaïque. Nous savons néanmoins par les auteurs auxquels nous devons ce qui reste des lois des XII Tables, qu'on trouvait dans celles-ci les expressions : *qui malum carmen INcantassit* et *qui fruges EXcantassit* (Voy. Rud. Schœll *Legis duodecim tabularum reliquiæ*. Leipzig, 1866, et Ph. Ed. Huschke, *Juris prudentiæ anteiustinianæ quæ supersunt*. Leipzig, 1867, in-12.)

l'Orient, recherchaient si l'éclair traversait le ciel ou si la foudre grondait à gauche, ce qui était un signe de bonheur. Mais s'il tonnait à droite, une *jettatura* solennelle menaçait le peuple ou l'homme qui interrogeait l'avenir. Est-il nécessaire de rappeler que les augures inspectaient le vol des oiseaux et assistaient à la réfection des poulets qui annonçaient un avenir heureux quand ils ouvraient un large bec et laissaient tomber leur pâtée? D'autres, les aruspices, les devins, les diseurs de bonne aventure étaient les interprètes très-graves de la *jettatura*.

Il importe ici d'entrer dans quelques détails. Les Romains admettaient différentes espèces de *jettatura* émanant de diverses parties du corps: celle qui se transmet par la voix est indiquée par ces deux vers de Catulle.

> Quæ nec pernumerare curiosi.
> Possint, nec mala fascinare lingua.

Jettateur était celui qui donnait des louanges excessives: les flatteurs étaient funestes et les membres de ces innombrables sociétés d'admiration mutuelle que nous possédons en France auraient été bien suspects l'un à l'autre s'ils avaient vécu dans l'antiquité. Leur influence mauvaise se portait même sur les choses dont ils disaient trop de bien: s'extasiaient-ils devant un anneau qu'on portait au doigt? la pierre risquait fort de se détacher ou même de perdre sa valeur. De là ces deux vers de Virgile :

> Aut si ultra placitum laudarit, baccare frontem
> Cingite, ne vati noceat mala lingua futuro.

C'est le berger Thyrsis qui chante ainsi dans la septième églogue : « Bergers de l'Arcadie, couronnez de lierre un poète naissant, pour que Codrus en crève de dépit, ou, s'il me loue plus qu'il ne convient, ceignez mon front de baccar, de peur que sa langue dangereuse ne nuise au poète futur. »

Voilà pourquoi les Grecs et les Latins avaient soin toujours, au moment d'adresser un éloge, de dire un mot ἀβασκαύτως ou *praefiscini*) qui signifiait : « soit dit sans vous jeter un mauvais sort. » Et l'homme qui venait de recevoir une louange à bout portant avait coutume de tourner la tête, moins pour montrer sa modestie que pour se mettre en garde contre le jettateur. On attribuait tant de puissance aux paroles qu'on croyait que la foudre même obéissait à certaines injonctions. Il y avait des prêtres en Étrurie, et il y en eut à Rome, les *fulguratores*, qui imposaient silence au tonnerre. Le dictateur Jules-César y croyait de toute son âme, si bien qu'après un accident de voiture, effet d'un maléfice, il ne monta jamais dans son char sans marmotter quelques paroles qui devaient le préserver de tout malheur.

Telle était chez les Romains la *jettatura* de la langue. Mais il y avait aussi celle des yeux. Il n'est pas d'écolier qui ne sache par cœur ce vers de Virgile :

Nescio quis teneros oculus mihi fascinat agnos.

Les anciens croyaient surtout dangereux les yeux qui avaient une double pupille. C'est Ovide qui nous l'apprend dans ces deux vers :

Oculis quoque pupilla duplex
Fulminat, et geminum lumen in orbe manet.

Lorsqu'une disgrâce quelconque arrivait à un Romain, on ne manquait pas de lui dire : « Tu as été vu par un jettateur, ou par une jettatrice, ou par une sauterelle : » *Mantis te vidit*, parce qu'on affirmait que certaine sauterelle faisait du mal aux gens qu'elle regardait. C'était surtout l'envie qui offensait par les yeux. De là un ancien usage qui s'est maintenu de nos jours : quand on était à table et qu'on recevait une visite, on offrait au survenant de prendre part au souper, en ajoutant à part, ou même tout haut : *Ne me fascines*. Maintenant encore, dans le midi de l'Italie, si quelqu'un a l'air de regarder avec un œil d'envie la bague que vous portez au doigt ou la chaîne de votre montre, la politesse (ou plutôt la crainte de la *jettatura*) vous oblige à dire : *State servito* (servez-vous), à quoi l'on répond en refusant le bijou (mais il arrive aussi qu'on accepte) : *Troppo ben impiegato* (cette bague ou cette chaîne est trop bien où elle est). Les étrangers ne voient là qu'un échange de courtoisie ; mais qu'on ne s'y trompe pas, ces courtoisies-là viennent d'une foi profonde à la toute-puissance du mauvais œil.

Les anciens craignaient si fort le regard de l'envie qu'ils évitaient de montrer aux autres leurs trésors et leur bonheur. Catulle engageait Lesbie à céler ses tendresses ; et c'est évidemment pour éviter la *jettatura* que Polycrate jeta son anneau dans la mer. Martial a écrit une sentence qu'on ne saurait assez recommander aux sages :

> Immodicis brevis est ætas, et rara senectus,
> Quicquid amas, cupias non placuisse nimis.

Et M. Emile Augier qui a beaucoup étudié les classiques, a dit dans le même sens :

Il faut se faire pauvre à côté d'un voleur.

Les Romains regardaient les Athéniens comme des jettateurs. Le fait est confirmé par un passage très connu d'Elien (*Claudius Ælianus*) parlant de la satire d'Aristophane contre Socrate.

Il y avait une troisième espèce de *jettatura*, celle qui se pratiquait par le toucher : Mithridate, roi de Pont, était accusé et convaincu de ce genre de fascination magnétique.

Nous devrions maintenant, pour être complet, entrer dans le détail des préservatifs connus et pratiqués par les anciens ; mais le sujet est délicat et veut être traité avec une extrême réserve. Tous ceux qui ont lu la mythologie, — j'entends une mythologie pas trop expurgée, — savent l'histoire de Vénus et de Bacchus et la naissance du petit dieu qui présidait à la fécondité des champs, à la prospérité des troupeaux, à l'éducation des abeilles, à la culture des vignes et même à la pêche. C'est à lui qu'on offrait les prémisses des jardins. Or Junon, qui était la jettatrice de l'Olympe, avait jeté un mauvais sort à la mère et à l'enfant : il en résulta des choses que nous n'avons pas à dire, mais aussi ce fait incontesté, que le petit dieu ayant échappé lui-même au maléfice, fut regardé comme le bon génie des champs et des maisons, la divinité qui portait bonheur. C'est pourquoi les anciens plantaient son image sur les bornes et les boute-roues, la dessinaient sur les parois de l'*atrium* et même du gynécée, la brodaient en mosaïque sur le seuil de leur porte ou la sculptaient, comme nous sculptons nos armoiries, sur la façade de leurs palais. Les voyageurs qui se sont promenés dans Pompéi ont trouvé à chaque pas de ces sculptures singulières dont l'une est accompagnée de cette inscription : *Hic habitat felicitas*.

Lorsque Pompéi fut engloutie sous la cendre et le gravier du Vésuve, les habitants s'enfuirent pêle-mêle en emportant ce qu'ils avaient de plus précieux. Plusieurs d'entre eux, des femmes surtout qui s'étaient attardées pour recueillir leurs bijoux, tombèrent asphyxiées dans les rues. Auprès des corps qu'on a retrouvés gisaient les trésors que n'avaient pu sauver ces malheureux : auprès des hommes, des pièces d'argent ou les clés de la maison ; auprès des femmes, des bagues, des bracelets, des colliers, mais surtout des chapelets d'amulettes. Et parmi ces amulettes figurait toujours l'image du petit dieu dont nous avons parlé.

On trouve encore dans Pompéi quantité de reptiles peints qui se déroulent en longs anneaux sur les murs. Ces serpents étaient aussi des préservatifs contre le mauvais sort et contre les mauvaises habitudes des passants. Mais les anciens en connaissaient beaucoup d'autres. D'abord certaines plantes : l'harmale, par exemple, qui est de la famille des rues et qui croît en Syrie, puis la queue des loups :

> Pars caudæ prodesse viris, quos fascina vexat.

Puis encore la peau du front des hyènes, c'est Pline qui signale ce préservatif. Enfin l'oignon, dont la vertu fut reconnue même après l'établissement du christianisme. On croyait que le diable craignait ce bulbe sphérique dont on coiffe encore aujourd'hui les églises grecques, par la raison que la ciboule, de même que le diable, avait été vénérée comme un dieu dans l'antiquité.

Nous avons déjà parlé du *bacca* ou *baccharis* recommandé par Virgile. C'est une racine odoriférante appelée vulgairement gant de Notre Dame, parce qu'elle empêche la propagation des mauvais esprits répandus par les louanges excessives : elle ferme, a-t-on dit, la porte de la fascination. Démocrite d'Abdère portait sur lui comme talisman la pierre *catochite*; les chasseurs avaient coutume de casser un rejeton de chêne. D'autres, nous le répétons, crachaient trois fois sur eux-mêmes ou humectaient de salive leurs lèvres et leur front. De là le fameux passage de Perse. (II⁰ satire :)

> Ecce avia, aut metuens Divum matertera cunis
> Exemit puerum, frontemque atque uda labella
> Infami digito, et lustralibus ante salivis
> Expiat, urentes oculos inhibere perita[1].

Seulement certains auteurs affirment qu'il fallait cracher à jeun. Il y avait aussi des paroles mystérieuses, des formules sacramentelles, des vers fescennins qui écartaient l'enchantement ; certains bruits dont Rabelais eût donné le détail ; enfin des amulettes qui servent encore : la corne de chèvre, le corail rouge, etc. Martial conseillait de tendre vers le jettateur le doigt du milieu en baissant les autres;

> Et digitum porrigito medium.

Les triomphateurs portaient une bulle qui les protégeait contre le mauvais œil de l'envie. Enfin, il

---

[1] « Voyez-vous cette grand'mère ou cette tante maternelle qui craint le ciel, tirer un enfant du berceau ; promener le doigt infâme sur le front, les petites lèvres humides et purifier le nouveau né avec la salive lustrale? Elle est habile à conjurer l'effet des mauvais regards. » Notons que dès le premier vers de cette satire, Perse atteste la foi des anciens. « Marquez ce jour, dit-il, avec la pierre favorable, » ou avec la pierre blanche; le blanc a toujours porté bonheur.

importe de rappeler que les Romains n'aimaient pas les mauvais souhaits, les présages sinistres qui reviennent si fréquemment dans nos pays froids sur les lèvres des jettateurs maussades. Si quelqu'un, par exemple, leur disait, comme on nous le dit tous les jours : « Quel temps de chien ! » ou encore : « Il pleuvra demain, » ou bien : « Vous avez mauvaise mine, » les Latins répondaient toujours : *Benedice*, dites des choses agréables. En quoi ils devraient bien être imités.

X

LA JETTATURA DANS LA BIBLE — L'OPINION DE SAINT THOMAS, DE SAINT JÉROME, DE DIDEROT, DE M. VICTOR CHERBULIEZ. — JETTATURA DES PRÊTRES ET DU PAPE — PREUVES TIRÉES DU BON SENS — HISTOIRES DE JETTATEURS — LES PRÉSERVATIFS MODERNES — QUESTIONS PENDANTES.

Le christianisme ou, pour parler plus nettement, l'église ne s'opposa point à la croyance presque universelle qui est le sujet de notre étude. Elle abolit Jupiter, mais elle laissa vivre le fils de Vénus et de Bacchus. Il était facile aux théologiens de trouver dans les livres sacrés des arguments en faveur de la *jettatura*. Nous avons déjà cité un verset du Deutéronome ; il en est un autre du même livre (XXVIII, 55) sur lequel on pourrait longuement discuter. Les Proverbes n'avaient-ils pas dit (XXIII, 6): *Ne comedas cum homine invido*, et cet *invidus* du texte de la Vulgate traduisait un terme hébreu qui signifiait plus exactement l'homme dont l'œil est malin. « Ne mangez pas avec un homme aux mauvais yeux, » a dit le R. P. dom Calmet, dans son *Commentaire littéral de tous les livres de l'Ancien et du nouveau Tes-*

tament, et M. le professeur Segond, dans sa version récente et à tous égards si remarquable, a compris de même : « Ne mange pas le pain de l'homme dont le regard est malveillant. »

Il serait facile de multiplier les passages de l'Ancien Testament. Il y en a dans l'*Ecclésiaste* et dans l'*Ecclésiastique*, mais ce qui frappait bien davantage les théologiens c'était le mot du Maître dans la parabole des vignerons. (Math. XX, 15.) *An oculus tuus nequam est quia ego bonus sum?* ou dans la traduction d'Osterwald : « Ton œil est-il malin de ce que je suis bon? » Enfin on a commenté de bien des façons cette phrase de l'apôtre Paul adressée aux Galates : *Quis vos fascinavit non obedire veritati..* (Gal. III, 1.) Le grec dit bien ἐβάσκανε et *fascinavit* est la traduction exacte. M. Albert Rilliet qui fait autorité en pareille matière a employé le verbe français « fasciner. » La glose sur ce passage dit formellement que certains hommes ont des yeux brûlants (*urentes*), dont le regard seul fait du mal à autrui. Saint Thomas distingue à ce propos deux sortes de fascinations : celle qui abuse les sens par des prestiges et celle qui est soufferte par la maligne intuition des yeux (*maligno oculorum intuitu*). Cependant, comme notre pensée n'est pas de défendre une thèse, mais de chercher la stricte vérité, nous n'avons garde de passer sous silence les opinions contraires. Saint Jérôme (tom. VII, pag. 417) écrit sur le verset de l'épître aux Galates que l'apôtre Paul n'a pas voulu désigner, n'a peut-être pas même connu le *fascinum* qui passe pour nuisible aux yeux du vulgaire, mais qu'il s'est servi d'une expression courante afin d'être compris. Nous laissons à saint Jérôme toute la responsabilité de cette conjecture.

Il va sans dire qu'au moyen âge la foi dans la

jettatura ne fit que se fortifier. Dans les additions que le célèbre Erchempert, moine du mont Cassin, a faites à l'histoire de Paul diacre (on les trouvera dans le tom. II de la grande collection de Muratori) il est écrit que Landulphe, évêque de Capoue, homme d'une singulière prudence, qui fleurit en l'an 842, avait coutume de dire que la vue d'un moine lui portait toujours malheur, et que rien ne pouvait lui réussir dans la journée entière quand il avait rencontré le matin un tonsuré. Des documents espagnols nous enseignent qu'un familier du duc de Bragance fit tomber mort un faucon en le regardant avec ses yeux de jettateur, et s'il est des sceptiques capables de contester la valeur de pareils témoignages, qu'ils lisent les *Actes de l'Académie de Paris* de 1739. Ils y verront qu'une vieille femme s'étant approchée d'un miroir parfaitement pur et étant demeurée devant plus longtemps qu'elle n'aurait dû faire, le miroir absorba une grande quantité d'humeur mauvaise qui fut recueillie et analysée, et la chimie reconnut que c'était un très-puissant poison. D'ailleurs n'a-t-on pas vu des hommes dont le regard brisait le marbre, dont le toucher (celui du roi Pyrrhus et des rois de France) guérissait les écrouelles, et niera-t-on l'histoire de la romaine Tisinia qui, en plein sénat, par la vertu de son mauvais œil, réduisit au silence l'orateur Curion? Le fait est cependant rapporté par Cicéron lui-même.

La philosophie a été forcée comme l'église d'admettre cette puissance de la *jettatura* contestée avec une légèreté si coupable par les hommes qui manquent d'imagination. Nous avons pour nous le témoignage de Diderot, l'une des lumières du dernier siècle. Cet esprit téméraire a nié Dieu, mais il n'a point osé nier la *jettutera*. Il a écrit dans l'*Encyclopédie :*

« Ce qu'on appelle maléfice ou fascination n'est pas sans fondement. Il y a sur cette matière une infinité d'exemples et d'histoires qu'on ne doit pas rejeter précisément, parce qu'elles ne s'accordent pas avec notre philosophie; il semble même qu'on pourrait trouver dans la philosophie de quoi les appuyer. Tous les êtres vivants que nous connaissons envoient des écoulements, soit par la respiration, soit par les pores de la peau. Aussi tous les corps qui se trouvent dans la sphère de ces écoulements peuvent en être affectés.... Or, de toutes les parties d'un corps animal, l'œil paraît être celle qui a le plus de vivacité.... Ses membranes et ses humeurs sont aussi perméables qu'aucune autre partie du corps, témoin les rayons du soleil qu'il reçoit en si grande abondance. Ainsi ne faut-il pas douter que l'œil n'envoie des écoulements.

» ..... Concevons l'œil comme une fronde capable des mouvements et des vibrations les plus prompts et les plus rapides, et, outre cela, comme ayant communication avec la source d'une matière telle que le suc nerveux qui se travaille dans le cerveau, matière si subtile et si pénétrante qu'on croit qu'elle coule en un instant à travers les filets solides des nerfs, et en même temps si active et si puissante qu'elle distend spasmodiquement les nerfs, fait tordre les membres et altère toute l'habitude du corps en donnant du mouvement et de l'activité à une masse de matière naturellement lourde et sans activité.

» Un trait de cette espèce lancé par une machine telle que l'œil doit avoir son effet partout où il frappe.... Par cette théorie on peut, à mon avis, se rendre raison de quelques-uns des phénomènes du maléfice et particulièrement de celui qu'on nomme fascination. »

On voit par cet important passage que la *jettatura* peut être défendue scientifiquement. Les faits d'ailleurs sont si abondants qu'il serait puéril de les contester. Nous lisons dans la dernière nouvelle de M. Victor Cherbuliez (le roi Apépi) :

« Le monde est plein d'incidents mystérieux... On a remarqué que dans le temps de grandes guerres où les peuples, venus de tous les coins d'un vaste empire, se trouvent subitement réunis en corps d'armée pour faire campagne ensemble, on voit se développer parmi eux des contagions étranges, des pestes meurtrières, et un grand spéculatif n'a pas craint d'en attribuer la cause au rapprochement forcé d'hommes très-différents d'humeur, de langage, d'esprit, qui, n'étant point faits pour vivre en société, sont mis en contact par un méchant caprice de la destinée. On a remarqué aussi que quand l'équipage du bâtiment, qui chaque année apporte aux pauvres habitants des îles Shetland les denrées nécessaires à leur subsistance, vient à débarquer sur leurs côtes, ils sont pris d'une toux convulsive et qu'ils ne cessent pas de tousser avant que le navire ait remis à la voile. On raconte également qu'à l'approche d'un navire étranger les naturels des îles Feroë sont attaqués d'une fièvre catarrhale dont ils ont beaucoup de peine à se débarrasser. On a constaté enfin qu'il suffit parfois de l'arrivée d'un missionnaire dans quelque île de la mer du Sud pour y enfanter des épidémies pernicieuses qui déciment les malheureux sauvages. »

L'évêque Landulphe avait donc raison : tous les prêtres, réguliers ou séculiers, catholiques ou protestants sont des jettateurs. Quand un Napolitain voit monter une soutane dans le wagon où il est assis, il fait le signe de la croix, pour empêcher un déraillement ou une explosion de chaudière. Le roi Ferdinand II de Naples, qui était fort dévot, affirmait que le pape lui-même avait le mauvais œil. En effet tous les souverains qui avaient secouru Pie IX ou obtenu sa faveur ont mal fini: le roi Ferdinand II en tête, le roi François II dont il avait béni le mariage, Napoléon III qui lui avait rendu son trône, la reine d'Espagne et l'impératrice Eugénie qu'il avait décorées de la rose d'or, tout récemment le prince impérial dont il avait été le parrain. Ce sont là des faits incontestables.

Cependant les incrédules ne se donneront pas encore pour battus. Quand ils ne peuvent nier les faits, ils en nient les causes. Ils prétendent que la logique se trompe en disant : *post hoc, ergo propter hoc*. Une vieille femme entre dans une filature: aussitôt un enfant y tombe malade et les vers à soie meurent du coup. Est-ce à dire que l'enfant est tombé malade et que les vers à soie sont morts parce que la vieille est venue? A quoi nous pouvons répondre victorieusement: « Qui vous dit que la vieille ne soit pour rien dans la maladie de l'enfant et dans la mort des vers à soie? Pouvez-vous affirmer que la cause n'existe pas par l'unique raison qu'elle nous échappe? » Il est aisé de tout croire, mais plus facile encore de tout nier. Cicéron a dit à merveille: « Si je ne comprends pas une chose, ce n'est pas la preuve qu'elle est fausse, c'est bien plutôt la preuve que je suis ignorant. Beaucoup de choses qui sont vraies paraissent invraisemblables, mais quand la raison est consultée, leur vérité éclate aux yeux. » Cornélius Agrippa a écrit là-dessus de bien remarquables paroles dans son livre sur la *Vanité des sciences* et l'abbé Pernety, dont aucun de nos lecteurs ne contestera l'esprit et le talent, a laissé une sentence qu'on devrait inscrire partout en lettres d'or : « Dans l'esprit de la plupart des hommes, les choses les plus réelles passent pour des chimères dès qu'elles mortifient leur amour-propre ou qu'ils n'en connaissent pas les principes ni les causes. » Ce qui revient au mot de Pline : « Il y a beaucoup de miracles dont la raison est inconnue et qui sont profondément cachés dans la majesté de la nature. » Au reste il importe de signaler un fait confirmé par l'expérience des siècles, c'est que tout homme qui nie la *jettatura* est lui-même un jettateur.

Le Napolitain Carducci qui a écrit un poème sur la matière le déclare péremptoirement.

> Osservai, che chi non crede
> Al gran mal di jettatura,
> Forse in se la stessa vede
> Qualità, segni, struttura.
> E chi ancor confessò altrui
> Il rossor, gli obbrobri sui ?[1]

Mais laissons de côté tout ce merveilleux qui paraîtra suspect aux esprits forts. C'est au bon sens qu'il convient de s'adresser, car nous ne sommes pas de ceux qui le méprisent. Malebranche a dit dans sa *Recherche de la vérité* (liv. II, 3ᵉ p., dernier chap.) : « Tous les discours qui réveillent l'idée d'une puissance invisible sont toujours écoutés avec crainte et curiosité. Les hommes s'attachent à tout ce qui est extraordinaire, se font un plaisir bizarre de raconter des histoires surprenantes et prodigieuses,... à épouvanter les autres et à s'épouvanter eux-mêmes. »

[1] « J'observai que celui qui ne croit pas au grand mal de la jettatura, en reconnaît peut-être en lui-même les symptômes, les qualités, les signes distinctifs. Nul n'a jamais confessé ses propres hontes. »

Ce n'est pas ce genre de succès que nous ambitionnons. Nous voulons rester dans la réalité des choses et attirer à nous les têtes prudentes qui ne se livrent pas aux chimères de l'imagination. Nous leur demandons s'il existe en dehors de la *jettatura* un principe ou une cause quelconque dont le simple bon sens se puisse servir pour expliquer toute une série de phénomènes qui se répètent chaque jour dans la vie ordinaire.

Vous êtes le soir dans un salon peuplé d'hommes charmés et de femmes charmantes; la conversation est animée, décemment allègre et pourrait se prolonger ainsi sans fatigue jusqu'au matin. Une porte s'ouvre et l'on annonce un visiteur inattendu. Son nom seul lancé dans le salon y jette un froid qui glace tous les visages. Le visiteur entre. Il est sec et blême, a un nez d'oiseau de proie, de gros yeux de crapaud mal cachés par des lunettes bleues; dès lors la conversation s'arrête et on ne rit plus. Voilà un fait qui s'est produit cent fois devant chacun de nos lecteurs. Comment feront-ils pour expliquer la maléfique influence de cet homme? D'où vient que chacun de nous éprouve de la crainte ou une sorte de malaise à la vue de certaines figures qui cependant ne lui font aucun mal? Il est des êtres que nous n'avons aucune raison d'aimer et avec lesquels nous nous sentons heureux comme si nous leur étions attachés par une longue suite de souvenirs communs et de bienfaits réciproques. Tel homme ne nous est rien, n'a aucune de nos idées, ne nous ressemble ni par le caractère, ni par les goûts, l'humeur, les habitudes, et si nous ne consultions sur lui que notre raison, nous trouverions cent motifs de l'éviter, de le mépriser peut-être. Il nous attire cependant par un charme indéfinissable, tandis que son voisin, l'homme correct et vertueux, bien pensant, orthodoxe, impeccable, infaillible nous agace et nous repousse, comme s'il était notre ennemi. C'est, nous dira-t-on, de la sympathie ou de l'antipathie, mais ces mots-là nous semblent aussi vagues, pour le moins, que la *jettatura* : « Je ne t'aime pas, Sabilius, écrivit Martial, et je ne peux dire pourquoi. Tout ce que je peux dire, c'est que je ne t'aime pas. » On le voit, Martial lui-même ne trouvait pas de mot pour justifier sa répugnance. Aristote distingue la nature *spécifique* qui nous porte à aimer le beau en général et la nature *individuelle* qui inspire à chacun l'amour de telle ou telle personne et du beau en particulier. Cette distinction me paraît ingénieuse ; mais aussi confuse que les autres : Aristote est un grand maître dont on aime surtout les obcurités. Descartes est plus clair et l'on n'avance jamais à tâtons dans ses théories. Toutefois quand il a voulu traiter ces matières il a dit que la nature nous a mis dans le cerveau certaines impressions, lesquelles nous portent à chercher notre moitié. Voilà qui n'est pas bien lumineux et la *jettatura* nous paraît tout aussi plausible. Il est certain que des hommes ont sur nous un ascendant extraordinaire. Ils ne le doivent pas toujours à l'intelligence et au génie. Nous en connaissons plus d'un qui est né maître et qui commande sans que son autorité soit justifiée par la supériorité de l'esprit ou du talent. Est-ce par la volonté, par l'imagination que règnent ces âmes impérieuses ? Avicenne le croyait : « Si la volonté de l'homme, a-t-il dit, si l'imagination de l'homme étaient véhémentes, les éléments, les vents, la nature entière serait née pour lui obéir. » On se souvient que Mithridate, roi de Pont, avait une telle puissance dans le regard qu'il communiquait sans parler sa pensée à ses ministres. C'est par une action pareille qu'on peut expliquer le succès de certains comédiens et de certains orateurs. Lorsque Archélaüs joua sur le théâtre d'Abdère l'*Andromède* d'Euripide, le public entier prit la fièvre. Le fait est rapporté par Lucien.

Lorsqu'on lit les discours de certains prédicateurs ou de certains tribuns, il est bien rare qu'on puisse comprendre l'impression profonde que ces paroles ont produites et l'on attribue alors au regard, à la voix, au geste, à l'attitude, à l'expression du visage, à l'autorité d'une belle tête chauve, la terreur ou la pitié que le peuple a rapportée du temple ou du forum. Voilà pour les bonnes impressions, mais il en est aussi de mauvaises ; il est des visages qui nous rendent méchants, hargneux, batailleurs, nous poussent à la discussion, nous jaunissent le blanc des yeux, font sur nous l'effet d'un liquide malsain ou d'un vent aigre, du thé, par exemple, ou de la bise. On se rappelle le frisson de Marguerite à la vue de Méphistophélès ; elle dit à Faust :

>Vivre avec des gens de la sorte,
>Oh ! non. Dès qu'il passe la porte,
>On sent d'emblée à l'air qu'il a,
>A sa mine qui fronde et qui gronde,
>Que rien ne l'intéresse au monde ;
>On sent qu'il ne nous aime pas....

— Pressentiment d'un ange, s'écrie Faust et Marguerite reprend :

>Oh ! j'en suis dominée
>Au point que s'il est là je ne suis plus à toi.
>Je crois ne plus t'aimer, c'est comme un mauvais songe..
>Je ne puis plus prier, je sens je ne sais quoi
>Qui me déchire et qui me ronge :
>Henri, n'es-tu pas comme moi ?

Faust dit alors : « c'est de l'antipathie. » Il aurait été beaucoup plus exact en disant : « C'est de la *jettatura*. »

Cette influence universelle agit même sur les animaux. Lisez la belle traduction de Lucrèce par M. André Lefèvre, vous y verrez que les yeux des coqs inspirent au lion de la tristesse et de la crainte, parce qu'il y a dans le corps des coqs certaine semence hostile au lion. On sait que le roi des animaux ne peut quelquefois supporter le regard de l'homme. Il en est ainsi de l'homme lui-même qui ne peut supporter la présence de certains animaux. Est-il beaucoup de lectrices qui accueillent de bonne grâce la compagnie des rats ou des araignées ? Il y avait un homme à Padoue qui prenait des convulsions à l'approche d'une chauve-souris. Un grave médecin, Antonio Vallisneri, voulut savoir si ces convulsions venaient de la fantaisie, de la pusillanimité du patient ou d'une *jettatura* véritable. A cet effet, il enferma une chauve-souris dans une armoire, de telle sorte que le malade ne pouvait voir ni entendre le mammifère volant. Et cependant les mêmes défaillances, les mêmes convulsions le reprirent. Voilà un fait qui troublera longuement l'incrédulité des esprits forts.

Les plantes elles-mêmes ont leur *jettatura* reconnue par les horticulteurs et par les philosophes. D'où vient l'antipathie entre le romarin et le laurier, entre la vigne et le chou, entre l'olivier et le chêne ? En revanche le figuier aime la rue et la vigne est heureuse au pied du peuplier. Le docteur Carlo Taglini, professeur de philosophie à l'université de Pise, a reconnu que l'ail planté au pied du rosier parfume les roses. Les choux qui croissent en nombre autour d'un pommier donnent à ses feuilles et à ses fruits leur odeur. Nous n'en finirions pas si nous voulions marquer ici tous les maléfices de certaines plantes. Qu'il nous suffise de flétrir le noyer sous l'ombrage duquel rien ne peut croître et l'homme lui-même ne peut s'asseoir impunément.

Il y a dans la nature et il y eut dans tous les temps de pareilles influences désastreuses. On sait ce que faisait le basilic en Egypte, on sait que le crapaud fascine le rossignol, on sait que les chouettes portent malheur, on sait que la sépia dans les mers de Naples répand autour d'elle un poison noir, d'où ce dicton napolitain : « Jeter le noir de la sèche, » qui équivaut à jeter un mauvais sort. Ce sont là des faits que ne sauraient expliquer les plus ingénieux naturalistes. D'où vient que certains vins aient une si grande sensibilité qu'ils ne peuvent traverser un bras de mer et qu'ils tournent même en hiver au moindre souffle de sirocco? D'où vient que les huîtres sortent plus drues pendant la pleine lune? D'où vient qu'on ait vu des thermomètres si sensibles qu'à l'entrée d'un nouveau venu dans une chambre ils aient monté de plusieurs degrés? D'où vient que la conversation tombe si souvent sur une personne qui va venir ou qu'on pense si souvent à un ami qu'on est sur le point de rencontrer? « Quand on parle du loup, dit la sagesse des nations, on en voit la queue. » Henri de Lorraine, duc de Guise, était reconnu, même masqué, même invisible, de sa maîtresse. Barben du Bourg, qui a traduit et annoté Franklin, raconte qu'un homme en voyage eut la fantaisie de chanter un petit air qu'il avait presque oublié et qu'il rencontra deux cents pas plus loin un aveugle qui jouait le même air sur son violon. Mais à quoi bon multiplier ces exemples et les chercher dans les livres? Chacun de nous,

« dans sa pratique, » comme disent les médecins, a pu constater des centaines de faits pareils.

Le savant auteur de la dissertation que nous résumons a connu lui-même un grand nombre de jettateurs. L'un d'eux, devant lui, dans un salon, demanda par hasard à un conseiller le prix d'une boîte de porcelaine que ce magistrat tenait à la main. La boîte aussitôt tomba sur le parquet et fut en pièces. Ce même jettateur s'informa un jour du temps que pouvait durer une pierre très dure qui servait à la fabrication du chocolat. La pierre se fendit à l'instant même. Notre guide a vu tomber un à un les fruits d'un arbre à l'aspect d'une femme, tous les oiseaux d'une volière périr un à un parce qu'un œil suspect voulut les voir ; la veine tourner instantanément dans des jeux de hasard à l'approche d'un fâcheux qui regardait les cartes ; des disgrâces, des tempêtes, des voitures brisées, des chevaux emportés, des dents tombées, des fontaines desséchées par l'action maléfique d'un seul homme en fort peu de jours. Notre auteur avait adressé un mémoire à son roi, dans lequel il racontait ses services et demandait une faveur. Il allait porter son placet à la résidence d'été du souverain quand survint un de ses amis qui lui dit en grommelant : « C'est difficile. » Qu'arriva-t-il à la suite de ce mot mal sonnant et malfaisant? Toutes les aventures de voyage possibles : une pluie à verse, un voiturin embourbé, un cheval tombant malade, enfin, lorsque le malheureux solliciteur voulut présenter sa supplique au monarque, il ne la trouva plus dans sa poche. Niera-t-on maintenant que l'ami malencontreux fut un jettateur?

Nous-même qui écrivons ceci, nous en avons rencontré plus de cent dans nos voyages. A Naples, par exemple, il y a déjà longtemps, vivait un certain duc que nous ne voulons pas nommer, mais que tous les Napolitains reconnaîtront à la courte mention que nous faisons ici de ce terrible être. Il avait de l'esprit et du talent et ne se doutait pas de la disgrâce attachée à sa personne. Car il importe de le noter, ceux qui sont jettatteurs, le sont presque toujours sans le savoir. Nous n'en avons pas connu un seul qui fût informé de ses propres maléfices. Ce duc écrivait des comédies qui réussirent, car en général ceux qui portent malheur sont eux-mêmes heureux : les moines, par exemple, dont le regard fait maigrir, engraissent. Un des compositeurs les plus tristement célèbres de notre temps est un jettateur des plus notoires, nous le tenons de plusieurs victimes qu'il a faites, entre autres du pauvre Théophile Gautier. Les théâtres où l'on joue ses opéras brûlent l'un après l'autre, les cantatrices qui créent les premiers rôles sont prises à la gorge et deviennent incapables de chanter autre chose ou ailleurs ; les danseuses se disloquent et perdent toute leur grâce ; le public lui-même devient idiot, dur d'oreilles et ne peut plus entendre une note de Mozart. Après l'apparition d'un de ces ouvrages néfastes, on en voit les morceaux circuler dans l'air, se répandre effarés dans les rues, envahir les cafés, même les salons, répétés à l'infini par des voix enrouées, avinées. Et le goût se corrompt, le niveau moral s'abaisse ; les femmes gâtent leurs sourires, les jeunes filles elles-mêmes, sous l'action malfaisante de cette musique, prennent des manières de caserne ou de cabaret. Si ce n'est pas de la *jettatura*, qu'est-ce que cela ? Nous le demandons aux esprits sérieux et aux âmes honnêtes. Mais revenons au duc napolitain.

Grâce à ces pièces, qui avaient eu du succès, mais qui avaient tué plusieurs comédiens, il fut nommé surintendant des théâtres. Dès sa nomination, San Carlo fit de mauvaises affaires : les opéras nouveaux ne firent que passer sur l'affiche. Les premières représentations étaient des combats féroces entre la salle et la scène qui se battaient à coups de faussets et de sifflets. Dès qu'une chanteuse était regardée par le surintendant, la note qu'elle devait chanter lui restait à la gorge ou s'en échappait péniblement, comme un miaulement plaintif et sinistre. Un de nos amis, poète du plus grand talent, jeune et superbe, aimé des patriotes, eut le malheur, malgré toutes nos prières, de faire amitié avec le surintendant. A dater de ce moment il ne fit plus que des sottises, écrivit des cantates à l'honneur des Bourbons qui allaient tomber, dépérit bientôt lui-même et mourut non encore quadragénaire, quelques mois avant que son pays relevé devînt italien. Nous n'en finirions pas si nous voulions raconter tous les forfaits involontaires de cet homme fatal. Un dernier fait seulement, l'un des plus tragiques. Sur la fin de sa vie, il alla demeurer dans un palais situé sur une colline. A peine y fut-il installé, le palais s'effondra dans une carrière. Il y eut, dit-on, quantité de victimes, mais le duc n'eut à souffrir aucun mal.

Nous avons rencontré un autre jettateur dont nous pouvons parler sans indiscrétion, car il y a longtemps qu'il a disparu de la scène du monde : il est oublié, s'il n'est pas mort. C'était un galant homme, très savant et plein de bon vouloir, se tenant d'ailleurs en haute estime et se croyant une des lumières de son pays : il était propre à tout, tranchait sur tout, portait des jugements définitifs sur les idées et sur les hommes. Très heureux du reste, il pensait marcher de succès en succès. Eh bien ! cet homme-là n'a causé dans sa vie que des disgrâces. Deux journaux prospéraient dans son pays, il voulut y écrire et les deux journaux tombèrent. Une faculté de médecine attirait la foule à l'université grand-ducale qui eut la male chance de l'accueillir au nombre de ses professeurs : un de ces derniers, le plus célèbre, périt aussitôt, un autre dut se retirer et devint fou. Les étudiants, saisis tout à coup d'une sorte de rage, firent des scènes tapageuses et cessèrent de travailler. On nomma ce galant homme au sénat de son pays : dès qu'il y entra tous les sénateurs s'endormirent. Il y proposa quantité de lois excellentes ; aussitôt qu'il les avait proposées, les lois paraissaient mauvaises et on les rejetait. Il cherchait à rendre quantité de services, mais toutes ses bonnes œuvres dans l'application tournaient en calamités. Il était bon catholique et voulait sauver l'église : on le fit entrer dans un conseil supérieur ecclésiastique, aussitôt son pays entier devint mécréant. Et ce qu'il y a de plus étrange, c'est qu'il croyait toujours réussir, il ne se doutait point de ses méfaits et triomphait de toutes ses chutes. Entouré de ruines il s'écriait d'un air de gloire : « J'ai élevé mon monument ! »

Notre étude ne serait pas sérieuse si elle n'était pas utile. Nous croyons avoir démontré l'existence de la *jettatura*. Il nous reste à dire les moyens de se garer du jettateur. « Connais toi toi-même » a dit Thalès, nous ajoutons : « Connais les autres. » C'était aussi l'avis de Pythagore, et la Médée d'Euripide manquait de jugement autant que de religion quand elle se plaignait de Jupiter, parce qu'elle ne voyait pas de ligne particulière sur les corps des méchants. Ces lignes existent. Nous avons déjà parlé des lunettes bleues, des nez en bec de corbin, des corps secs, des faces livides et des yeux de crapauds ; mais ce n'est point là le signalement de tous les êtres qui ont le mauvais œil. Défiez-vous de tous ceux qui vous louent, des complaisants mielleux, des sourires perpétuels ; défiez-vous aussi des hommes maussades et revêches, des oiseaux de mauvaise augure, de ceux qui voient le mauvais côté des choses et jettent quantité d'objections au travers de vos projets. Surtout prenez garde aux envieux : ce sont les pires des jettateurs. Il est rare qu'on ne fasse pas aux autres un peu du mal qu'on leur souhaite.

Voilà le point essentiel ; le meilleur préservatif est de se tenir à distance. Les Napolitains recommandent encore de toucher et de secouer du fer à l'approche d'un jettateur, mais ils conseillent surtout, non d'avancer le doigt du milieu, comme faisait le poëte Martial, mais de pointer contre l'adversaire l'index et le petit doigt de la main en tenant pliés les trois autres. C'est le geste injurieux qu'on fait aux enfants qui ne sont pas sages. Mais comme les règles de la politesse empêchent de flétrir ainsi ostensiblement l'homme qui a le mauvais œil, les Napolitains dissimulent cette pantomime sous leur manteau, dans la poche de leur habit, ou derrière eux quand ils n'ont pas de poche. En vous promenant dans la rue, pour peu que vous ayez la vue bonne, dans tous les groupes de badauds qui vous barrent le chemin, vous en trouvez toujours au moins un qui fait le poing en avançant deux doigts avec inquiétude. Soyez sûr que cet homme a flairé le voisinage de l'ennemi.

Mais ces cornes qu'on fait avec la main ne vous

sauvent pas de tous les maléfices. Les auteurs les plus sérieux ont reconnu qu'outre la *jettatura* patente il existe une *jettatura* occulte contre laquelle il est nécessaire d'être constamment prémuni. Voilà pourquoi vous voyez les Napolitains armés de petites cornes en jais ou en corail qu'ils portent en épingle, en breloques ou en chapelet. Ce sont des amulettes invincibles. Les auteurs affirment que les cornes de corail défendent ceux qui en sont pourvus contre les adulations, les souhaits perfidement heureux, les congratulations insidieuses, et les ébahissements maléfiques. Les cornes de jais, au contraire, nous protègent contre les oracles maussades et hargneux qui annoncent toujours des désastres et qui nous font de mauvais compliments. Nous conseillons les cornes de jais aux habitants des pays où souffle la bise.

Ce n'est pas encore assez : il faut garder les maisons aussi bien que les personnes. A cet effet on fait venir des Marais-Pontins ou de Sicile des cornes gigantesques et on les place dans les vestibules, dans les antichambres, sur les consoles qui remplacent nos cheminées et où elles remplacent nos vases à fleurs.

Nous avons vu de ces paires de cornes qui mesuraient plusieurs pieds de haut et qui coûtaient jusqu'à cent piastres, et nous avons constaté que les demeures où triomphaient ces trophées n'ont jamais eu de vols, de meurtres, d'incendie ou de tremblement de terre à déplorer.

Les animaux enfin ne sont pas à l'abri de la *jettatura* aussi ; a-t-on cru devoir les protéger par quantité d'ornements très-divers. On en trouve de fort singuliers dans le harnais des chevaux, dans le bât des ânes ; les bœufs portent certains anneaux ornés de mouchets rouges. Un jour nous vîmes un mouchet noir à l'oreille d'une bête à cornes et nous demandâmes au vacher le motif de ce changement de couleur. Le vacher nous répondit : *è muorto o padrone* : « le maître (de la bête) est mort. »

Nous aurions à citer bien des traits pareils qui pourraient amuser nos lecteurs, mais il est temps de conclure. Faut-il croire à l'efficacité des cornes ? La question est grave et l'on ne devrait pas la traiter légèrement. Il est certain que la puissance de ce préservatif a été constatée par des savants de premier mérite et consacrée par une longue tradition. Or les longues traditions sont toujours respectables. « La légitimité, c'est la durée, » a dit à ce propos M. Guizot. La science qui s'intéresse de nos jours à des sujets bien moins sérieux nous paraît maintenant outillée pour étudier à fond l'origine du mal et le remède. Il faudrait remonter à la fable de Diane et d'Actéon et l'expliquer par l'astronomie des Aryens. Nous livrons ce problème aux indianistes.

La physiologie, l'anatomie, la chimie, la physique qui ont fait aujourd'hui tant de progrès, devraient aussi tourner leurs investigations vers le mauvais œil qui est au fond une maladie comme beaucoup d'autres, celle dont parlait naïvement Agnès à son tuteur :

Mes yeux ont-ils du mal pour en donner au monde ?

Il faudrait soumettre ces phénomènes à une enquête sérieuse et les rendre en quelque sorte naturels, car ils ne répugnent à certains esprits forts que parce qu'ils ont l'air d'être surnaturels ou contre nature. Il reste bien des faits à vérifier, bien des questions à résoudre et qui devraient tenter la curiosité savante d'un Darwin. L'homme, par exemple, est-il plus jettateur que la femme, ou réciproquement? La perruque est-elle plus malfaisante que le chignon ou la calvitie? Le pince-nez a-t-il le même effet que les lunettes? Quel est l'ordre monastique qui fait le plus de mal? A quelle distance la *jettatura* peut-elle s'étendre? Est-ce par devant, par derrière ou de côté qu'elle agit avec le plus de vigueur? Quelles oraisons faut-il réciter pour se mettre en garde contre les moines? Est-ce la corne unique ou la corne double qui est le plus précieux des talismans?

Heureux, si pour le bonheur de l'humanité, nous pouvons appeler sur ces questions l'attention des hommes utiles. Le siècle dernier sapait toutes les croyances qu'il traitait orgueilleusement de superstitions, le nôtre les accueille toutes indifféremment et cherche à s'expliquer leur raison d'être. Arrêtons-nous enfin sur un fait qui nous semble capital. Nous vivons dans un temps où tout est soumis au suffrage universel, même l'authenticité des dogmes. Ce ne sont plus les disciples qui suivent le maître, c'est le maître qui suit les disciples, c'est la queue qui mène la tête, ce sont les majorités qui ont raison. La croyance vraie est celle du plus grand nombre. A ce titre, c'est la jettatura qui devrait passer devant toutes les religions. Comptez ses sectateurs (la statistique ferait bien d'y penser) : ceux qui craignent le vendredi, le nombre treize, le sel renversé, les miroirs brisés, etc., etc., etc., ils sont encore plus nombreux que les bouddhistes.

XI

SUPERSTITIONS BOLONAISES : L'AMOUR, LE MARIAGE, LE BAPTÊME — LA VERTU DANS LES MARCHES. — LA SCIENCE DE MARIUCCIA ET D'ANGELINE — LES SORCIÈRES

Puisque nous avons mis le pied sur le terrain des croyances et des traditions, il faut y rester : c'est de la psychologie populaire, Mme Coronedi-Berti qui a étudié le sujet avec le plus grand soin va nous dire comment se marient les paysans bolonais. Ils ont à ce sujet certaines idées que notre orgueil appelle des superstitions : ces idées sont bonnes à connaître.

Il paraît que dans les Marches les vieilles coutumes persistent, en dépit des chemins de fer. On ignore ce que nous appelons « faire la cour ; » les relations entre jeunes gens et jeunes filles n'ont rien de cette frivolité galante et bien parée qui n'engage à rien ; lorsqu'un contadin a parlé à une contadine, il est engagé pour la vie. La jeune paysanne ne voit personne pendant la semaine ; elle est trop occupée aux champs pour avoir « du vague à l'âme ; » le soir, elle se couche fatiguée et s'endort vite ; le matin, avant le jour, elle est au travail. Comme elle n'a pas lu de romans, le mariage se présente à elle comme un changement nécessaire d'état et de besogne ; si elle le désire, c'est surtout dans l'idée d'être maîtresse chez elle et de prendre le commandement de la maison. Aussi ne commence-t-elle à penser à ces choses-là que vers sa dix-huitième année ; ce serait peut-être assez tôt chez nous, mais n'oubliez pas que nous sommes en Italie. Les Bolonais ont un adage très moral, dans sa pittoresque rusticité ; ils vous disent d'une jeune personne : *L'ha premma da far el i oss per se e po dop pr' i ater.* (Il faut d'abord qu'elle fasse des os pour elle-même, et après pour les autres). Cependant, même quand elle a passé dix-huit ans, la contadine donne toute sa semaine au travail ; les émotions tendres sont réservées pour les dimanches et les jours fériés. Voici comment se nouent ces romans de village.

Le dimanche matin, la jeune fille se rend aux champs, comme de coutume, et va remplir un sac d'herbages pour le bétail. Elle rentre, balaye la maison, prépare le déjeuner, se fait belle, puis va dévotement à la messe qui ne se dit pas toujours à sa porte ; elle a souvent des lieues à faire pour accomplir ce devoir religieux. Pour les montagnardes surtout c'est tout un voyage. C'est d'ordinaire pendant ces courses lointaines qu'elles trouvent leur futur tyran. Un jeune homme attend une jeune fille à la sortie de l'église et l'accompagne de là, sans lui rien dire, jusqu'à une certaine distance de la maison ; il la salue alors et s'en va ; ce salut signifie : au revoir ! La jeune fille dîne gaiement, puis elle retourne aux champs avec son sac, attendu qu'il faut encore penser au dîner des bêtes. Après quoi elle *reprend* le chemin de l'église, à vêpres, et rencontre de nouveau le garçon qui l'a ramenée le matin. Tout deux vont côte à côte jusqu'à la porte de l'église où ils se séparent, car ils ne peuvent entendre la messe du même banc ; ils se retrouvent à la sortie et reviennent ensemble. En voilà pour huit jours. Le dimanche suivant cela recommence, et cela peut durer ainsi (on en a vu des exemples) pendant quatorze ans. Pas un mot d'amour entre ces fiancés qui n'ont pas besoin d'échanger des serments, ni même des promesses. Ils sont revenus ensemble de l'église, cela suffit. Pas de tendresses parlées ; seulement, quand la familiarité s'est établie, le garçon accompagne son salut d'un affectueux coup de coude qui renverserait une grande dame. Toute fière de cette bourrade qui ne lui a fait aucun mal, la paysanne rentre chez elle, le ciel dans le cœur.

Mais que disent les parents ? Rien du tout ; si le garçon est un bon sujet, ils font comme s'ils ne savaient rien ; ils laissent l'intimité s'établir en plein jour devant tout le monde. Quand nos amoureux se connaissent bien, ils ne se quittent plus, comme ils faisaient aux premiers dimanches, à une certaine distance de la maison, mais à la porte ; ils s'y arrêtent un instant pour causer, la causerie peut durer une heure ou deux, mais le garçon n'entre pas. Les parents le saluent à peine et ne l'invitent jamais à s'asseoir au foyer ; bien plus, ils l'évitent presque et s'éloignent des jeunes gens, quand ils les voient ensemble. Cela dure ainsi pendant bien des mois. Cependant, les amies de la fillette, qui n'ont pas eu besoin de confidences pour savoir ce qui se passe sous leurs yeux, consultent les augures. Elles cassent un épi dont elles rejoignent après les morceaux, puis se donnent un coup sur le bras en criant : Vive ou morte ? Si, à ce coup, les deux morceaux de l'épi se séparent, c'est signe que l'amour est vivant, en cas contraire le garçon sera infidèle. Elles jettent encore leur sabot contre la porte de la jeune fille ; si la pointe du sabot tombe tournée du côté de la maison, c'est un triste présage ; la jeune fille n'en sortira pas pour se marier. Il y a encore d'autres façons de consulter la destinée et, chose étrange ! des superstitions exactement semblables à celles que nous avons déjà signalées ailleurs. Ces paysannes sont fatalistes ; elles ont un mot singulier qui le prouve ; elles disent, quand elles espèrent un grand bonheur ; *Sarò destinata* (je serai destinée.)

Le garçon fait sa demande au père, mais lors même qu'il a obtenu le consentement de la famille, il n'entre pas encore dans la maison. Rien n'est donc changé entre les fiancés ; ils ne se voient que sous le ciel, les dimanches ; seulement ils ont le droit d'être en public un peu plus familiers. Ils vont ensemble aux champs ramasser des herbes ou des feuilles. Quand la jeune fille monte aux arbres, le garçon lui tient l'échelle, ou il s'assied à ses pieds ; elle chante des couplets rustiques qu'il accompagne en sifflant. Enfin le jour des noces est fixé, les préparatifs commencent. La mariée doit apporter en dot le lit, une caisse ou un bahut, quatre draps et une couverture : c'est quelquefois bien long d'obtenir tout cela. Il faut filer ou tisser longtemps le soir, la nuit, après le travail. Le grand jour venu, la porte s'ouvre enfin, le jeune homme peut entrer dans la maison. le prêtre arrive pour les fiançailles, fait un petit discours de circonstance et les bans sont publiés. Une semaine avant les noces, quand tout est parfaitement décidé, arrive un homme grave, père ou parent du fiancé, le *demandadour* (le demandeur) pour la demande officielle. Le père de la jeune fille « fait l'Indien, » comme on dit en Italie ; c'est-à-dire qu'il fait semblant de n'être informé de rien et donne son consentement en tombant des nues. Alors le fiancé se rend à la ville pour les cadeaux de noces ; il doit offrir l'anneau nuptial qui est en or, et que sa femme portera les dimanches : les autres jours, elle se contente d'un anneau d'argent qu'elle paiera de ses propres deniers. Le marié fournit aussi les grenats ; ce sont les diamants du pauvre monde. Il en achète plus ou moins, selon ses moyens ; certaines paysannes en ont assez pour couvrir leurs épaules. Avec les grenats, il faut encore des pendants d'oreille et des bagues, trois pour le moins. Pour ces emplettes, le garçon qui se marie est suivi de toute une bande de parents et d'amis qui viennent donner des conseils et débattre les prix ; les orfèvres voient toujours arriver avec terreur ces bandes de paysans soupçonneux et irrésolus qui passent chez eux de longues heures à choisir, à marchander et qui mettent sens dessus dessous les boutiques.

Il s'agit ensuite de préparer le repas, grosse affaire ! Ces pauvres diables y mangent leurs économies de dix ans. Les deux familles invitent un nombre égal de parents et d'amis : le prêtre et le médecin sont conviés de droit, mais on n'admet pas de jeunes filles à table, on craint pour elles les plaisanteries du dessert. On devrait se gêner ; il paraît qu'on ne se gêne pas pour le médecin ni pour le prêtre. Tous ceux qui sont de noce seront invités plus tard au baptême : *qui va a noz va al bamboz*, dit le proverbe bolonais. Seulement, à la noce on va les mains vides, tandis qu'au baptême les invités doivent apporter des poulets ou du fromage, ou pour le moins des corbeilles de fruits.

Le veille de la cérémonie, la jeune fille entre dans la chambre de ses parents pour leur demander eur bénédiction. La mère fait alors une tendre admonestation que la fille reçoit toujours en pleurant; le lendemain matin commence de bonne heure la toilette de la mariée : une robe verte ou bleue à grandes fleurs, un joli tablier de soie ou de mousseline brodée, nouée par derrière d'un beau ruban, un voile brodé blanc ou noir et remplacé en hiver par une sorte de capuchon en laine, mais renversé de manière à laisser voir les cheveux lustrés et artistement peignés. Le marié porte la *saccona*, une veste en velours, un pantalon de la même étoffe, une chemise brodée et un chapeau noir et bas. Il est rasé de frais, les paysans ne laissent jamais pousser leur barbe, tout au plus une mèche de poils près de l'oreille. La mariée porte son collier de corail de jeune fille; dès qu'elle est habillée, l'époux est introduit et lui demande si elle veut substituer à ce corail les grenats qu'il lui apporte. Elle ne refuse jamais.

Au sortir de l'église, dragées et pétards comme partout, mais voici qui est particulier à la campagne de Bologne. Quand la mariée entre chez le marié, elle trouve un balai à la porte; sa belle-mère a laissé à dessein, pour l'éprouver, de la poussière sur le parquet, sur une table; si la nouvelle venue n'y prend pas garde, on en conclut qu'elle est une mauvaise ménagère et on lui marque un mauvais point. Par bonheur, avertie par l'usage, elle se tient sur ses gardes, et elle échappe aisément à ce premier piége qui lui est tendu par sa belle-mère. Le dîner est une vraie bombance; il est des convives qui, pour y faire honneur n'ont pas mangé la veille; il en est même (les gens de goût sont priés de ne pas lire la phrase suivante) qui ont pris un purgatif. Le prêtre est à la place d'honneur et n'entend pas tout ce qu'on dit après les bouteilles de vin, nous aimons du moins à le croire. Arrive le plât de rigueur, le fameux *crocante* qui est une sorte de nougat d'une architecture compliquée ; c'est la mariée qui l'entame d'un coup de couteau. Elle reçoit une ovation si la coupure est réussie. Autre cérémonie : un des invités se glisse sous la table, et coud la jupe de l'épouse au vêtement correspondant de l'époux.

Au bout de huit jours, le jeune femme va « prendre le vous ; » chez ses parents, on l'a tutoyée jusqu'alors, à dater de ce moment on la *vousoie*. Les nouveaux mariés gardent en public une attitude très-réservée ; ils ne se permettent jamais de s'embrasser ni même de se dire un mot tendre devant un tiers. Voilà qui est remarquable et très-général en Italie, au moins dans le peuple. Rien de plus chaste que les apparences ; on a déjà remarqué que dans les danses populaires, la tarantelle par exemple, bien loin de se donner les libertés de la valse, les danseurs demeurent toujours éloignés l'un de l'autre et ne se touchent même pas du bout du doigt.

Dans le ménage toujours commun, la belle-mère garde le sceptre jusqu'à ce quelle soit trop vieille pour le tenir ; alors seulement la belle-fille commande, ou s'il y a plusieurs belles-filles, celle qui est entrée la première dans la maison. Encore un trait particulier des mœurs populaires dans une grande partie de l'Italie. Les vieux parents demeurent les chefs de la famille ; on leur obéit comme à des maîtres, on les appelle seigneurs. Nous avons connu un homme de cinquante ans, ayant une fille déjà mariée ; il remettait religieusement à son père tout l'argent qu'il gagnait. Un étranger lui dit en apprenant le fait :

— Le vieillard est assurément très-économe et il vous sert de caissier.

— Non monsieur, répondit-il, cet argent lui revient, c'est l'usage.

Nous voudrions signaler encore bien de ces traits de mœurs, mais nous craignons que les pédants (il y en a partout) ne trouvent ce chapitre frivole. S'il était question d'un insecte quelconque, le *thyridopteryx ephemeroformis*, par exemple, on nous saurait gré d'écrire un volume entier sur ses us et coutumes. Mais des hommes, fi donc !

Nous ne raconterons donc ni les veillées d'hiver, ni les soirées musicales, ni les parties de cartes (les femmes n'y jouent jamais), entrecoupées d'oraisons et de litanies, ni le respect qu'on porte aux jeunes mères qui attendent un enfant, les politesses toutes chevaleresques des plébéiens qui l'empêchent de se baisser et de faire un faux mouvement, et qui préviennent le moindre de ses désirs. S'il lui vient une fantaisie qu'elle ne puisse satisfaire sur-le-champ, on lui crie aussitôt : Mets ta main derrière ton dos ! Cela vient de ce que, dans l'opinion populaire, les « envies » restent marquées à la place où l'on porte la main. Or il vaut mieux avoir une fraise, une lentille, ou une tache de vin dans le dos que sur la figure. Nous n'insisterons pas davantage sur le rôle de la sage-femme qui est un personnage important dans les villages, et sur la quantité d'images de dévotion qu'elle fait avaler à ses clientes dans l'intention de les soulager, ni sur la cérémonie hébraïque de la purification et sur le cadeau non moins hébraïque qu'on fait à cet occasion au curé ; au lieu de pigeons, on lui donne de l'argent et des cierges. Il est certain qu'après la naissance de son enfant, la jeune mère n'ose rentrer à l'église que bénie et introduite par le prêtre. Un dernier trait ; quand on baptise l'enfant, le parrain et la marraine sont considérés comme unis l'un à l'autre par des liens de parenté pendant une année entière. L'année expirée, la parenté cesse ; aussi les amoureux ne veulent-ils jamais être parrain et marraine ; ils espèrent bien rester parents plus longtemps que cela. Ah ! s'ils étaient déjà mariés.... mais ce ne sont pas là nos affaires.

Voilà ce que nous apprend Mme Coronedi Berti qui a publié un très-curieux recueil de contes bolonais. Une autre Italienne, Mme Caterina Pigorini Beri vient nous renseigner sur les superstitions de sa province. Dans la partie montueuse des Marches où elle passe l'été, cette femme d'esprit et d'érudition a interrogé trois paysannes, deux vieilles et une jeune, dont les deux premières possédaient *la vertu*. Quoi donc ? faut-il pour la posséder demeurer si haut et avoir atteint un âge respectable. Il s'agit de s'entendre : la vertu, dans les Marches, ce n'est pas l'austérité des mœurs, c'est la puissance de conjurer le mauvais œil.

Pour avoir la vertu, il faut naître avec une croix dessinée dans la main, et il suffit de toucher avec cette croix le malade ou l'être ensorcelé qu'on veut guérir. Mais avant tout il faut y croire, et si la vertu manque aujourd'hui ses effets, c'est qu'on n'y croit plus. Si le mal est héréditaire, il faut dire certains mots et employer de plus l'huile et le blé, mais le blé vaut mieux que l'huile qui est toujours fallacieuse, tandis que le blé vient tout droit de Dieu.

Il est d'abord à remarquer que les femmes qui ont la vertu ne sont pas des sorcières ; si elles l'étaient, il serait facile de s'en assurer. Quand le prêtre s'est lavé les mains pour la consécration, le sacristain jette l'eau du bassin à l'instant même ;

s'il ne le fait pas et qu'il y ait une sorcière dans l'église, elle n'en peut plus sortir ; c'est ainsi qu'on la reconnait.

La *vertu* se lègue, mais à condition que celles à qui le secret est légué ne le transmettent qu'en mourant. On ne le leur arracherait pas avec des tenailles. Toute foi est héroïque et brave le martyre : voilà ce que les pédagogues ne comprendront jamais.

Sur le mauvais œil et les moyens de le conjurer, les commères des Marches nous ont appris beaucoup de choses, mais nous les avons déjà consignées dans les chapitres précédents. Il nous reste à parler des sorcières. Voici ce qu'en disait à Mme Pigorini une vieille contadine nommée Mariuccia.

— Les sorcières sont tristes, chère dame, si vous saviez ! Je ne les ai jamais vues, mais le vendredi, dans la nuit, elles font du bruit dans les forêts, et battent le linge sur les rochers comme les lavandières : c'est là où l'on reconnait qui elles sont. Elles poussent tous les cris, hormis ceux des chiens elles miaulent, hurlent, geignent comme les nouveaux-nés. Mais le chien leur fait grand'peur. Il suffit qu'un berger porte sur lui une peau de chien, elles ne peuvent rien contre lui.... En revanche, le chat est leur bête. Figure-toi, chère dame, qu'il y avait une fois un garçon qui aimait une fille, et tout le monde lui disait que cette fille était une sorcière et il n'en croyait rien. Mais vint un jour où il y dut croire. C'était fête au village et il lui avait donné rendez-vous pour une *saltarelle*, car elle était la meilleure danseuse des environs. Il attendit jusqu'à minuit et la fille ne vint pas, et par jalousie il se donnait au diable. Seulement, à deux heures, apparut une chatte qui jouait à cache-cache sur la gouttière et dont les yeux luisaient comme deux étoiles. Un ami dit au garçon : « Regarde cette petite chatte, comme elle est mignonne ; elle a les yeux comme ta bonne amie. » L'amoureux eut de grands soupçons par la tête et dit : « C'est vrai qu'elle est mignonne ; je veux l'emporter au logis : donne-moi un sac. » Aussitôt dit, aussitôt fait, et on mit la chatte dans le sac. Que veux-tu que je te dise ? Le matin, le sac était tout plein, tout gros : devine un peu ! Il y avait dedans la fille, nue comme la main. C'est ainsi que le garçon se persuada qu'elle était sorcière et ne voulut plus rien savoir d'elle.

Shakespeare qui, n'étant pas allé à nos écoles primaires, croyait au monde surnaturel, savait très-bien que les sorcières et les chats sont d'accord. Il l'a prouvé par ces deux vers de Macbeth :

Déjà trois fois, déjà trois fois
J'ouïs le chat, le chat qui miaule.

Cette Mariuccia, dans sa jeunesse, était forte comme un chêne, et pourtant une petite fille qu'elle avait alors au sein maigrissait à vue d'œil. Elle pensa aussitôt qu'il y avait là-dessous quelque sorcellerie, et alla consulter une bonne vieille qui lui apprit les mots qu'elle devait dire pour conjurer le mauvais sort.

— Le samedi, raconte-t-elle, une femme entra chez moi pour me demander du lard. C'était la sorcière. Dieu sait la mine que je fis ; elle me demanda ma petite fille. Je la pris dans mes bras et je la serrai tant que je pus, craignant que cette femme ne l'achevât du coup. L'atroce sorcière lui donna un baiser et je dis entre mes dents : « Ne lui nuise. »

Alors elle se tourna vers moi comme une vipère et me fit : — « Hein? que veux-tu dire par là? » Et je riais, parce que j'avais le crucifix à la main, et elle devint toute rouge... — « Mariuccia, me dit-elle, ne lance pas contre moi des calomnies ; tu t'en repentiras. » Je l'adoucis en lui disant que je l'avais fait pour rire et nous nous quittâmes bonnes amies. Mais à peine fut-elle partie que je courus avec l'enfant chez la bonne vieille et je lui racontai ce qui était arrivé. La bonne vieille *désenchanta l'œil* et m'apprit que je devais faire bénir l'enfant, et que, pour la délivrer à tout jamais de la sorcière, je devais prendre sept morceaux de corail au collier de sept jeunes filles qui eussent nom Marie toutes les sept, et enfiler ce corail avec de la soie rouge et l'attacher au bras gauche de ma petite, bien solidement. Tu le croiras, chère dame : depuis ce jour, Agnès ne pleure plus du tout, et *vous* la voyez que, le Seigneur *l'en* remercie, c'est un morceau de femme rude à la peine, qu'un homme n'en ferait pas autant.

Ici M™ Pigorini hasarda une objection :

— Mais, Mariuccia, sept jeunes filles qui toutes eussent nom Marie ! Ce devait être une rude besogne de les trouver.

— Eh ! le Dieu béni sait bien si j'y eus peine, mais, ma tant chère dame, c'était mon enfant et pour les enfants que ne fait-on pas?

Quand Mariuccia était jeune fille, elle avait aussi un collier de corail, mais tant de bonnes femmes venaient en prendre un morceau contre les sorcières, que le collier fut mis sous clef. On ne le rendit à Mariuccia que lorsqu'elle fut mariée. Alors le corail avait perdu son pouvoir et il n'y avait plus de danger qu'on y portât la main.

Le corail est souverain contre l'envie, et il ne faut jamais l'oublier, c'est surtout l'envie qui a le mauvais œil. Souvent les mères le boivent en poudre avant d'allaiter leurs enfants. Mariuccia vit un jour un nouveau-né très chétif dont la nourrice, pour le guérir, prit une potion de corail pilé.

— Et l'enfant guérit? demanda Mme Pigorini.

Ici Mariuccia s'embrouilla un peu dans sa réponse: elle dut avouer que l'enfant mourut quelques jours après, mais des vers, non de tout autre mal. Le corail n'en avait pas moins produit son effet, Mariuccia l'aurait juré sur l'Evangile.

Contre les vers, Mariuccia connaissait un autre remède, mais il fallait s'en servir à temps : il s'agissait de faire écraser par l'enfant nouveau-né, avant le bain, un vermisseau ou un moucheron : avis aux sages-femmes ! Au reste, Mariuccia déclarait qu'elle n'avait aucune sorte de superstition.

Or, notons qu'en parlant ainsi, la vieille femme, les deux mains sur ses genoux, le corps immobile, le regard fixe et droit, était superbe. Avec les bijoux qui lui couvraient les mains et la poitrine, avec le croissant qui, pendu à l'anneau de son oreille, lui tombait jusqu'aux épaules, avec son attitude hiératique, elle avait, comme le chante-histoires, l'effarement de l'inspiration. Cette paysanne croyait en beaucoup de choses et en Dieu aussi qu'elle priait avant l'aube « quand les étoiles s'enfuient dans le ciel et vont en paradis. »

Marquons, enfin, que Mariuccia parlait un langage charmant, à peine différent du plus pur italien, plein de fraîcheur et d'archaïsmes. Certains tours, qui sont restés dans son patois, appartiennent au plus beau temps de la langue. Ah ! que nous aurions voulu l'entendre ! Heureuse mille fois, Mme Pigorini.

Sur les sorcières, une troisième paysanne qui n'a pas la *virtu* et qui n'a jamais vu autre chose que ses Apennins, la pastourelle Angelina, à peine âgée de vingt ans, sait aussi beaucoup de choses. La pauvre fille a vécu des saisons entières sur les sommets, dans des huttes, à deux pas des oiseaux de proie qui venaient lui enlever ses moutons, et elle a été battue pour ce fait plus souvent qu'à son tour. Sa mère morte, son père avait tout mangé et s'était marié avec une étrangère. Eh bien ! sur la montagne, Angelina a vu les sorcières, elle les a vues de ses yeux.

— Cette nuit-là, raconte-t-elle, elles battaient leur linge en désespérées ; je ne voyais pas clair, il faisait un brouillard à couper au couteau. J'avais peur et je recommandai mon âme comme *en fin de mort*. Je voyais les ombres des sorcières sur les chevaux de la maison, qui couraient parce que les chiens des bergers aboyaient de loin ; si les chiens arrivaient, j'étais sauvée, parce que tu sais que les sorcières ne peuvent rien contre les chiens. Je me couchai à terre et j'attendis ; vers l'aube, un berger me trouva toute molle (mouillée) et me conduisit à la hutte où je me séchai au feu. Ce berger avait la figure toute égratignée : c'étaient les sorcières qui l'avaient pris au milieu d'elles, et si les chiens n'arrivaient pas, elles l'auraient achevé. Le jour venu, je retournai à la maison et j'attrapai une fièvre qui me mangeait. Cette fois le patron ne me battit pas, parce que tu sais, madame, lui aussi s'aperçut le matin que les sorcières lui avaient volé ses chevaux et que toute la nuit elles avaient galopé sur eux. Les pauvres bêtes suaient qu'elles faisaient compassion.

Ici Mme Pigorini émit un doute :

— Mais pendant la nuit, dit-elle, personne ne s'était avisé que les chevaux fussent volés?

— Hé! comment veux-tu qu'on s'en avise, ma chère dame? Les sorcières les font passer par le trou de la serrure, elles laissent dans l'écurie l'ombre des bêtes qui paraissent attachées au râtelier. Une fois mon patron, qui avait entendu du bruit, voulut mettre la selle à une jument; la selle tomba par terre. Il ne restait dans l'écurie que le fantôme. Il y avait bien tout près, en chair et en os, les vaches et les ânes : c'est que ces bêtes ont réchauffé l'enfant Jésus dans la crèche, et les sorcières ne les touchent pas.

Angéline savait encore une bien jolie histoire et paraissait fort étonnée que Mme Pigorini, qui lisait dans des livres, ne la sût pas.

Une femme moissonnait en bas dans les champs avec les gens des Marches. Elle était grosse et se sentit un grand sommeil : le serpent l'avait ensorcelée. Elle dit qu'elle était lasse et son mari l'envoya à la maison. Mais le serpent lui courut après et l'enchantement était de plus en plus fort. Elle se coucha sur l'herbe, à l'ombre, et s'endormit si bien qu'une canonnade ne l'aurait pas réveillée. Le mari craignit qu'elle ne se sentît mal; aussi alla-t-il vers elle et il vit (Dieu nous aide !) qu'un serpent gros comme le bras était entré dans la bouche de sa femme ; il ne restait que la queue dehors. Le mari voulait le prendre, mais tu sais qu'il y a une épine au fond de la bouche des serpents qui peuvent bien descendre, mais qui ne peuvent pas revenir. Le mari ne dit rien et se tint tranquille ; il laissa descendre le serpent tout entier, puis appela sa femme qui ne s'était doutée de rien et lui fit donner un verre de lait qui lui remit l'estomac; et puis tu sais que le lait est la nourriture des serpents. Après cinq jours l'enfant naquit sain et libre et il avait le serpent autour du cou. On ne le tua pas, parce que c'est défendu. Le serpent n'avait pas tué l'enfant, il fallait donc le laisser vivre. On le mit sous le lavoir, on lui porta son déjeuner et son souper et il se portait très-bien. Seulement, l'enfant ne fut point baptisé parce que le serpent trahit Ève ; on attendit encore deux jours pour voir comment la chose finirait. La nuit, pourtant, la mère entendit pleurer l'enfant et croyait que c'était les sorcières. Elle mit le balai en travers de la porte, parce qu'on dit que ça les chasse et que c'est bien fait. Et elle voulut laisser la chandelle allumée, mais à minuit la chandelle s'éteignit toute seule : c'était le serpent qui allait téter au lieu de l'enfant. Cela dura cinq jours ; après quoi l'enfant mourut et mourut aussi le serpent. On les ensevelit sous une gouttière, parce que quand les enfants n'ont pas été baptisés, on ne peut les porter à l'église. Et l'eau qui tombe des gouttières les purifie comme le baptême, tellement, quellement, et après quoi ils vont parmi les anges au paradis.

Angéline en savait bien d'autres, mais il est temps de la quitter. Quelle joie ce serait pourtant de s'attarder auprès de cette brave fille, jolie comme une statuette de cuivre aux yeux luisants et aux petites dents blanches qui rient toujours ; son petit châle sur la tête arrangé en turban, son corsage lacé, son mouchoir croisé sur sa poitrine, sa chemise blanche comme neige, et la santé de la montagne et la fraîcheur de ses vingt ans. Heureuse fille : elle ne sait pas lire !

XII

LA SIBYLLE DE NOTO — LA RELIGION DU VENDREDI
— LES DÉVOTIONS JOVIALES — LE PATER-NOSTER D'UN
LAZZARONE.

Sur les sorcières qui jouent un rôle important dans les contes italiens, nous avons des renseignements plus précis encore qui nous sont fournis par un écrivain élégant et sensé ; M. Mattio di Martino. Il se trouva un jour à Noto (en Sicile) au milieu d'un groupe sémillant de jeunes paysannes qui toutes eurent quelque histoire fantastique à lui raconter. Mais comme il faisait l'esprit fort, il souleva contre lui toute la bande bourdonnant comme un véritable essaim de mouches ! Une sorcière avouée, authentique, vint à lui, la tête haute et, avec un air d'importance et de capacité, se mit à défendre ce qu'elle appelait sa science. Le lendemain matin, devant sa porte, notre auteur aperçut un morceau d'étoffe où se trouvaient piquées quantité d'épingles : il comprit que c'était quelque mauvais tour de la sorcière qui voulait le punir de son incrédulité. Le soir, il revit le groupe de paysannes qui s'enfuirent à toutes jambes en voyant le chiffon hérissé d'épingles qu'il leur mit sous les yeux. C'était donc bien réellement un maléfice. Quinze jours après, l'affaire oubliée, M. di Martino vit arriver sur sa terrasse la sorcière toute pâle et qui paraissait tourmentée par un remords.

— Qu'avez-vous donc, Rita? lui demanda-t-il.

— Ah! monsieur, pardonnez-moi ; ç'a été un égarement, un accès de bile.

Il ne fut point facile de calmer la pauvre femme qui était peut-être dupe de la comédie qu'elle jouait.

— Mais vous ne m'avez rien fait, Rita.

— Comment, dit-elle, moi qui ai fait des vœux pour votre destruction !

Tout s'expliquait, la sorcière avait mis devant la porte un chiffon piqué d'épingles parce qu'elle voulait la mort de M. di Martino. Mais comme le mort était très-vivant et s'obstinait à douter des sortilèges, Rita voulut le convaincre et, à cet effet, se rendit le soir même, seule avec lui, sous un caroubier. Elle se leva tout à coup comme une illuminée et s'éloigna de quelques pas pour adresser une prière en vers siciliens à San Vito qui est le patron des chiens et une invocation au diable. La sorcière déclamait tout cela comme si elle y croyait, d'un air tantôt dévot, tantôt contrit et avec une aisance imperturbable.

— C'est l'oraison de San Vito, dit-elle, une prière d'*attraction*. Vous verrez d'ici à quelques jours pour qui je l'ai faite et quel résultat elle doit avoir.

— Mais, Rita, vous m'avez dit que j'aurai, ce soir même, touché du doigt toute la réalité de votre science.

— Mais, monsieur, je n'ai fait jusqu'ici que préparer mon âme, dites-moi maintenant si vous désirez que j'invoque une *affection*, une *providence*, la paix de quelque maison, ou quelque mauvais sort.

— Essayons de tout cela, reprit notre auteur, après un silence.

Rita lui apprit alors comment il devait s'y prendre pour attirer à lui sa bien-aimée, en cas qu'il en eût une.

— Il faut, dit-elle, un vendredi vous procurer un peu de chanvre et vingt-cinq écheveaux de soie de couleur, puis, à dix-huit heures juste (six heures avant le coucher du soleil), vous commencerez à les filer en chantant ces deux vers :

> Ceci est le chanvre de Christ,
> Il sert pour attacher ce cœur.

Il fallait ensuite entrer dans l'église, le chanvre et la soie à la main et, pendant la consécration, quand le prêtre élèverait l'hostie, prononcer à plusieurs reprises quantité de formules sacramentelles que Rita voulut bien dicter. « Et ainsi, dit-elle, votre bien-aimée deviendra folle de vous. Oui, folle, folle. La voici, elle est là, regardez, toute haletante elle vient à nous. Qu'elle vienne! Qu'elle vienne! »

Notre auteur ouvrit de grands yeux et ne vit rien du tout. Minuit avait sonné, il était temps de rentrer à la ferme. Au retour, Rita continua ses enchantements. Elle répandit de l'eau devant une porte pour faire entrer le diable dans une maison. Elle dit un *Ave Maria* à la lune pour porter bonheur à la fermière. Elle recommanda à notre auteur d'autres ablutions, d'autres simagrées pour conjurer le mauvais sort : il devait se laver dans l'eau bénite en marmotant un couplet où était nommé Pilate ; il devait, en grommelant d'autres refrains magiques, couper à midi trois feuilles de palmier avec des ciseaux d'acier, — que sais-je encore? Il va sans dire que toutes les incantations de l'Hécate sicilienne n'ont eu aucun résultat ; les hommes qu'elle voulait brouiller vivent en paix ; notre auteur n'a charmé aucune jeune fille en buvant de l'eau bénite. Il n'importe, ce peuple tenace n'en croit pas moins au pouvoir surhumain de la Sibylle. Par malheur elle a quitté le pays, probablement parce que notre auteur la gênait. La magie, blanche ou noire, ne peut réussir que chez les croyants : il en est ainsi du magnétisme et de beaucoup d'autres choses encore. « Le monde est à qui le prend, » dit un proverbe florentin.

Il y a aussi des superstitions essentiellement chrétiennes ; la plus répandue en Italie et partout est la Religion du vendredi. Même par les trois quarts de nos lecteurs, le jour de la Passion est regardé comme un jour néfaste. Les Siciliens répètent souvent ce proverbe :

> Nè di vènnari, nè di martiri
> Nun ti moveri, ne ti partiri

Les Toscans disent exactement de même :

> Giorno di venere, giorno di marte,
> Non si sposa e non si parte.

Ce qui veut dire en français :

> Aux jours de Vénus et de Mars
> Point de noces ni de départs.

A Palerme on n'obtiendrait à aucun prix d'un capitaine de navire qu'il mît à la voile un vendredi. Il faut attendre le minuit du samedi pour qu'il lève l'ancre. Il arriva une fois qu'un jeune marin, faisant l'esprit fort, voulut violer cet usage, il fut assailli par une tempête où il faillit périr.

Un ancien manuscrit nous apprend que si l'on coupe des habits le vendredi ou le mardi, on les fait trop courts et on perd l'étoffe. A Trapani on craint même d'acheter du drap ou de la toile au jour maudit. A Palerme ceux qui montrent les marionnettes suspendent les représentations, toutefois les Toscans jouent volontiers à la loterie et sont sûrs de gagner s'ils voient plusieurs fois de suite en songe, sans se réveiller, dans la nuit du vendredi, les numéros avec lesquels ils veulent tenter le sort.

Quant aux mariages, ils sont proscrits aussi sévèrement le vendredi que dans les mois de mars et d'août. Celui qui enfreint la règle n'aura pas de bonheur dans sa maison : il connaîtra l'indigence, la maladie, n'aura pas d'enfants, sera bientôt veuf ou mourra lui-même. A Ucria (province de Messine) on ne baptise même pas le jour de Vénus. Si ce jour est le premier de l'année, l'année entière sera mauvaise. Il y aura des guerres, des famines, la sécheresse et la grêle dans les campagnes, la peste dans les villes, la misère partout. « De la glace en hiver, du vent au printemps, des dissensions entre les princes, une grande mortalité parmi les barons, une épizootie dans le bétail et des tremblements de terre..... tout cela — dit une ancienne brochure — est dans la volonté de Dieu. »

« Qui rit vendredi, pleure samedi » répètent les Siciliens: on retrouve ce proverbe sous la plume de Racine:

Tel qui rit vendredi dimanche pleurera.

Ce jour-là toute parure déplaît au Seigneur ; il ne convient pas de faire toilette. Une légende sicilienne raconte que le Maître voyageant par le monde avec ses apôtres eut soif un vendredi et demanda un peu d'eau à une femme qui était en train de se peigner. La femme répondit mal et le Maître s'écria (en dialecte sicilien) :

> Maudite la triste d'ègne
> Qui le vendredi se peigne !

En continuant son chemin, le Maître demanda un verre d'eau à une femme qui pétrissait de la farine pour en faire du pain. Il fut cette fois plus heureux et il dit (toujours en dialecte sicilien, mais notre traduction est littérale) :

> Que bénie soit la pâte
> Qui le vendredi s'empâte.

La même légende a cours dans d'autres provinces de l'Italie, avec quelques variantes cependant. Ce n'est plus le Maître, c'est la Vierge Marie qui court le monde un vendredi à la recherche du Seigneur. La femme qui se peigne lui dit des injures et la femme qui pétrit de la farine lui indique le chemin où a passé Jésus.

Le vendredi nul ne fait d'affaires, on ne reçoit pas la clé de la maison qu'on vient de louer, on tâche de ne pas tomber malade, on évite même d'enterrer les morts : si on le faisait, trois personnes du convoi mourraient dans l'année. Il n'y a qu'un moyen d'éviter ce malheur, c'est de pelotonner du coton tout autour du crucifix qui est posé sur le cercueil. Cependant ce jour est heureux pour les naissances.

« L'enfant qui naît un vendredi est sans fiel, » disent les bonnes gens de Rovigo :

Chi nasso de Venere nasse senza fiel.

Les Siciliens ont un mot pour désigner ceux qui viennent au monde ce jour-là. Il les appellent *Vinnirini* et les croient destinés aux grandes entreprises. Le *Vinnirino* peut toucher impunément des serpents, frayer avec les lunatiques ; il est vainqueur dans les batailles et il voit clair dans les choses cachées ; il prédit l'avenir. La *Vinnirina* est redoutée dans son quartier et l'on se garde bien de se disputer devant elle ; elle a des préservatifs contre la sorcellerie et le mauvais œil. Tout récemment M. Pitré se promenait dans un quartier populaire de Palerme ; il entendit deux femmes se disputer au sujet d'un mariage manqué entre leurs enfants ; l'une disait à l'autre : « Tu as beau me menacer de tes maléfices, mon garçon est né un vendredi et tu ne lui peux rien ! »

A Venise, l'opinion est un peu différente : « Vénus incline à la curiosité et à la chicane ceux qui naissent en son jour. » Ainsi dit un proverbe populaire et un autre dicton des lagunes affirme que le vendredi est propice aux sabbats des sorciers. Propice encore (on le croit à Gênes) aux femmes enceintes qui vont prendre la bénédiction de l'église : elles n'auront pas à craindre les maux de reins. Propice encore aux dartres. Ceux qui en souffrent n'ont qu'à se faire, avec le pouce, une croix sur l'endroit malade en marmottant une prière qui dit à peu près ceci : « Dartre née le vendredi, tu disparaîtras le dimanche. »

Il existe à Venise une certaine litanie qui, répétée trois fois de suite sans faute, délivre du purgatoire trois pauvres âmes de pécheurs. Voici une autre oraison du vendredi qui nous vient également de Venise: « Ces chiens de juifs l'ont lié; ils l'ont mené sur le Calvaire ; ils lui ont arraché la couronne d'or; ils lui ont infligé la couronne d'épines. Celui qui dira trois fois le vendredi ces paroles ne subira pas les peines de l'enfer; celui qui trois fois le vendredi les fera dire ne pourra mourir de male mort. »

Il y a des endroits dans la zône de Palerme où l'on croit qu'aucun voleur n'oserait voler le jour de la Passion et en effet les statistiques criminelles constatent ce jour-là sinon l'absence, au moins une diminution étonnante de délits. Les propriétaires de campagne les plus timorés, qui ne courraient pas un jeudi dans leurs terres, partent le lendemain sans inquiétude, étant sûrs de ne point rencontrer de brigands. Nous ne disons rien du jeûne ; ce n'est pas une croyance populaire, c'est une prescription religieuse; notons cependant que les oiseaux mêmes, au dire des Siciliens, jeûnent le vendredi. Les femmes de Trapani gardent l'année entière les œufs que leurs poules ont pondu le vendredi saint ; dans quelle intention, on l'ignore, on sait seulement qu'en Lombardie les campagnards obtiennent avec ces œufs des poulets qui changent annuellement de couleur. Voici, à cet effet, la recette des bonnes femmes: « Qu'on prenne des œufs pondus le jeudi entre onze heures et midi, qu'on trace sur eux par trois fois une croix au nom de la Trinité avec un morceau de bois enlevé au cerceuil d'un mort, mais d'un mort qui est expiré le vendredi saint de l'année précédente, entre onze heures et minuit. Qu'on dépose ces œufs sous une poule couveuse et l'on obtiendra des poulets qui chaque année changeront de couleur. S'ils sont blancs la première année, ils deviendront noirs dans la seconde ; s'ils sont gris dans la troisième, ils deviendront bruns dans la quatrième et ainsi de suite. » Ce sont les propres expressions d'un almanach lombard.

Voici un autre usage de la contrée. Le vendredi saint, à trois heures après minuit, chaque paysan va dans son verger et avisant un arbre qui ne porte pas de bons fruits ou qui le gêne ; il le prend d'une main et le déracine d'un seul coup, car à cette heure-là tous les arbres se laissent extirper sans résistance.

Il existe encore à Palerme une « Compagnie des blancs, » confrérie de patriciens fondée en 1541 dans le but d'assister jusqu'au dernier moment les condamnés à mort. Parmi leurs priviléges, les blancs avaient celui de pouvoir grâcier un criminel le jour du vendredi saint. C'est ainsi que fut relâché un fameux bandit qui se distingua bientôt par de nouveaux crimes. Les blancs parcouraient tous les vendredis les rues de la ville en demandant l'aumône pour payer au condamné des messes et des *requiem*.

Mais il y a vendredi et vendredi. Ceux de mars sont plus considérés que les autres. C'est dans ceux-là que les gens de Marsala vont chercher des vipères pour en former « le lacet de l'esquinancie. » On serre la vipère dans un lacet jusqu'à ce que la tête du reptile soit détachée du corps. On coud alors cette tête dans un sachet de toile et l'on enveloppe soigneusement le lacet qu'on lie ensuite au cou du malade affecté d'esquinancie. Le lacet et le sachet le guérissent radicalement.

On a déjà vu que Malchus, celui qui donna un soufflet à notre Seigneur, avait été condamné à tourner continuellement dans un souterrain autour d'une colonne. Chaque vendredi, trois heures avant le coucher du soleil, lorsque les cloches annoncent le martyre du Christ, Malchus frappe à grands coups la colonne de sa main gantée de fer en poussant des gémissements et des cris d'angoisse.

C'est évidemment la Passion de Jésus qui a fait du vendredi un jour néfaste. La poésie populaire en Sicile est pleine de légendes et de traditions sur le supplice du Christ. On cite, entre autres, une sorte de complainte en octaves, intitulée *La Roggia di la passiuni* (l'horloge de la passion), dans laquelle sont notés heure par heure tous les incidents de l'agonie divine. Voici l'octave qui parle des derniers moments :

> A la dix-neuvième heure le Crucifié,
> Voyant sa mère affligée de tant d'amertume,
> Qui s'était mise au pied de la croix :
> « Femme (lui dit-il), je te laisse Jean pour fils. »
> A la vingtième heure il pria son père
> De pardonner à tous les tyrans.
> A la vingt et unième il demanda de l'eau,
> Il eut du fiel et du vinaigre et il expira.

La Rivista europea nous donne un article interressant de M. Tiraboschi sur le vendredi saint à Bergame. Il y a des processions et toutes sortes de cérémonies religieuses. Autrefois dans la basilique de Sainte-Marie-Majeure on élevait un magnifique monument en bois représentant un palais orné de colonnes, de statues et de peintures et surmonté d'une terrasse qui figurait le Calvaire et qui atteignait le faîte de l'église. Cette construction était éclairée d'innombrables lumières. Un seul lampadaire portait trois cent soixante-cinq flambeaux et jetait ainsi autant de flammes qu'il y a de jours dans l'année. Une paysanne a raconté à M. Tiraboschi que son aïeul la conduisait à l'église le vendredi saint et lui faisait réciter soixante-trois fois de suite la litanie suivante :

« Marie se mit en route, elle partit avec un grand tourment pour aller à l'amour et au bien. Elle partit avec une grande douleur et avec de hauts cris pour aller au bois de la sainte croix. Quand elle fut au bois de la sainte croix elle trouva son cher fils déjà mort et que fit-elle ? Elle le prit, le baisa, l'adora en disant :

« Celui-ci est proprement le fils de mon corps. »

« Oh ! ma mère, qui vous a enseigné ce bel *Ave Maria* ? Il faut le dire ou le faire dire soixante-trois fois le vendredi saint, les genoux à nu sur la terre consacrée, et mon âme sera libre. »

On croit à Bergame que le vin bu ce jour-là se change en sang, et comme la cuisine, en Italie et partout, joue son rôle dans la dévotion, il y a des aliments particuliers pour cette fête lugubre. On mange le *crostone* ou la *cruca* qui est une sorte de gâteau cuit dans l'huile et fait avec de la farine, du sucre et des raisins secs. Les femmes lessivent le fil le vendredi saint pensant qu'il en devient meilleur ; le même jour on fait bénir le papier pour les vers à soie, parce que cette bénédiction assure une bonne récolte. On boit enfin comme préservatif contre les morsures des vipères une certaine drogue appelée la *grâce de saint Paul*. A Bergame comme à Trapani les paysannes gardent les œufs pondus le vendredi saint et elles les font manger à leurs maris qui dès lors ne sauraient plus être blessés par la chûte des arbres. Il paraît avéré de plus que ces œufs jetés dans les flammes d'un incendie les éteignent immédiatement.

Nous avons dit qu'on jeûnait le vendredi ; mais il faut

que tout le monde puisse jeûner ou du moins (ce qui n'est pas la même chose, au contraire) puisse faire maigre. Aussi était-il défendu à Palerme, au XIVᵉ siècle, et défendu spécialement aux restaurateurs d'acheter ce jour-là plus de poisson qu'il n'en fallait pour leur consommation personnelle et d'en cuire pour les chalands. Ce fait est constaté par un arrêté de l'an 1330.

Cependant le vendredi ne célèbre pas seulement la Passion de Jésus Christ ; il est encore consacré à sainte Vénus, à saint François de Paule, aux âmes des décollés, etc. C'est surtout dans le pays d'Acireale sur l'Etna que sainte Vénus est vénérée : il ne s'agit pas de la déesse antique, mais d'une héroïne chrétienne qui a donné son nom dans Palerme à un mont de piété. Elle naquit un vendredi et François de Paule mourut le même jour. De là certaines dévotions où leur culte se confond avec celui de Jésus. Nous ne revenons pas sur les âmes des décollés, nous en avons déjà parlé longuement dans un précédent chapitre.

Voltaire ne croyait ni aux âmes des décollés, ni à saint François de Paule, ni à sainte Vénus, ni même à la Passion de notre Seigneur, il croyait cependant au vendredi. On en peut dire autant de Napoléon, qui se serait bien gardé ce jour-là de livrer une bataille. Nous connaissons un peintre français, homme de beaucoup d'esprit, qui va passer tous les étés en Suisse où cette religion a un grand nombre d'adhérents. Ce peintre choisit toujours le vendredi pour retourner en France, étant sûr de trouver au moins un wagon tout à fait vide dans lequel il pourra fumer à son aise et dormir tout son saoûl. Les superstitions sont bonnes à quelque chose.

Ajoutons qu'en Italie, — c'est un trait qu'on ne saurait assez noter, — cette terreur du vendredi n'a rien de lugubre. On s'effraie allégrement, on jeûne sans humeur, on a des abstinences et des macérations joviales. La religion est gaie dans le pays du soleil : la tristesse et la gravité du nord auraient tort de s'en révolter.

Dans le midi la musique d'Église ne craint pas les airs de danse, les madones sont en toilette presque tapageuse, le pape a le mot pour rire, les prédicateurs en plein vent cherchent à faire concurrence à Polichinelle, chacun se compose un culte conforme à son humeur. La foi est enfantine et joueuse comme les enfants ; elle n'en est que plus candide et sincère. On raconte qu'un soir, dans un village du midi, le prêtre cherchait à produire une vive impression sur son auditoire. A cet effet, il tenait à la main une image de la Passion et en approchait de très-près un flambeau avec une gesticulation palpitante :

— C'est vous, criait-il aux auditeurs, qui l'avez souftleté. C'est vous qui l'avez couronné d'épines. C'est vous qui l'avez chargé de la croix. C'est vous qui l'y avez cloué.

— C'est ça, cria un auditeur, mets-y le feu et puis tu diras que c'est nous !

Cet auditeur n'était point un mécréant, loin de là, mais il n'aimait pas les idées tristes.

Ce n'est pas que ces croyants ne pleurent jamais, mais leur émotion est nerveuse, passionnée, parfois violente ; elle peut éclater en sanglots dans l'église, mais elle ne dure jamais. Ce sont des orages qui passent de loin en loin sur le soleil, ce n'est jamais la longue mélancolie du ciel gris qui attriste, des saisons durant, la nature et les âmes. Un jour, un prêtre tonnait contre la philosophie moderne devant une foule d'illettrés qui n'étaient certes pas philosophes ni modernes et qui s'abandonnaient tous au plus pathétique attendrissement.

— Pourquoi pleurais-tu? dit-on à un portefaix au sortir de l'église.

— Que voulez-vous? répondit-il, tout le monde pleurait, et *il m'a pris une commotion que je n'ai plus pu y tenir.*

Mais cette foi, demanderont les catholiques libéraux, est-ce une foi éclairée? — Pas le moins du monde, et nous avons à ce propos une dernière histoire à raconter; nous la trouvons dans des notes déjà bien vieilles. Un soir, à bord d'un brigantin, nous venions d'entendre un chœur de marins qui avaient chanté très-faux des paroles qui n'étaient ni de l'italien, ni du latin, ni du patois. Quelqu'un demanda à l'un des chanteurs ce qu'il venait de faire.

— Nous venons de chanter le rosaire de la Madone.

— Qu'est-ce donc que cela?

— C'est le rosaire de la Madone.

— Fort bien, mais que dit-il, ce rosaire?

— *Ave Marie, grazie prene, benedette tu, lu frutte de lu vente, sante Marie, madre de Dio, priate pe nuie peccature, a essere che l'ora de nostra morte, a cussi sie.* (Écrit le lendemain sous la dictée du marin.)

— Voilà tout?

— Oui, Excellence, et nous chantons cela dix fois.

— Et qu'est-ce que cela veut dire?

— Qui le sait?

— Comment, tu ne sais pas ce que tu dis-là?

— Non, Excellence.

— Et pourquoi le dis-tu alors?

— Pour prier la Vierge très sainte.
— Et que demandes-tu à la Vierge?
— Je lui dis *Ave Marie, grazie prene*. Et il recommença son oraison, charabia sans suite et sans signification aucune.
— Voyons, reprit le questionneur, écoute et réponds-moi.
— Dites, Excellence.
— Quand tu me parles à moi, tu me dis quelque chose.
— Oui, très-illustre.
— Quand tu me fais une prière, c'est pour me demander de l'argent, un cigare ou n'importe quoi.
— Sans doute.
— Eh bien! quand tu pries la Madone?..
— Excusez, Excellence, vous êtes un seigneur très-respectable, un brave chevalier, mais vous n'êtes pas la sainte Vierge.
— Ah! c'est juste. Ainsi quand on parle à la Madone, la plus grande preuve de vénération que l'on puisse lui donner c'est de lui marmotter des sottises.
— Ce ne sont pas des sottises, Excellence.
— Et qu'est-ce que c'est, alors?
— *Ave Marie, grazie prene*...,et il allait dire pour la troisième fois sa leçon, lorsqu'on lui ôta la parole:
— C'est convenu, nous sommes d'accord; dis-moi maintenant ton *pater*.

Voici comment il écorcha la prière chrétienne:

Patre nostre qui es in ciele, san Vincenzo è o nomme tue, fiat a voluntà tue, en terra sicul en ciele; da o pane quotadiane mo e bisodie, miette debite nostre pechè mittemusse ebbitorebes nostres, errecasse tentazione et librece ogne male, a cusì sie.

— A la bonne heure, tu ne manques pas de latin. Explique-moi maintenant ce que tu viens de dire.

— Moi ! s'écria-t-il, il faut demander cela au sire prêtre.

— Tu n'en sais donc rien ?

— Comment puis-je le savoir ?

— Et tu crois que tu fais beaucoup de plaisir à Dieu en lui répétant des choses que tu ne comprends pas ?

Eh! Excellence, je crois que Dieu n'a cure de ce que moi, pauvre homme, je peux lui demander.

Voilà, direz-vous, un raisonnement de sceptique. — Hélas! mes amis, tous les raisonneurs du monde le sont aussi plus ou moins : *pensar*, *dudar*, dit le proverbe espagnol. Mais le marin n'en récite pas moins tous les soirs le rosaire de la Madone.

XIII

LES CONTES MILANAIS — ENFANTILLAGES : LE SAVETIER — LE CURÉ — LA POULE VOLÉE — LE PRÊTRE QUI MANGEA DE LA PAILLE — LES DEUX JAMAIS-CONTENTS — LES OIES — ANECDOTES DE GIUSTI — LA VOIE ÉPINEUSE — SAINT AMBROISE ET LES TROIS GARÇONS.

Hâtons-nous maintenant de retourner à nos contes. Ceux de Milan recueillis par M. Vittorio Imbriani sont de simples anecdotes, les autres ne nous offrent que des variantes émondées, souvent effeuillées et défleuries des contes florentins. Les bonnes femmes de Milan vont droit au fait et n'aiment pas les fioritures ; elles ont à leur service un dialecte tronqué qui ne manque pas d'entrain et d'énergie, mais qui n'a pas la grâce et la douceur des dialectes méridionaux : Elles ne semblent pas s'inquiéter beaucoup du but moral et on les étonnerait fort en leur apprenant que l'art est un sacerdoce. Voici l'une des histoires qu'elles racontent aux enfants.

Il y avait un fils, et il avait son papa et sa maman qui lui donnaient des coups et qui voulaient le chasser de la maison. Alors ce fils se met à pleurer. Son père lui dit :

— Tais-toi, et va chercher de l'huile et du vinaigre.

Et il lui a donné des petits pots et de l'argent. Le fils s'en va, et quand il est à mi-chemin, il fait tomber ses pots qui se cassent. Alors il dit:

— Pauvre moi, comment vais-je faire pour rapporter à la maison le vinaigre et l'huile; serviteur (ciao, schiavo, esclave).

Il va toujours. Il va chez le marchand et lui dit:

— Donnez-moi de l'huile et du vinaigre.

— Où dois-je les mettre, mon cher fils? tu n'as pas d'huilier.

— Mettez-moi l'huile dans mon chapeau.

— Et le vinaigre, où dois-je le mettre?

Alors l'enfant retourne son chapeau, laisse tomber toute l'huile et dit:

— Le vinaigre vous le mettrez sur le chapeau, serviteur!

Il paie et s'en va dans la maison de son papa qui lui dit:

— Où as-tu mis l'huile et le vinaigre, coquin de coquin!

Le fils montre son chapeau et répond:

— De ce côté-ci est le vinaigre — et retournant son chapeau — de ce côté-ci l'huile.

Son papa le roue de coups et le jette dehors. Et lui se met à pleurer en disant:

— Où est-ce que je vais aller?

Tout à coup il lui vient à l'esprit qu'il a une tante, très grande-dame, dans un pays voisin. Et il y va. Quand il est sur la route il rencontre un bâton qui lui dit:

— Cheminons ensemble.

— Mais non, mais non, qu'ai-je à faire de toi?

— Tu verras que je te serai bon à quelque chose.

— Serviteur.

Le bâton vient avec lui. Quelques pas plus loin, le fils rencontre une roue, qui lui dit :

— Cheminons ensemble.

— Mais non, qu'ai-je à faire de toi ?

— Tu verras que je t'aiderai.

Puis il rencontre une épingle, puis un lion, puis quelque chose d'assez malpropre, et tout cela vient avec lui. Il arrive chez sa tante qui était sortie.

Alors le bâton lui dit : — Cache-moi derrière la cloison.

La roue lui dit : — Et moi, derrière les chaises.

La chose malpropre : — Et moi sur la pelle.

L'épingle : — Pique-moi sur l'essuie-mains.

Le lion : — Moi je vais dans le lit.

Le fils monta au grenier. Rentra la tante ; à peine eut-elle passé la porte, que le bâton lui donne quantité de coups ; elle fait un pas, la roue lui roule sur les pieds ; elle saisit la pelle pour prendre un peu de feu et se salit les doigts ; elle va s'essuyer à la serviette et se pique ; ennuyée de toutes ces mésaventures, elle va se mettre au lit, le lion la mange. Alors le fils descend du grenier : il a pris tout l'argent de sa tante et il a fait le grand seigneur.

Ce n'est pas plus moral que cela. Le conte du savetier est moins enfantin. Nous en donnons une traduction littérale.

LE SAVETIER

Il y avait une fois un savetier qui las de tirer le ligneul pensait au moyen de gagner gros. Pendant qu'il tenait le nez en l'air à compter les poutres, il oubliait qu'il avait mis sur le bahut une jatte de lait et les mouches, parce qu'on était en été, avaient couru en foule sur le lait, tellement qu'il était devenu tout noir. Alors le savetier s'aperçoit de la chose et se lève tout en fureur, élargit la main comme font ceux qui attrapent les mouches et donne un grand coup. Il en échappa bon nombre, mais il en resta une partie dans sa main; il se mit à les compter, il y en avait cinq cents. Alors qu'est-ce qu'il fait? Il a fait un grand écriteau où était écrit: Avec une main j'en attrape cinq cents, et il attache ce grand écriteau devant sa boutique.

Vous devez savoir qu'en ce temps-là le roi était en grande guerre contre son voisin. Mais il avait toujours été battu, tant qu'un jour en se sauvant il passa avec sa suite devant la boutique du savetier et il vit le grand écriteau.

Aussitôt il fit appeler l'homme, et l'homme tout transi, craignant qu'on ne lui fît quelque chose, honteux aussi de se trouver en présence de sa Majesté, accourut tout de suite.

— Est-ce vrai qu'avec une main vous en tuez cinq cents?

— Oui, répond l'homme, qui se tient là tout tremblant.

Le roi:

— Vous sentiriez-vous le courage d'aller combattre les ennemis?

Le savetier qui d'une part espérait la fortune et de l'autre avait peur, se dit: ou mourir, ou continuer à faire le savetier, je ne saurai trop lequel des deux est pire, essayons. Alors il répond au roi:

— Oui Majesté, donnez-moi un cheval, et je vais sur le champ mettre en fuite tous vos ennemis.

— Bien, dit le roi, si vous réussissez je vous donnerai ma fille en mariage.

Aussitôt dit, aussitôt fait. Le savetier monte sur un cheval (et il n'était pas même bon à se tenir dessus) et il porte une grande bannière où était écrit : Avec une main j'en tue 800. Le voilà parti contre l'ennemi. L'ennemi qui voit arriver cet homme et qui lit ce qui est écrit sur cette grande bannière, a bientôt pris peur, et à mesure que le savetier s'avançait, les soldats se mirent à reculer, tant qu'en moins de rien il n'en resta plus un seul. Le roi qui suivait de loin, voyant qu'il n'y avait plus foule, courut lui aussi au secours du savetier. Et quand tous les ennemis ont disparu, les vainqueurs sont rentrés au logis et dès le lendemain se fit le mariage avec la fille du roi.

Le premier soir le savetier était tout content, mais quand il se fut endormi, il rêva qu'il était toujours devant son établi à tirer le ligneul, et il donnait de grands coups de poing à sa petite femme. Celle-ci alla le matin se plaindre tout en pleurs à papa, lequel ne sachant comment s'en tirer ordonna que les deux époux dormissent dans deux chambres séparées. C'est pour cela que depuis lors, ne dorment pas ensemble mari et femme chez les rois et les grands seigneurs.

Cette histoire a passé les Alpes et le Rhin ; on la trouve aussi dans les livres. L'annotateur du *Malmantile* raconte l'anecdote d'un pauvre garçon nommé Nani qui en un jour avait attrapé sept mouches. Une belle fée lui apparut et lui demanda les sept mouches pour un passereau qu'elle avait, en lui promettant la richesse. Elle le conduisit dans sa caverne et lui donna des armes et de l'argent, le coiffa d'un heaume inscrit du nom d'*Ammazzasette* (tue-sept) et l'envoya au camp des Pisans qui, avec l'aide des Français, faisaient la guerre aux Florentins. Nani fut bien accueilli des Pisans et leur expliqua son surnom. Les Français perdirent leur capitaine et ne purent s'accorder pour lui donner un successeur. A chaque nom proposé bon nombre d'entre eux criaient : *nenni, nenni!* — *Nani, Nani* répétaient les Pisans, croyant que les Français voulaient Nani pour leur capitaine. C'est ainsi que l'Ammazzasette monta en grade et devint riche comme la fée le lui avait promis.

Les Milanais aiment les facéties où les curés n'ont pas beau jeu ; ce n'est pas qu'on soit impie dans la ville de Manzoni, mais on y a l'humeur allègre. Les mangeurs de prêtres, au contraire, sont sérieux ou bilieux. Aussi pouvons-nous citer sans être accusé d'irréligion une ou deux de ces drôleries lombardes.

LE CURÉ

Il y avait une fois un curé qui ne savait pas même compter les jours de la semaine. Tous les matins il mettait un fagot sur un autre et quand il y en avait six, il disait la messe le lendemain, jugeant que le dimanche était arrivé. Un jour la servante oublia de placer le fagot, et le curé n'en comptant que cinq, n'alla pas dire la messe le lendemain ; c'était pourtant un dimanche. Le sacristain vint le chercher dans son lit et lui dit de se lever. Le curé répondit que ce n'était point fête et il fit ainsi perdre la messe à tous les paysans. Les paysans enragés se plaignirent à l'archevêque et l'archevêque répondit qu'il viendrait voir lui-même ce qui s'était passé.

Alors le curé prit peur, et courut chez la Perpétue ; la Perpétue lui dit de ne pas avoir peur, et que ce n'était rien. Elle mit au feu une grande chaudière et versa l'eau bouillante dans le bénitier de l'église.

— L'archevêque arriva le matin même et le curé lui dit :

— Ce n'est pas moi qui suis fou, ce sont les paysans, vous le verrez tout à l'heure.

Ils allèrent ensemble à l'église, et les paysans qui ne savaient rien trempèrent leur main dans l'eau bénite, mais ils la retirèrent aussitôt en poussant des cris et en faisant des sauts d'enragés.

— Vous le voyez bien, dit le prêtre.

L'archevêque fit une grande réprimande aux paysans, et le curé rentra dans sa paix.

Passe un char d'huile d'olive.
L'histoire est belle et finie.

Les contes milanais comme les florentins et les siciliens se terminent souvent par deux vers où il n'y a ni raison ni rime. Voici une autre histoire de curé.

LA POULE VOLÉE

Un paysan eut envie de voler une poule, il tendit la main pour la prendre, mais elle parvint à s'échapper en ne laissant que sa queue dans la main du paysan. A Pâques le bonhomme alla se confesser ; le prêtre lui demanda ce que la poule pouvait bien valoir.

— Huit livres, dit le pénitent.

— Apporte-les-moi, reprit le prêtre, pour faire du bien aux morts.

Le paysan pour attrapper l'absolution (*per ciappà l'assoluzion*) lui promit l'argent. La nuit porte conseil : il enveloppa la monnaie dans un morceau de papier mouillé qu'il mit au fond de son chapeau ; le matin venu, il tendit son chapeau au prêtre :

— Sire curé, lui dit-il, l'argent est là dedans, retirez-le.

— Donne-le-moi.

— Non, non, il vaut mieux que vous le preniez vous-même.

Le papier mouillé se déchira, l'argent demeura au fond du chapeau, et le paysan prit la fuite.

— Eh! l'ami, cria le prêtre, il ne m'est resté dans la main que le papier.

— A moi aussi, dit le paysan, il ne m'est resté à la main que la queue.

Ne quittons pas les curés, sans montrer comment les Pisans les traitent. Le peuple de Florence est indévot : on sait les fabliaux un peu risqués qu'il a fournis dès le moyen-âge à Sacchetti et à Boccace. Une bonne femme de Prato-Vecchio, Maria Pierazzoli raconte à qui veut l'entendre l'histoire d'un prêtre qui mangea de la paille. On va voir comment.

LE PRÊTRE QUI MANGEA DE LA PAILLE

Ce prêtre ayant rencontré un garçon qui était seul et qui possédait quelque argent, lui avait dit :

— Viens chez moi, nous ferons ménage ensemble ; à cette condition pourtant que celui de nous deux qui le premier se mettra en colère, paiera cent écus.

L'affaire fut conclue.

— Demain matin, dit le prêtre, tu iras me semer un peu de blé, — et il lui donna un sac de grain. Le garçon prit le sac, attela les bœufs, ne creusa qu'un sillon où il jeta tout le grain et le recouvrit de terre. Cela fait, il se coucha sur le flanc et attendit le déjeuner. Le déjeuner ne venait pas, la servante n'arriva qu'à midi avec un flasque et une soupière. La soupière et le flasque étaient cachetés. Le garçon pensa : il veut me mettre en colère. Il fendit le ventre de la soupière, cassa le cou du flasque, et dîna tant bien que mal. La servante alla dire à la cure qu'elle avait trouvé le garçon endormi.

— Dieu sait quel travail il a fait, pensa le prêtre qui, aussitôt, alla voir et jeta les hauts cris.

— Oh ! seigneur patron, dit le gars, êtes-vous en colère ?

— Allons donc ! point du tout.

Il arriva que le garçon devint amoureux de la servante qui se nommait Gigia. Le prêtre dit à Gigia :

— Demande-lui de quoi il a peur, nous arriverons bien à le mettre en colère.

Le garçon avait peur des chouettes ; quand le prêtre le sut, il fit déshabiller Gigia, l'enduisit de miel, la couvrit de plumes et lui dit de monter sur un arbre en face de la fenêtre du garçon :

— Là, dit le prêtre, tu pousseras le cri de la chouette, et je gagnerai les cent écus.

Marc (c'était le nom du gars) se cacha sous sa couverture, puis perdant patience il prit son fusil et tira sur l'arbre d'où venait la voix. Il entendit tomber quelque chose.

— Chante à présent, tu as ton affaire, — et il rentra dans son lit.

Le prêtre se mit à la fenêtre en entendant le coup de feu, et il vit la pauvre Gigia qui était tuée. Il court chez Marc :

— Ah! coquin, ah! scélérat, qu'as-tu fait?

— Si vous n'êtes pas content, je tire aussi sur vous.

— Quoi donc, Marc, es-tu en colère?

— Non, est-ce que vous le seriez, vous-même?

— Pas le moins du monde.

Ainsi finit l'affaire, et ils allèrent tous deux se recoucher. Un autre jour le prêtre lui dit :

— Sais-tu, Marc : demain matin, tu selleras le cheval, nous allons chez un neveu à moi qui va se marier.

— C'est bien. Faut-il que je prépare un peu de fromage, un peu de vin, quelque chose?

— Ne prépare rien, on sera vite arrivé.

Le matin venu, le prêtre à cheval, et Marc à pied se mirent en route. Chemin faisant, le prêtre eut bientôt faim, mais le garçon avait pris ses précautions. Un peu plus loin, le petit fourbe se dit fatigué ; il pria qu'on le laissât monter à cheval ; mais, dès qu'il y fut, il piqua des deux ; le pauvre curé resta en arrière. La nuit les gagna devant la maison d'un paysan.

— Entrez! leur dit-on, vous serez au moins à couvert.

Pour faire enrager Marc, le prêtre répondit :

— Merci bien, nous resterons derrière la grange.

Le garçon tira son fromage avec un bon morceau

de pain et se mit à manger ; le prêtre ne le voyait pas, mais entendait le bruit des mâchoires :

— Que fais-tu là ?

— Que voulez-vous, seigneur patron, je tâche de manger un peu de paille.

— Oh ! oh ! est-ce qu'on peut l'avaler ?

— Je le crois, pourvu qu'on la mâche.

Le prêtre voulut en goûter, et le voilà qui mange de la paille. Marc avait un petit flasque de vin et se mit à boire.

— Que fais-tu là ? bois-tu ?

— Que voulez-vous ? seigneur patron, toute la paille m'est restée au gosier, je me crache dans la bouche.

— Oh ! fais-moi un plaisir, crache aussi un peu dans la mienne, je n'y arrive pas tout seul.

Le garçon ne se le fit pas dire deux fois, et se remit à manger.

— Tu manges encore ?

— J'ai une faim de loup, oh ! seigneur patron, est-ce que vous seriez en colère ?

— Moi ? pas du tout, allons donc !

Quand il fit jour, ils se remirent en route ; ils n'arrivèrent que le soir et le repas de noce était fini. Il restait pourtant de quoi nourrir un homme, mais le prêtre, par fausse honte, protesta qu'il n'avait pas faim. On offrit à manger au garçon qui accepta de bon cœur : il croqua des poulets qui restaient et le prêtre lui faisait de gros yeux en chuchotant :

— Donne-m'en un peu ; passe-moi un petit os.

Marc ne donna rien, et les neveux de rire :

— Avez-vous faim, oncle prêtre ?

Mais Marc répondait pour lui :

— Bah ! bah ! il n'a pas faim, il a bien dîné.

Le prêtre faisait de gros yeux au garçon qui était près de lui. Les neveux se demandaient :

— Qu'est-ce qu'il a, notre oncle ?

— Rien, rien, répondait le prêtre et Marc ajouta :

— Savez-vous, il a honte de vous le dire, il a mal au ventre, il voudrait aller se coucher.

Figurez-vous la rage du prêtre. On le mit au lit et Marc alla lui demander :

— Etes-vous en colère ?

Toute la nuit, le malheureux se retournait dans son lit, car il mourait de faim. Il n'y tint plus et demanda au garçon où l'on avait mis la bouillie qu'on lui avait offerte à manger. La bouillie était à la cuisine. Le prêtre y alla donc et pour retrouver son chemin, tira de sa poche un peloton de ficelle qu'il attacha au pied du lit. Dès qu'il fut sorti, Marc défit le nœud et alla sur la pointe des pieds attacher la ficelle au lit des mariés, qui étaient dans la chambre voisine. Le prêtre revint en suivant la ficelle, trébucha sur une pantoufle et la bouillie qu'il tenait à la main, se répandit sur la tête des mariés. L'épouse, réveillée en sursaut, se mit à crier au voleur ; le prêtre sauta par la fenêtre et se rompit le cou. Ce fut un grand déplaisir pour les neveux et le bon Marc, étant retourné dans la maison du mort, se fit héritier de tout ce qu'il y trouva.

Retournons à Milan. Les contes des Lombards ne sont pas tous indévots, témoin celui-ci qui montre la bonté de la Providence.

LES DEUX JAMAIS-CONTENTS

Il y avait une femme qui se nommait Claire, elle était pauvre et demandait la charité. Elle trouva un jour un pepin de citrouille et le sema. Peu de temps après, de ce pepin sortit une plante qui monta jusqu'au ciel. Le mari dit à sa femme :

— Tu devrais grimper sur cet arbre et aller chez le Seigneur pour lui demander de me donner au moins du pain.

Elle monta : Tic toc.

— Qui est là?

— C'est la pauvre Claire qui a besoin d'une grâce.

— Quelle grâce veux-tu?

— La grâce d'avoir au moins du pain.

— Va, tu l'auras.

Après, le mari dit à Claire de remonter au ciel demander la grâce d'avoir de la soupe tous les jours et de la viande le dimanche.

Et le Seigneur :

— Tu auras de la viande le dimanche et de la soupe tous les jours.

Mais le mari, jamais content, dit à sa femme de monter pour demander de la viande tous les jours et un grand dîner le dimanche. Le Seigneur, toujours bon, voulut lui faire encore ce plaisir. Alors, le mari demande le grand dîner tous les jours et une voiture pour aller se promener. Et le Seigneur :

— Tu auras le grand dîner et la voiture.

Après la femme alla réclamer le titre de comtesse pour elle et de comte pour son mari. Mais le Seigneur perdit patience et lui répondit (nous adoucissons) :

— Va-t en ; ton mari sera crottin et tu seras crotte.

L'arbre aussitôt se cassa ; la femme et le mari tombèrent dans la boue et y sont restés.

Nous rentrons dans les légendes ; celle des *Oies* qui nous vient aussi de Milan rappelle par certains traits le souvenir de saint Antoine et du bon François d'Assise.

LES OIES

Un roi avait une fille ; quand elle fut grande il lui demanda si elle voulait se marier. Elle répondit que sa vocation était d'être nonne. Le roi, qui n'avait que cette fille, en fut affligé ; pour ne pas la perdre tout à fait, il lui fit construire un couvent dans la ville, il lui donna de grandes terres et elle devint supérieure du couvent. Les fermiers firent les semailles, mais vinrent douze oies sauvages qui mangèrent tout le grain. Plainte fut portée à la supérieure qui dit aux fermiers :

— Commandez de ma part à ces oies de venir ici dans la basse-cour.

Les fermiers en prirent une et la mangèrent pensant qu'on n'en saurait rien ; les autres allèrent à la basse-cour sans se faire prier, parce que la mère abbesse était une sainte. Elle leur fit une réprimande et leur dit :

— Pourquoi donc avez-vous mangé le grain de ma campagne ? Est ce que le grain est à vous ?

Les oies écoutaient. Après leur avoir fait cette réprimande, elle leur donna la bénédiction et les oies montèrent en l'air, mais ne s'en allèrent point. La mère abbesse les bénit encore, jusqu'à trois fois, mais voyant que les oies ne s'en allaient point, elle manda les fermiers et leur dit :

— Qu'avez-vous fait à ces oies? dites-moi la vérité et ne mentez point.

Ils répondirent.

— Puisque nous devons dire la vérité, quand nous avons vu que les oies venaient ici, nous en avons pris une, nous lui avons tordu le cou et nous l'avons mangée.

— Pourquoi donc, vous autres, mangez-vous les oies? Est-ce qu'elles sont à vous?

— Non, elles ne sont pas à nous.

— L'avez-vous mangée tout entière?

— Non, il en reste quatre os dans la terrine.

— Apportez-les moi tels quels et n'y touchez pas.

Ils les lui portèrent, elle les prit dans ses mains et il en sortit une oie vivante qui alla rejoindre les autres. Elles firent toutes une grande fête à l'abbesse qui leur dit d'aller où elles voudraient.

Cette légende a été racontée par une femme de Nusto-Artizio; on ne sait où elle l'a prise. L'Italie est le pays des miracles, et le poëte Giusti, qui était toscan, partant un peu sceptique, en a recueilli plusieurs dont il parle dans ses lettres assez irrévérencieusement.

Avant qu'on ait fait la large route de Pistoie au Grand-Sapin, on raconte qu'en un lieu, dit le Maupas, un mulet tomba dans une ravine avec une charge d'huile; le conducteur, persuadé que la bête s'était rompu le cou, ne voulut pas même regarder où elle était tombée et s'en revint chez lui tout affligé. Pendant qu'il racontait le malheur à sa femme et que celle-ci s'arrachait les cheveux en lui reprochant d'être revenu sans s'assurer de rien, voici qu'ils entendent les grelots à la porte, et sais-tu? C'était le mulet sain et sauf avec l'huile et tout. On attribue le fait à un miracle, on le raconte comme un grand événement et on a pendu un ex-voto devant la madone.

Que nous sommes malheureux d'avoir en nous ce grand hérétique qu'on appelle le jugement! Pourquoi faut-il que nous pensions que le mulet laissé à lui-même au fond du ravin était remonté de son mieux sur la route et retourné à l'écurie, comme font tout les animaux domestiques!

Mais une autre histoire a encore plus d'étrangeté.

Un certain jeune Jacuzzi de Pistoie (on cite le nom, le pays et l'année,) vit dans la campagne de Juro un très-beau serpent, et fit tant, qu'il le prit, lui arracha les dents, et le gardait dans sa maison, le nourrissant de semoule et faisant de lui son amusement. On ne sait si ce fut par étourderie ou parce qu'il croyait que les serpents ne buvaient pas, il ne lui donnait jamais à boire. Cependant il ne se sentait pas bien lui-même, et maigrissait et les médicaments n'y faisaient rien. Il traîna ainsi une année jusqu'au jour où il alla consulter les médecins (et on les nomme :) qui ayant appris l'affaire du serpent, conseillèrent au malade d'aller le remettre où il l'avait pris. Ainsi fit le jeune homme. Mais à peine l'eut-il posé à terre qu'il s'éleva un grand orage et il tomba tant de grêle et de tonnerre qu'on eût dit l'enfer déchaîné. Nous demandâmes :

— Pour sûr, le serpent était un diable ou quelque âme damnée de ces mauvais soudards d'Orange qui s'étaient battus dans cet endroit.

On nous répondit : Eh ! qui en sait rien ?

— Mais dites-nous : est-ce que le matin de ce jour il y avait des nuages ?

On nous répondit en flairant le poison de notre question : Eh ! c'est encore possible.

Je vis, ajoute Giusti, qu'ils racontent cette histoire avec foi, mais si les autres n'y croient guère ils n'insistent pas. Vivent les chrétiens de la montagne !

Encore deux contes religieux avant de quitter Milan. Le premier est l'histoire d'un petit garçon, nommé Jean, qui était allé au prêche ; le prêtre disait qu'il fallait passer par une voie étroite, épineuse pour monter au paradis. Jean court alors vers sa mère et lui dit :

— Je veux aller au paradis, donne-moi deux pains et dix centimes.

La mère les lui donna. Il partit et marchait, marchait toujours ; il suivait une belle route et allait droit devant lui sans jamais découvrir la voie étroite et épineuse. Il marche encore, et finit par la trouver. Alors tout content, il tire son pantalon jusqu'à mi-jambe et s'y engage ; il tombait à tout moment, et se couvrait de sang de la tête aux pieds.

Mais il fit tant, qu'il put aller jusqu'au bout. Quand il fut au bout, il vit une maison, et crut que c'était le paradis. Il se mit alors à crier :

— Ah ! Seigneur, je suis là, avec vous et avec la madone.

Alors sortit un moine, parce que cette maison était un couvent et il dit au garçon :

— Ah ! mon fils comme tu es couvert de sang.

Il le prit dans ses bras et avec un autre moine il le mit au lit. Mais le garçon ne put être guéri par les moines et au bout de peu de temps il alla en paradis pour de bon.

Il y a peut-être dans ce récit une pointe de raillerie ; l'autre légende est plus sérieuse et met en scène saint Ambroise, qui est, comme on sait, le protecteur de Milan.

SAINT AMBROISE ET LES TROIS GARÇONS

Il y avait une fois trois garçons pauvres, pauvres, qui ne savaient plus comment faire pour vivre, et n'avaient plus ni papa ni maman. Et ces pauvres garçons devaient aller à la messe un à un parce qu'ils n'avaient qu'un habit à eux trois. Un jour saint Ambroise passa devant leur maison et vit sur le toit danser des anges. Il entra et dit aux garçons :

— Qui est-ce qui demeure ici ? Est-ce vous ?

— C'est nous, mais nous sommes pauvres, pauvres et nous n'avons pas même de quoi manger.

Il leur répondit :

— C'est bien. Le Seigneur me l'a fait entendre, et je sais que vous êtes bons.

Il posa sur la table une bourse et dit :

— Je vous donne cette bourse ; tirez-en autant d'argent que vous voudrez, il y en aura toujours ; mais si vous êtes mauvais et que vous jetiez l'argent par les fenêtres, prenez bien garde, le Seigneur vous punira.

Un mois après, il passa de nouveau devant la maison ; il regarda le toit, et au lieu d'anges, il y vit danser des diables. Il entre alors et voit quantité de jeunes gens habillés de soie, la maison en fête et la table servie : un dîner de prince. Aussitôt il s'avance doucement, doucement, reprend sa bourse et dit aux jeunes gens :

— Est-ce là la promesse que vous me faisiez d'être sages? Est-ce le bien que vous voulez au Seigneur? Vous ne sauverez pas votre âme, si vous n'allez pas dans un désert, pour y pleurer et y mourir.

Les garçons alors sont partis, et ont couru dans un désert, où ils ne faisaient que prier et pleurer. Quand ils sont morts, on a vu trois colombes monter au ciel. C'étaient les âmes de ces trois garçons.

XIV

LES CONTES TOSCANS — LE DIALECTE — LES TROIS AMIS — LE LOUP ET L'ÉCREVISSE — LA NOUVELLE DU SOMMEIL — MANFANE, FANFANE ET ZUFILO.

Nous allons maintenant en Toscane, et notre tâche devient plus facile: le toscan, c'est à peu près de l'italien. Nous disons à peu près, c'est le mot juste. Nous avons cru longtemps sur la foi de Manzoni que les nourrices florentines pouvaient donner des leçons de grammaire aux académiciens de la Crusca; cependant la prononciation populaire est défectueuse, même aux bords de l'Arno: les initiales des mots sortent avec des gros soupirs, telle consonne manque à l'appel ou se fait remplacer par une autre; un plébéien du Marché Vieux vous dira: *Hate vo fatta la tal chosa* au lieu de: *Avete voi fatta la tal cosa?* A force d'aspiration le dialecte de Florence et de Pise (beaucoup moins que ceux de Sienne et de Pistoie) paraissent aussi haletants, aussi essoufflés que l'allemand. De là le proverbe qu'on répète à satiété: langue toscane dans une bouche romaine. Ce dicton est doublement inexact: dans le peuple, qui est seul en cause, la bouche romaine a de mauvaises habitudes et la langue toscane se permet de fortes incorrections que M. Imbriani se plaît à relever. L'une des plus coupables selon nous est le déplacement de l'accent : l'accent est l'âme de la langue. Les Florentins disent *Trìnita* au lieu de *Trinità* ; nous avons entendu des savants justifier cette faute par de doctes considérations sur l'accent et la quantité, mais de quel droit les Toscans disent-ils *sèdere* au lieu de *sedère*?

Un improvisateur qui s'était fait prier une heure pour montrer son petit talent finit par se lever et par dire en estropiant le verbe *vedère* :

Oh! ohe bel vèdere
Se spunta il dì....

Un assistant l'interrompit aussitôt par une rime qui reproduisait la même dislocation d'accent :

Si pongaa sèdere
Basta cosi.[1]

Malgré ces réserves, nous reconnaissons que le Toscan est le dialecte le plus pur de l'Italie : plein de grâce, de finesse, de câlinerie, d'agacerie piquante, riche en diminutifs caressants qui se multiplient pour flatter l'oreille et cajoler l'attention. Les bonnes femmes de Florence et de Pistoie racontent vivement et avec entrain, ne craignent pas le détail, s'entendent à la mise en scène et, si elles n'ont pas cette fougue d'imagination, cette mobilité de pensée qui nous frappe chez les Siciliennes, elles ont en revanche une aisance de mouvement, une vivacité d'allure, une pétulance et une volubilité qui don-

---

[1] Oh! qu'il fait beau voir poindre le jour. — Vous pouvez vous asseoir, cela suffit.

nent de la vie à leurs moindres récits. Elles ne se contentent pas, comme les Milanaises, d'aller droit au fait et de servir leur repas sans dessert ni hors d'œuvre. Elles savent développer leurs romans et en compliquer la fabulation.

On peut s'en assurer dans leurs récits les plus courts. Voici par exemple une anecdote et une fable que nous traduisons mot à mot du toscan. L'anecdote est intitulée :

LES TROIS AMIS

Trois amis descendirent un soir dans une petite hôtellerie de campagne ; ils soupèrent frugalement, puis, avant de se coucher, dirent à l'hôtelier qu'ils déjeuneraient le lendemain avant de partir. L'hôtelier répondit qu'il était désolé, mais que cela était impossible : il ne lui restait plus qu'un quart de poule, un petit pain et un verre de vin. Les amis ne furent pas contents, mais désirant qu'un d'eux au moins déjeunât le lendemain, ils décidèrent que celui des trois qui pendant la nuit aurait fait le meilleur ou le plus mauvais songe aurait le droit de se mettre seul à table : l'hôtelier prononcerait. L'un des amis se réveilla dès l'aube, et se sentant de l'appétit descendit à la cuisine où il mangea tout. Les deux autres se levèrent plus tard et racontèrent leurs songes. Le premier avait rêvé qu'il montait au paradis et qu'il y goûtait tous les plaisirs de la béatitude ; l'autre qu'il était précipité dans l'enfer, où il subissait tous les supplices et tous les épouvantements.

— Il est certain, dit l'hôte au premier, que votre songe est très-beau ; il est également certain, dit-il au second, que votre songe est affreux ; écoutons le troisième.

Le troisième, tranquille et souriant, raconta qu'il avait rêvé que ses deux compagnons étaient morts : l'un élevé au paradis, l'autre jeté dans l'enfer. Or les dogmes de notre sainte religion nous apprennent que de ces lieux-là, si mal ou si bien qu'on y soit, on ne revient plus dans ce monde ; et, en effet, de tous ceux qui sont partis pour y aller, pas un seul n'est jamais revenu. Etant donc persuadé qu'aucun des deux n'aurait plus besoin de déjeuner, il s'était levé, et croyant qu'il devait partir seul, il avait mangé le petit pain, le quart de poule et bu le verre de vin. L'hôtelier rit de bon cœur et décida que si beau que fût le premier songe et si affreux que fût le second, le troisième était le plus logique. Par ces motifs il condamna ceux qui étaient à jeun à payer toute la consommation.

La fable qui suit est écrite par M. Gherardo Nerucci dans le dialecte du Montale-Pistoiese. Elle nous paraît si bien faite que l'artiste a dû y mettre du sien.

LE LOUP ET L'ÉCREVISSE

Or donc, quand on fait soi-même ses conditions, on en tire profit. C'est ce qui arriva entre le loup et l'écrevisse, quand le loup rencontra l'écrevisse sur une bruyère et se mit à la railler parce qu'elle allait de travers comme si elle était éhanchée. Le loup disait :

— Regardez-moi là-bas ce colosse ! Oh ! il n'a pas

la prétention de grimper jusqu'au sommet du coteau. Si tu y vas, que j'enrage.

En entendant ces mots ridicules, l'écrevisse s'arrêta net, se leva sur deux pattes, et répondit :

— Ainsi donc, à ton avis, il n'y a de brave au monde que toi ? Bien, cela peut être. Pour moi, cependant, je dis comme cet autre : quelquefois le jugement du paysan vaut celui du chrétien.

Le loup hérissa le poil et fit grincer ses dents comme un brisoir, tant il était en colère. Il cria :

— Je ne sais qui me tient de t'écraser comme une bouse de vache. Allons, explique-toi, vite, qu'entends-tu dire avec ce proverbe ? Une pauvre petite chose toute tordue qui a l'air d'une éclaboussure sur un sabot, palsembleu ! ça vous crache des sentences et des règles sans exception. Ainsi donc, ouvre la bouche, que penses-tu ?

L'écrevisse répondit :

— Hélas ! avec ces gros mots, tu m'ôterais le courage de rire. C'est vrai, j'ai les jambes torses et le dos fripé, et tu es gros à me malmener, non pas moi seulement, mais tout un troupeau de moutons au besoin. Et ne roule pas les yeux ! Ne me regarde pas de travers. Tant il y a que je n'ai pas peur de toi, toute menue que je suis, et la vérité est à sa place. Laisse-moi parler librement ; veux-tu courir nous deux jusqu'au sommet de la colline ? Je te laisse l'avance et toutefois je veux arriver avant toi.

Le loup dit sans cesser de grincer les dents :

— Si je ne savais pas que tu barbotes toujours dans l'eau des marais, je croirais que tu es ivre.

— Non, non, répliqua l'écrevisse. Ne perdons pas le temps à faire le vantard et le méchant. Veux-tu courir tous deux oui ou non ?

— Patience ! dit le loup. Si je ne me retiens pas,

je me compromettrai sûrement. Jusqu'où faut-il courir?

— Jusque là haut, dit l'écrevisse. C'est moi pourtant qui fais les conditions. Rappelle-toi bien, quand je te mordrai au bout de la queue, marche! Ce sera le signal du départ.

Ainsi donc le loup se retourna et l'écrevisse s'accrocha à sa queue après quoi, il partit par les broussailles. On eût dit une flèche, ou bien qu'il avait les sbires derrière lui ; quand il fut au sommet, il haletait, tirant une langue d'un pied de long et aussitôt il se retourna pour voir où l'écrevisse était restée. Mais il ne voyait rien. Et le voilà qui braille:

— Ohé! l'écrevisse, montre-toi donc. Où es-tu? Si je reviens en arrière, morbleu! je veux trépigner sur toi de la belle façon, jusqu'à ce que je t'aie réduite en hâchis.

L'écrevisse répondit avec une petite voix tout humble:

— Hé! je suis ici sur le sommet, devant toi. Qu'as-tu à crier? C'est moi qui ai gagné le prix de la course.

— Bravo! lui répondit le loup quand il la vit à terre toute courbée ; tu m'as joué, tu as raison. Le bœuf, c'est moi, qui t'ai laissé faire les conditions à ta guise. A nous revoir, sais-tu?

Il s'en alla, et l'écrevisse éclata de rire.

Cette fable est connu partout dans ses innombrables variantes. Le pari a lieu entre animaux divers, entre l'aigle et le roitelet par exemple. Qui des deux volera le plus haut? Ce sera le roitelet accroché aux plumes de l'aigle.

Passons à des récits plus compliqués. Voici comment un plébéien de Pistole développe une historiette rapportée en trois mots par le savant Bobolius et relevée par Voltaire dans sa préface aux contes de Guillaume Vadé.

LA NOUVELLE DU SOMMEIL

Une veuve avait trois fils. L'un d'eux, Angelot, dormait toujours.

— Marions-le, dit la veuve, ça le réveillera. — Mais bah ! à peine marié, Angelot (*Angiolino*) défendit à sa femme de se lever : on ne les voyait qu'à table. Les frères se mirent en colère et dirent à la veuve :

— Il était seul à dormir, maintenant ils sont deux. Partageons notre bien et qu'ils s'en aillent.

Angelot et Caroline sa femme prirent leur part et s'en allèrent ; chemin faisant ils mangèrent tout. Angelot alla pêcher dans la rivière; il y trouva un poisson superbe et voulut le porter au roi. Une sentinelle l'arrêta à la première porte du palais et ne le laissa passer qu'à la condition de partager avec lui par moitié la récompense qui lui serait donnée.

Arrivé au haut de l'escalier, Angelot trouva une seconde sentinelle qui lui demanda de même un quart de la récompense ; dans l'antichambre une troisième sentinelle réclama une part du butin. Angelot arriva enfin devant le roi qui lui offrit cent écus pour le poisson merveilleux; Angelot refusa.

— Que veux-tu donc? demanda le roi.

— Je veux cent coups d'étrivières.

Le roi le crut fou, mais Angelot tenant bon, le roi finit par accepter le marché. Il fit appeler quatre soldats et voulut que l'exécution eût lieu à l'instant même, dans la salle d'audience, afin que tout le monde pût y assister aussi. Angelot fit alors appeler la première sentinelle ;

— Celui-ci, dit-il au roi, m'a demandé la moitié de la récompense ; la justice exige qu'il soit payé comptant.

Ainsi fut fait et le soldat qui sautait comme un chevreau, reçut cinquante coups de verge. Angelot fit venir la seconde sentinelle qui en reçut vingt cinq, puis la troisième qui tremblait comme une feuille et qui eut aussi ce qui lui revenait. Le roi dit alors :

— Il en reste douze pour toi.

— C'est juste, répondit Angelot, mais je veux voir si je trouve quelqu'un qui les achète.

Sur quoi il sortit et courut la ville ; il trouva une boutique où l'on vendait des étrivières ; il demanda ce qu'elles coûtaient.

— Douze *paoli* pièce.

— J'en ai douze chez le roi, je vous les vends trois paoli.

— Je les prends.

— Mais il faut que vous veniez avec moi.

Ils arrivèrent à la salle d'audience et Angelot présenta le marchand :

— Voici l'homme qui vient d'acheter les étrivières.

— Est-ce vrai ? demanda le roi en souriant ?

— Oui votre Majesté.

— Qu'on les lui donne donc à l'instant même.

L'homme eut beau se débattre en disant qu'il avait acheté les étrivières et non les coups : le même mot en italien comme en français sert à désigner le supplice et l'instrument du supplice. L'aventure divertit si fort le roi qu'Angelot eut depuis lors une pension de cinq lires par jour. Il fit un très-beau dîner et y invita sa mère et ses frères.

La nouvelle écrite *manu propria* par un simple ouvrier du Montale Pistojese nommé Pietro di Canestrino se termine par ces deux vers aussi mal rimés en italien qu'en français :

Ma nouvelle n'est pas longue :
Coupez-vous le nez, je me coupe les ongles.

Les Toscans se plaisent au récit des fourberies, surtout quand il peuvent montrer les plus fins jouant les plus forts et les plus simples jouant les plus fins, témoin l'histoire de *Manfane*, *Tanfane* et *Zufilo* que racontent les vieilles femmes de Prato : on y trouvera le sac de Tabarin et de Scapin, ce sac bouffon que Triboulet a rendu tragique.

MANFANE, TANFANE ET ZUFILO

C'étaient trois frères qui élevaient en commun des bêtes à cornes.

— Partageons-nous le troupeau, dirent les deux premiers ; que chacun de nous s'enferme dans un enclos et qu'il ait pour sa part toutes les bêtes qui viendront à lui.

Ainsi décidé, chacun arrangea sa clôture ; celles de Manfane et de Tanfane furent de belles branches feuillues et vertes ; Zufilo qui était simple, se fit une palissade de bois sec. Tout le troupeau alla donc chez Manfane et Tanfane et le pauvre Zufilo n'eut qu'une vache toute maigre, maigre, qui montrait toutes ses côtes. Il consulta sa femme qui fut de son avis (chose rare) et d'accord avec elle tua la bête, fit sécher le cuir au soleil, le mit sur son épaule, courut à la ville et cria dans les rues :

— Qui veut acheter une belle peau ? je la vends un sou le poil.

On le crut fou, le soir tomba, les boutiques se fermèrent.

— Rentrons chez nous, dit Zufilo.

L'homme et la femme sortirent de la ville et marchèrent longtemps ; quand ils furent fatigués ils montèrent sur un chêne ; passa une bande de brigands qui s'assirent sous l'arbre, allumèrent des torches, ouvrirent un gros sac d'écus et se mirent à jouer. Ici l'honnêteté nous oblige à passer quelques détails. Les brigands crurent qu'il pleuvait, mais autre chose tomba sur eux du haut du chêne : ce fut le cuir de la vache qui étant tout sec fit dans les feuilles et dans les branches un bruit d'enfer :

— Le diable, le diable ! — crièrent les malandrins, et ils se sauvèrent à toutes jambes, en laissant derrière eux les piastres que Zufilo et sa femme se hâtèrent de ramasser. Ils rentrèrent chez eux extra-riches.

— Où avez-vous gagné tout ça ? dirent les frères.

— Nous avons vendu la peau de la vache à un sou le poil.

— Aussitôt Manfane et Tanfane abattent leurs deux plus grosses bêtes et courent à la ville où ils crient de toute leur force :

— Belles peaux à vendre ! à deux sous le poil, qui en veut ?

La foule s'amasse et leur rit au nez ; ils sont chassés à coups de pied et à coups de trique. Une autre idée vint à Zufilo ; il prit un baril, le remplit de crotte et couvrit la crotte d'un miel superfin ; sur quoi il alla crier dans la ville :

— Qui veut de la crotte au miel première qualité ?

Il y a toujours des nigauds dans les villes : un

marchand acheta la friandise et la paya bien. Zufilo dit au marchand :

— Je n'ai pas le temps d'attendre que vous ayez vidé le baril, je reviendrai le chercher ce soir, et il retourna chez lui.

Quand il raconta son aventure, Manfane et Tanfane perdirent la tête : l'envie les mangeait vivants. Ils remplirent deux barils de crotte au miel et coururent les crier dans la ville. Le marchand qui en avait acheté tomba sur eux, la foule accourut et lui prêta main-forte. Manfane et Tanfane durent se sauver fort mal en point, en jetant derrière eux les barils. Ils se dirent l'un à l'autre :

— Cet idiot nous a joués deux fois, il doit le payer.

— Tuons-le, conseilla Manfane, mais Tanfane dit :

— Bah ! c'est notre frère ; le péché serait trop gros ; cousons-le plutôt dans un sac ; nous le laisserons au bord de la mer et les poissons ou la mer l'emporteront.

Ainsi fut fait ; Zufilo geignait dans son sac ; survint un berger qui rentrait ses moutons en jouant de la flûte.

— Que fais-tu là dedans, qui es-tu ? demanda le berger.

— Je n'ai pas voulu épouser la fille du roi et on m'a mis dans ce sac, au bord de la mer, jusqu'à ce que j'aie dit : « je la veux bien, » mais je ne la veux pas.

— Quel bœuf ! (*che bue!*) dit le berger ; si on me la donnait à moi, je la prendrais tout de suite.

— Oui dà, reprit Zufilo ; voici ce que tu as à faire ; ouvre mon sac et mets-toi à ma place; demain on viendra voir si tu as changé d'avis, cette bonne fortune te reviendra : je ne te l'envie guère.

— D'accord, dit le berger.

Zufilo le mit dedans, prit la flûte et partit avec les moutons; le berger dans le sac attendit les ambassadeurs du roi : il les attend encore.

En apprenant ce nouveau tour, Manfane et Tanfane devinrent si furieux qu'ils s'entretuèrent. Zufilo resta maître de tous leurs biens et vécut longtemps en paix.

XV

LE PASTOUREAU — FANTA-CHIRÒ

Passons maintenant à une histoire qui nous vient aussi du Montale Pistoiese, l'une des parties de la Toscane où le peuple parle le mieux l'italien. C'est encore M. Gherardo Nerucci qui a tenu la plume sous la dictée d'une femme du peuple dont le nom mérite d'être connu : Elena Beccherini. C'est dommage qu'il faille abréger ce joli conte.

LE PASTOUREAU

Il y avait une fois un homme et une femme qui faisaient les bergers sur la montagne et qui avaient pour fils un garçon de dix-huit ans. Mais ils ne lui voulaient aucun bien et, pour se débarrasser de lui, l'envoyaient toujours dans les bois pour garder les moutons en ne lui donnant qu'un vilain morceau de pain noir. Un jour, un de ses agneaux tomba dans une ravine et se fracassa tout et mourut. On ne saurait dire combien les mauvais parents tourmenteront le pauvre pâtre. Bien plus, après l'avoir battu de toutes leurs forces, ils le chassèrent de la maison, bien qu'il fît déjà nuit, le menaçant de le tuer s'il y rentrait. Le malheureux erra quelque temps dans les environs tout en larmes, sans savoir où aller, jusqu'à ce qu'épuisé de forces et mourant de faim, il arrivât au bord d'un fossé vide. Là, transi de froid, il se tapit de son mieux après s'être arrangé un petit lit de feuilles sèches. Mais il ne parvint pas à dormir, soit qu'il eût peur de se trouver seul dans l'obscurité, soit qu'il pensât à son état présent et qu'il fût inquiet du lendemain. Le garçon était là depuis peu dans un trou de rocher, quand survint un homme qui lui dit :

— Eh ! tu as pris mon lit. Que fais-tu là, téméraire ?

Tout effrayé, le garçon se mit à lui raconter ses disgrâces et le pria de ne le point chasser, mais de se résigner pour cette nuit à partager avec lui son gîte, lui promettant qu'il s'en irait au point du jour où le hasard le mènerait. L'homme consentit de bon cœur et fut même content de trouver le trou rempli de feuilles sèches, car il n'avait jamais songé à s'en faire un lit moins dur et plus chaud. Le garçon dans un coin se tint tranquille et fit semblant de dormir, parce qu'il avait quelques doutes sur son voisin. Cependant, l'homme marmottait entre ses dents, croyant n'être pas entendu :

— Qu'est-ce que je donnerai à ce garçon qui a rempli mon abri de feuilles sèches et qui se tient ainsi de côté pour ne pas me causer d'ennuis, tant qu'on dirait qu'il n'y est pas ?

Le garçon entendait bien ces propos, mais il avait l'air d'avoir bu de l'opium. Le matin venu :

— As-tu bien dormi, petit ? dit l'homme.

— Je crois bien, mieux que dans mon lit. Mais il fait jour, je dois m'en aller et courailler par le monde, parce qu'on ne me veut plus à la maison, et si j'y retourne, papa et maman m'ont dit qu'ils me tueraient. Excusez le dérangement. Adieu !

Et il s'éloignait en pleurant.

— Attends un peu, garçon, lui dit l'homme. J'ai été content de toi cette nuit, et je veux te donner quelques babioles qui te seront d'une grande commodité. Voici une petite nappe en fil. Toutes les fois que tu l'étendras, si tu lui demandes à dîner, elle te donnera à manger pour toi et pour tous ceux qui se mettront à table. Ceci est une petite boîte. Toutes les fois que tu l'ouvriras, elle te donnera une pièce d'or. Ceci est un petit orgue ; si tu en joues, tous ceux qui l'entendront se mettront à danser aussi longtemps que tu voudras. Va donc et ne m'oublie pas.

Le garçon, un peu incrédule, accepta les cadeaux et se mit en route. Marche, marche, le garçon arrive dans une ville pleine de peuple où l'on préparait de grandes fêtes et des carrousels. Le roi avait fait publier que tout homme qui serait assez riche pour déposer une grosse somme d'argent aurait le droit de jouer une partie dont sa propre fille serait l'enjeu ; il avait promis de la donner pour femme au vainqueur avec tout l'argent amassé.

Ayant su la chose, le garçon se dit :

— Voici le moment d'éprouver ma petite boîte ; je veux me mettre aussi sur les rangs pour voir si ma petite boîte me donne de l'argent.

Aussitôt dit, aussitôt fait ; il ouvre la petite boîte et la ferme, et chaque fois il y trouve une belle pièce d'or toute brillante. En peu de temps il eut une grosse somme et s'acheta des chevaux et des ânes, il prit des serviteurs et s'habilla comme un prince. Alors, allant chez le roi, il remit en dépôt une grosse somme d'argent, en se donnant pour le fils du roi de Portugal et il se fit accepter parmi ceux qui jouaient la main de la princesse; en somme, il fut aidé par la fortune et la partie gagnée, le roi le proclama fiancé.

Mais le pastoureau, élevé parmi les moutons, faisait tant de mauvaises manières qu'il donna de grands soupçons sur sa parenté. Aussi le roi envoya-t-il en secret des gens de confiance et d'esprit pour rechercher si le fiancé de la princesse était véritablement le fils du roi de Portugal. La vérité fut découverte et le roi, plein de rage et de honte, fit jeter le pâtre dans une prison souterraine qui se trouvait au-dessous de la salle à manger du palais. Le garçon se vit donc tout à coup prisonnier au moment où il se croyait roi.

Il y avait là dix-neuf détenus qui, le voyant arriver, lui donnèrent gaiement la bienvenue. Il leur raconta ses aventures; les uns eurent pitié de lui, les autres lui rirent au nez. Le geôlier apporta leur repas: du pain noir et de l'eau claire. Quand le geôlier fut parti, le pâtre dit à ses compagnons:

— Jetez loin tout ça; j'ai un beau dîner pour vous tous.

— Quel bouffon! dirent les autres, es-tu fou? Comment feras-tu pour nous offrir une table servie?

— Vous allez voir, répondit le pâtre, — et déployant la petite nappe en fil, il cria:

— Sus, sus, petite nappe, un dîner pour vingt.

Le dîner pour vingt apparut; rien n'y manquait, pas même le vin et du meilleur; les détenus mangeaient à bouche que veux-tu. Le geôlier, voyant tous les jours par terre le pain noir et l'eau, et cependant les prisonniers bien portants et gaillards, y perdait la tête ; il alla raconter la chose au roi. Le roi, fort intrigué, descendit dans la prison et questionna les détenus.

— Majesté, dit le pâtre, c'est moi qui donne à tous de quoi manger et boire, et votre table ne vaut pas la nôtre. Bien plus, si vous acceptez, je vous invite et je vous assure que vous serez content.

— J'accepte, dit le roi. Je veux voir ce que tu sais faire et comment tu vas me traiter.

Le garçon déploya aussitôt la nappe et commanda très-haut :

— Sus ! petite nappe, à dîner pour vingt et un, et des morceaux de roi.

La nappe obéit et le banquet fit merveille. Le roi voulut acheter la nappe et le pâtre consentit de grand cœur à la lui donner, mais à condition qu'il eût un entretien nocturne avec sa fiancée, la princesse.

— Je veux bien, dit le roi, mais les fenêtres seront ouvertes et il y aura dans la chambre huit gardes avec un lampion allumé.

Ainsi fut fait. L'entretien eut lieu, mais les fiancés ne purent échanger deux paroles ; après quoi le pâtre fut remis en prison. Les détenus se gaussèrent de lui de la belle manière.

— Quelle citrouille ! Voyez-moi ce nigaud ! il nous faudra manger maintenant du pain noir et déguster de l'eau de puits ! Tu as fait avec le roi une belle affaire.

— On pourra manger avec de l'argent, répondit le pâtre.

— Où est-il, cet argent ? firent les détenus.

— Laissez-vous servir, reprit le garçon qui, tirant de sa poche la petite boîte, se mit à l'ouvrir et à la former, si bien qu'en un moment il amassa un morceau d'or. Les prisonniers mangèrent tous les jours et le geôlier courut conter la chose au roi qui descendit dans la prison et voulut acheter la petite boîte. Le pâtre consentit à la donner, mais à la même condition que l'autre fois. L'entretien eut lieu, mais devant les gardes, sous un lampion allumé et les fenêtres ouvertes ; les fiancés n'échangèrent pas deux mots et le pâtre fut remis en prison. Et les prisonniers de rire :

— A présent la ripaille est finie ; il faudra bien se contenter du pain noir et de l'eau de pluie.

— Patience, répondit le garçon, la gaieté ne manquera pas. Si on ne dîne pas comme des grands seigneurs, on dansera comme des fous.

— Comment, comment? demandèrent les autres.

— Attendez que le roi soit là-haut à table, et vous verrez.

Un moment après sonna la cloche du palais royal ; le roi et sa cour se mirent à table et le garçon, tirant sa boîte à musique, commanda très haut :

— Petit orgue, je veux que tout le monde danse à la table du roi.

L'orgue sonna de toute sa force et, comme s'ils étaient en délire, tous les convives d'en haut se mirent à danser avec fureur dans la salle à manger : tous les hommes, les femmes, même les meubles ; les nappes se déchirèrent en mille morceaux, les plats roulaient à terre, les têtes heurtaient les murs ou le plafond, le roi criait comme un diable. Le garçon cessa un instant sa musique et le roi, tout haletant, descendit dans la prison. Il demanda d'où venait ce remue-ménage?

— C'est moi, dit le pâtre, avec cet instrumen

Et il recommença la musique. Le roi se mit à sauter et à se trémousser en tous sens.

— Assez, assez, cria-t-il, tu m'ôtes le souffle, — et il voulut acheter la boîte à musique.

Mais cette fois le pâtre imposa de nouvelles conditions...

— Sans quoi, dit-il, je recommence et vous danserez de plus belle jusqu'à ce que vous tombiez mort.

— Et quelles conditions veux-tu? demanda le roi.

— Voici, répondit le pâtre ; je veux qu'on me laisse causer avec votre fille et qu'elle soit obligée de me répondre. Je ferai tout ce qu'elle voudra.

— J'y consens, dit le roi, mais il y aura dans la chambre deux lampions allumés et l'on doublera les gardes.

Sur quoi il alla trouver sa fille et lui ordonna de répondre non à tout ce que le pâtre lui demanderait. La princesse s'inclina très bas et promit tout à son père. Le soir venu, l'entretien eut lieu et le fiancé dit à la fiancée :

— Par le froid qu'il fait, vous plaît-il que les fenêtres restent ouvertes?

— Non, dit la princesse.

— Gardes, cria le pâtre, fermez les fenêtres ; c'est la princesse qui le veut.

Les fenêtres fermées, il reprit :

— Vous paraît-il bon, chère fiancée, que nous ayons tous ces gardes auprès de nous?

— Non, dit la princesse.

— Gardes, s'écria le pâtre, vous entendez ce que veut la princesse; allez-vous-en donc, sortez tous.

Les gardes sortirent et le garçon reprit :

— Vous semble-t-il bon, chère épouse, que ces deux lampions restent allumés?

— Non, dit la princesse.

Le pâtre, alors, souffla les deux lampions ; survint le roi qui se mit fort en colère. Il voulait couper la tête au pastoureau, mais la princesse lui dit qu'elle avait obéi de point en point et lui raconta comment les choses s'étaient passées. Le roi changea d'idée et accorda son pardon. Les noces furent magnifiques, il y eut des fêtes et des carrousels ; les deux époux vécurent heureux de longues années, et quand le roi fut mort, ce fut le pastoureau qui devint le roi.

M. Gherardo Nerucci a recueilli dans le Montale-Pistoiese un récit très curieux qui n'est pas un conte de fée : c'est l'histoire d'une héroïne appelée *Fanta Ghirò*. Ce mot de *Fanta* ou *Fantina* joint à celui de *donna* (femme) donne à ce dernier le sens de *virago*, mais il faut prendre ce terme en bonne part. Sans s'en douter, la narratrice (Luisa Ginanni) raconte cette aventure en prose souvent rythmée qui marche au pas des romances espagnoles. Nous allons tâcher d'imiter cette allure, autant qu'on peut le faire en français.

FANTA GHIRÒ

Aux temps anciens vécut un roi, et ce roi n'eut pas d'enfant mâle mais seulement trois belles filles. L'aînée avait nom Caroline, Assomption était la deuxième, la troisième Fanta Ghirò. Ce roi souffrait d'un certain mal qu'on n'avait jamais pu guérir ; il ne sortait pas de sa chambre ; il avait trois sièges : l'un noir, l'autre bleu, le troisième rouge. Ses filles regardaient toujours sur quel siège il s'était assis ;

le bleu voulait dire allégresse, le rouge voulait dire guerre et le noir voulait dire mort. Un jour en entrant elles trouvent le vieux roi sur la chaise rouge :

— Père, qu'est-il donc arrivé ?

— C'est le roi du pays voisin qui m'envoie un défi de guerre ; malade comme je le suis, je ne peux commander l'armée ; il me faut un bon capitaine.

L'aînée alors dit à son père :

— Seigneur, si vous le permettez, je veux être le capitaine et vous verrez si j'ai du cœur.

— Ce n'est point affaire de femme.

— Daignez m'éprouver seulement.

— Soit, je ferai ce qu'il te plaît : mais s'il te vient sur ton chemin une idée, un souci de femme, tu t'en reviendras sur-le-champ.

La princesse est partie en guerre ; elle trouve au bord de la route des milliers de roseaux plantés.

— Oh ! les jolis roseaux, dit-elle ; s'ils étaient chez nous, nous pourrions nous en faire bien des quenouilles.

— A la maison, à la maison ! dit un soldat, car il vous vient une idée, un souci de femme.

Et tous rentrent à la maison. Mais voici la seconde fille ; elle veut commander la guerre et le roi la laisse partir ; elle trouve au bord de la route force pieux plantés et serrés.

— Les beaux pieux fins et droits ! dit-elle ; si nous les avions au logis que de fuseaux nous en ferions !

— A la maison, à la maison ! dit un soldat, car vous avez une idée, un souci de femme.

Et tous retournent chez le roi, et le roi se croyait perdu. Voici venir Fanta Ghirò qui veut qu'on l'envoie à la guerre.

— Je te trouve, enfant, trop petite ; tes deux

sœurs ont manqué leur tâche, quel bien puis-je espérer de toi ?

— Pourquoi ne pas m'éprouver, père ? Vous verrez bien si j'ai du cœur.

Le roi consent à l'éprouver. Fanta Ghirò prend une armure, cheval, épée et pistolet ; on eût dit un vaillant dragon. Elle part ; l'armée est derrière ; on passe devant les roseaux, on arrive au delà des pieux, Fanta Ghirò reste muette. Quand on a touché la frontière, elle voit le prince ennemi : c'était un beau jeune homme alerte. Dès qu'il eut vu Fanta-Ghirò, il se douta qu'elle était femme et l'invita dans son palais pour causer avant de se battre ; il courut soudain chez sa mère et lui dit avec passion :

> Fanta Ghirò si douce et belle !
> Sa voix chante et l'œil étincelle ;
> Ce doit être une jouvencelle.

Et sa mère lui dit alors :

— Conduis-la dans la salle d'armes, tu verras si c'est une femme ; elle ira devant les armures sans les voir et sans les toucher.

Ainsi fit le roi sur-le-champ. Fanta-Ghirò prit une épée et la brandit, puis déchargea les fusils et les pistolets à la façon d'un vaillant homme. Le roi s'en alla vers sa mère et lui dit ce qu'elle avait fait ; pourtant il répétait toujours :

> Fanta-Ghirò si jeune et belle,
> La voix chante et l'œil étincelle ;
> Ce doit être une jouvencelle.

La mère dit au jeune roi :

— Il faut la conduire au jardin ; est-ce une femme ? Elle prendra des violettes et des roses pour se les attacher au sein. Est-ce un homme? Il ira tout droit cueillir un beau jasmin d'Espagne et le mettra sur son oreille.

Le prince alla donc au jardin ; Fanta-Ghirò n'eut pas souci des roses ni des violettes, mais cueillit un jasmin d'Espagne et se le planta sur l'oreille. Le roi revint dire à sa mère ce qu'avait fait Fanta-Ghirò, puis répéta sa ritournelle, étant déjà féru d'amour.

— Mène-la dîner, dit la mère ; si tu la vois couper la miche en l'appuyant contre son sein, tu peux dire : c'est une femme ; au lieu que s'il le tranche en l'air, tu peux jurer que c'est un homme et te mettre le cœur en paix.

Fanta-Ghirò coupa le pain sans l'appuyer sur son corsage. Le roi revint dire à sa mère ce qu'avait fait Fanta-Ghirò, mais il redit sa cantilène et semblait déjà fou d'amour.

— Faisons une dernière épreuve, dit la mère, et ce sera tout. Dis-lui de venir se baigner avec toi dans le grand bassin ; qu'elle refuse d'y venir, je croirai que c'est une femme.

Le roi court à Fanta-Ghirò et lui dit :

— Baignons-nous ensemble.

— Demain, répond Fanta-Ghirò.

Aussitôt la princesse envoie un valet fidèle à son père, le priant de la rappeler près de lui le plus tôt possible par une lettre qui lui dise : Je suis sur le point de mourir.

Le lendemain, sur le midi, le jeune roi, près du bassin, attendait la belle princesse. Quand elle vint, elle lui dit :

— J'ai le corps trempé de sueur, je ne peux me baigner encore.

Elle voulait gagner du temps et laisser venir le

message ; elle attend, attend, le temps vole et le messager ne vient pas.

— Baignons-nous, dit le jeune prince.

— Je me sens mal, j'ai des frissons dans les épaules, dans les jambes ; c'est toujours de mauvais augure : je sens quelque malheur dans l'air.

— Ce n'est rien, venez, venez donc, dit le roi plein d'impatience. Quel malheur peut-il arriver?

En ce moment vient au galop un dragon portant une lettre ; il la donne à Fanta-Ghirò qui l'ouvre vite et dit au roi :

— Voilà de mauvaises nouvelles, mes frissons ne me trompaient pas : mon père est à sa dernière heure et veut me voir avant sa mort. Je dois partir à l'instant même ; croyez-moi donc, faisons la paix, venez me voir en mon royaume et nous nous baignerons plus tard.

Le prince était désespéré, mais il fallut bien se soumettre. Elle partit, mais en partant écrivit ces mots dans sa chambre et les laissa sur un prie-Dieu :

> Fanta-Ghirò femme est venue,
> Femme est partie et vous salue.

Le lendemain, le jeune roi alla pour épancher son cœur dans la chambre de la princesse ; il lut ce qu'elle avait écrit et resta saisi de stupeur entre l'ivresse et le chagrin. Alors il appela sa mère, lui montra le papier béni, puis s'élança dans sa voiture et sur-le-champ à toute bride, courut après Fanta-Ghirò. C'est ainsi que la belle enfant, ayant gagné quatre batailles, finit la guerre et fit la paix. Les noces furent magnifiques, puis, quand mourut le roi malade, le jeune prince eut deux royaumes et tout le monde fut heureux.

XVI

HAPPE-FUMÉE. — MIGNON-BIJOU.

Nous revenons aux contes de fées. Le premier de ceux que nous avons choisis est intitulé en toscan *Le roi Messemi-yli-becca-'l-fumo*. M. Liebrecht, qui l'a mis en allemand, traduit ainsi: *Kœnig-shickt-mich-ihm-pickt-den-Rauch*. Mais cette traduction n'est pas exacte, le premier mot italien n'étant pas un verbe, comme l'a cru M. Liebrecht. Nous traduisons, nous, tout simplement, sans compliquer le nom:

LE ROI HAPPE-FUMÉE

Il y avait une fois un homme qui avait trois fils ; il tomba malade et mourut.

— Que ferons-nous ? dirent les trois frères.

— Partageons ce qu'il y a, firent les deux aînés, nous voulons courir le monde.

— Allez, fit le cadet, mais je ne vais pas avec vous ; je reste ici avec ma petite chatte.

Les aînés s'en vont, le cadet prend la chatte et se

sauve dans une cave. Sur le midi la petite chatte dit au garçon : « Attends-moi, je vais revenir. »

Elle part et rapporte une bonne soupe, une belle tranche de viande, un morceau de pain et un peu à boire. Le garçon mange et la chatte lui dit de nouveau : « Attends-moi, je vais revenir. »

Non loin de la cave était le palais du roi. La petite chatte se met à crier : « Miaou, miaou ; » les domestiques arrivent :

— Qu'as-tu, petite chatte ?

— Mon maître est tombé dans un fossé, me feriez-vous la charité de me donner un habit ?

— Volontiers, disent les hommes. — Ils vont et le lui donnent ; après quoi dans la journée elle le leur rend et les remercie.

— Qui est ton maître ? demande un des serviteurs du roi.

— Un grand seigneur, répond la chatte.

Une autre fois, elle retourne au palais :

— Miao, miao.

— Que veux-tu, petite chatte ?

— Faites-moi le plaisir de me prêter le boisseau [1], mon maître veut mesurer de l'argent.

Les serviteurs donnent le boisseau et vont annoncer la chose au roi, qui demande à voir ce très-grand seigneur. La chatte avait une pièce de dix pauls : elle la laisse au fond du boisseau qu'elle va rendre :

— Petite chatte, petite chatte ! crient les serviteurs, il y a cette monnaie au fond du boisseau.

— Hé ! dit-elle, gardez-la pour vous. Mon patron n'y a pas même pris garde.

[1] *Staja*, c'est une mesure de quantité ; mesurer les doublons au boisseau veut dire en italien être excessivement riche.

— Ecoute, petite chatte, sa Majesté nous a dit qu'elle a envie de faire amitié avec ton patron.

— Oui, messieurs, comme vous voudrez. Je l'amènerai moi-même.

Elle va dans la cave et dit au garçon :

— C'est qu'il faut aller demain chez le roi, tu entends bien ?

— Chez le roi, moi ? Mais tu ne vois pas que je suis tout déchiré, tout fripé.

— Tu ne dois pas manquer à ce que je t'ai dit, sans quoi je te griffe. Mais, écoute-moi bien, tu verras dans le palais quantité de tapis, de richesses, lève les pieds, sinon tu tomberas. Marche franc avec moi, sinon tu passeras pour un pauvre.

Elle le frappe avec sa baguette enchantée et le voilà vêtu, je ne peux dire comment, pour aller chez sa Majesté : un bien bel habit. Ils vont au palais, le bruit se répand qu'ils arrivent. Sa Majesté court à leur rencontre et les fait entrer dans ses appartements. Quand ils y sont, ils se mettent à causer de pluie et de beau temps, vous comprenez, de tant de choses.

— Mais vous, demande le roi, vous avez une femme et des enfants ?

— Non, monsieur, répond la chatte.

— Mais, monsieur, resterez-vous ici longtemps ?

La chatte répond.

— Hé ! pour quelques mois.

— Dites, monsieur, reprend le roi, me feriez-vous le plaisir de manger la soupe avec moi ?

— Oui monsieur, répond la chatte ; il accepte volontiers.

C'est toujours elle qui répondait. Sa Majesté reste encore un moment avec eux, puis s'en va et les laissa seuls. La petite chatte dit alors au garçon :

— Il ne faut pas manger ici comme tu fais dans la cave, où tu as l'air d'un loup. Il y aura tous les biens de Dieu. Mange de tout, mais peu, tu m'entends.

— Mais si j'ai faim, comment ferai-je pour manger peu ?

— Tais-toi, sans quoi je te griffe.

A table, le garçon fit ce que voulait la chatte, mais il regrettait la cave et disait tout bas : « Ah ! mes haillons ! »

— Tais-toi, sans quoi je te griffe.

— Que dit ton maître ? demanda le roi.

— Il dit : « Oh ! les bons plats ! » dans son pays on n'en fait pas de pareils.

— Ecoutez, reprit le roi quand on se leva de table, daigneriez-vous rester ce soir chez nous et dormir ici deux ou trois jours ? Vous me feriez un vrai cadeau.

Le garçon regarde la chatte qui répond :

— Oui, monsieur, il est à vos ordres. Il restera ici aussi longtemps que vous voudrez.

Sa Majesté commande aux serviteurs de mettre sur le lit les draps les plus grossiers qui soient au palais. « Si c'est un seigneur, pensait-il, il n'entrera pas dans le lit. Si c'est un pauvre homme, il n'y prendra pas garde. » Ainsi fut fait ; et le soir, à l'heure du coucher, la chatte entra dans la chambre et découvrit le lit.

— Tu n'y entreras pas ce soir, dit-elle au garçon.

— Laisse-moi y entrer, il y a tant de mois que je dors dans la cave.

— Je te dis que tu n'y entreras pas

Elle le griffe.

Le garçon s'étend sur un fauteuil et s'endort. Le matin, la chatte parcourut tout le palais en criant :

— Miaou, miaou.

— Qu'y a-t-il, petite chatte?

— Ce qu'il y a? Pour qui avez-vous pris mon patron? Vous lui avez mis de ces draps! il a dû rester toute la nuit sur un fauteuil.

On rapporta la chose au roi qui se dit aussitôt : « Je pensais bien que c'était un seigneur. Je veux lui donner ma fille en mariage. » Il avait une fille.

Il donne l'ordre aux serviteurs de mettre le soir sur le lit du garçon les draps les plus fins, ceux qui tiennent dans le poing fermé [1].

— Seulement, leur dit-il, regardez bien demain matin si le lit est chiffonné. Si c'est un seigneur, les draps seront aussi lisses et nets que s'il n'y avait point touché.

Le soir, la chatte entre dans la chambre et regarde le lit :

— Tu peux y entrer, dit-elle; mais prends bien garde. Si tu fais un seul mouvement, je te griffe de telle façon que tu penseras en mourir.

Figurez-vous! il entre dans le lit, pauvre fils : mais dès qu'il bougeait un peu en dormant (le som-

---

[1] Cette finesse du linge intéresse tous les conteurs. Basile dans son Pentamerone désigne ainsi la qualité d'une toile de son invention: *sciosciala ca vola* (souffle-la, elle vole). Quand le roi Charles-Albert visita Cuneo avec la reine, le Conseil communal pensa bien faire en invitant les dames de la ville à broder en or une paire de draps pour le lit de sa Majesté. On peut se figurer la nuit que passèrent les augustes visiteurs sur les aspérités et les scabrosités de ces broderies. Mais on en dit tant sur les habitants de Cuneo, qu'on peut bien avoir inventé celle-là.

meil vous donne des secousses) elle vous le griffait, mais comme! il ne pouvait dormir. Le matin, les serviteurs vont voir s'il a besoin de quelque chose, du chocolat ou du café, à son choix, et ils voient le lit à peine touché. Le roi l'apprend et s'écrie:

— Je vous l'avais bien dit que c'était un seigneur !

Et il ajoute à part : « Je lui parlerai de mariage aujourd'hui même. » Vint l'heure du dîner.

— Vous marieriez-vous volontiers? dit sa Majesté à ce grand seigneur.

La chatte répondit :

— S'il trouvait une jeune personne comme il faut, une de ses égales, il se marierait de grand cœur.

— Ce n'est pas pour louer ma fille, répartit le roi, mais si elle ne vous déplaisait pas, je serais bien aise de vous la donner. Vous pouvez en être sûr, elle est telle que votre Seigneurie la désire.

— Si cela plaît à votre Majesté, répond la chatte, nous sommes tout prêts à sauter le pas.

Bref, on fait venir la jeune fille, parce qu'elle était en haut, et sa Majesté lui dit:

— Vois-*tu*, voici *votre* époux.

— Comme vous commandez, monsieur mon père.

Le mariage se fit dans la semaine, et les époux demeurèrent un mois environ chez sa Majesté. Après quoi la chatte se prit à dire un beau matin :

— Savez-vous bien, votre gendre est un roi, lui aussi. Il y a longtemps que nous manquons au poste, et vous savez, quand le roi n'y est pas, les sujets trouvent toujours à redire.

— Tu as raison, pauvrette ; il en est ainsi de moi.

Vous partirez dans la semaine, nous partirons tous, parce que moi aussi je veux accompagner ma fille.

Sa Majesté retourna dans son appartement. La chatte et le garçon restèrent tout seuls :

— Mais, dis-moi un peu, demanda-t-il, où veux-tu la conduire cette épouse, dans la cave ?

— Tais-toi, sans quoi je te griffe ; tu n'as point à y penser.

Quand on est parti, la chatte frappe le sol de sa baguette magique, et il en sort quantité de belles rues, rien que des palais et des villas.

— A qui sont toutes ses villas ? demanda sa Majesté.

Les gens répondaient : au roi Happe-Fumée.

Les voilà partis avec des voitures à huit et dix chevaux, la chatte à cheval, en habit de page. Les époux et le père montent en voiture, et en avant ! et sur toutes les routes, les voyageurs demandaient : « A qui sont toutes ces campagnes ? »

— Au roi Happe-Fumée, répondaient les gens.

On arriva au palais. Qu'il était beau ! l'architecture, tous les murs, tout pierres précieuses. En commençant par l'escalier, tapis, candélabres, une chose qui surprenait ! et des serviteurs ! ils hurlaient tous : « Vivent les époux, vivent les époux ! »

Le roi ne se sentait pas de joie et pensait à part lui qu'après avoir si bien marié sa fille, il pouvait mourir content. Enfin il dut s'éloigner et il embrassa sa fille :

— Adieu, adieu, nous nous écrirons.

Il s'en va et retourne à son poste. Quant aux époux, chaque jour de bien en mieux, de plus fort en plus fort ; chaque jour croissait l'abondance. Un matin, la chatte dit à l'époux :

— Je voudrais te parler en particulier.

On ferma les portes et les fenêtres et la chatte reprit :

— Je voudrais savoir une chose de toi, mais tu me diras la vérité ?

— Je te le jure. Dis-moi, qu'est-ce que tu veux me demander ?

— Tu dois savoir que je suis vieille.

— Eh bien ! quoi ?

— Eh ! tu sais que plus longtemps que vieille on ne vit pas. Je dois mourir un jour. Tu vois le bien que je t'ai fait. Si je mourais, que ferais-tu de moi ?

— Ah ! ah ! (l'époux se met à pleurer) aïe, aïe ; ne causons pas de ces choses. Il ne faut pas m'affliger.

— Je ne crois pas t'affliger. Je veux savoir ce que tu ferais de moi ?

— Ah ! que veux-tu ? dit l'époux en pleurant toujours. Je n'y puis penser. Mais que veux-tu que je te fasse ? Je te ferai une châsse toute en or et en argent massif.

— En vérité ?

— En vérité ! mais ne parlons pas de ces choses.

— Ah ! je ne veux rien autre ; tu peux t'en aller si tu veux.

La chatte laissa passer quelque temps, plus d'une année. Une belle nuit, que fait-elle ? Sauf votre respect, elle salit tous les tapis et les meilleurs meubles : c'était une infection ; après quoi, dans la plus belle chambre, elle s'étend raide morte. Le matin, les serviteurs se bouchent le nez et ouvrent les fenêtres. Ils voient le dégât, la chatte étendue dans le salon et tous les tapis abîmés. Le roi se lève et voit le dommage.

— Oh la sale bête! crie-t-il. Qu'on la prenne et qu'on la jette dans l'Arno.

Il n'avait pas achevé ces mots qu'il se trouva dans la cave, sa femme à côté de lui, sans manger ni rien. Il fut forcé d'écrire au roi ce qui lui était arrivé, le priant d'envoyer chercher sa fille parce qu'il était redevenu un pauvre diable. Ainsi fit le père, et le patron de la chatte resta pauvre, et je crois qu'au bout de peu de temps il mourut de faim et de remords.

Vivez sans crainte, tenez-vous bien.
Dites le vôtre, j'ai dit le mien.

Est-il besoin d'apprendre au lecteur que ce conte du roi Happe-Fumée est une variante du Chat-botté? Voici maintenant une nouvelle version de *Persillette*.

LES DEUX MIGNON-BIJOU

Il y avait une fois un roi et une reine ; la reine devint grosse et manda un astrologue qui survint avec son gros livre sous le bras. Il ouvrit le gros livre et parut troublé.

— Qu'y a-t-il, astrologue?

— Il y a, Majesté, que vous aurez une très-belle fille, et le destin veut qu'elle soit emportée par le vent.

L'enfant naquit et l'on bâtit une grande tour auprès du palais afin que le vent n'y put entrer: on donna une bonne nourrice à la princesse, puis des filles d'honneur ; elle se fit grande, mais s'ennuyait et dépérissait dans cette tour d'où elle ne pouvait sortir. Le roi donna un grand dîner et dit aux convives:

— Je vous ai invités, messieurs, pour vous demander un conseil.

— Eh! Majesté, les conseils c'est nous qui devons les prendre de vous, non vous de nous.

— C'est vous qui devez me conseiller, reprit le roi. Vous devez savoir que ma fille est née sous une mauvaise étoile. Ses dix-huit ans accomplis, elle doit être emportée par le vent. Comment ferons-nous pour qu'elle puisse sortir sans courir ce danger? Répondez, vous les ingénieurs.

— Majesté sacrée, si vous faites fabriquer une voiture en fer fondu, avec des trous pour voir le jour, les palais, les campaniles, la princesse ne risquerait pas d'être emportée par le vent.

La voiture fut fabriquée, on l'introduisit dans la tour en n'ouvrant qu'une porte à la fois et la princesse, la reine et le roi partirent pour les Cascines. La pauvre fille était folle de joie en voyant toutes ces belles choses, mais le malheur voulut qu'arrivée dans le plus grand pré des Cascines, une rafale souffla tout à coup, une ventilation en grand[1], qui vous retourne la voiture et qui emporte la fille du roi. Le père et la mère pleuraient toutes leurs larmes. Le hasard voulut que le vent transportât la

---

[1] Madame de Sévigné, demande M. Imbriani, connaissait-elle un conte français pareil au nôtre? Elle écrivit à sa fille le 21 juin 1671: « Je ne vois pas bien où vous vous promenez; j'ai peur que le vent ne vous emporte sur votre terrasse; si je croyais qu'il pût vous apporter ici par un tourbillon, je tiendrais toujours mes fenêtres ouvertes et je vous recevrais, Dieu sait! Voilà une folie que je pousserais loin!» L'analogie est peut-être tirée par les cheveux. En tout cas, on trouve les enlèvements pareils dans plusieurs nouvelles italiennes.

belle enfant dans une île, la plus grande qu'il y eût, sur le toit d'une fée qui, entendant un bruit plaintif, alla voir ce que c'était.

— Que fais-tu là sur mon toit?

— Vous devez savoir que je suis la fille du roi, et que ma destinée a voulu que je fusse enlevée par le vent.

— Fille de roi ou de balayeur, peu m'importe; descends si tu veux, et si tu travailles, tu mangeras.

Quand la belle enfant fut descendue :

— Comment t'appelles-tu? demanda la fée.

— Je m'appelle Mignon-Bijou.

— Mignon-Bijou, toi! J'ai un fils que j'appelle Mignon-Bijou. Toi, je t'appellerai Trognon de chou [1].

— Appelez-moi comme vous voudrez.

Pauvre enfant! Voici le fils qui revient chez la fée :

— Gare à toi, fils, dit la mère, ne la regarde pas trop et ne te laisse pas venir de petites sympathies au cœur, sans quoi je la renverrai là d'où elle est venue.

Le dîner est servi, on se met à table.

— Ne lui donnes-tu pas à manger, à cette enfant?

— Toi, pense à ton écuelle. Elle mangera comme elle travaillera. Si elle ne fait rien, elle n'aura rien.

Et elle donne à la princesse un verre d'eau, pas même plein, avec une petite tranche de pain qui avait plutôt l'air d'une tranche de salé.

— Mère, comment se nomme-t-elle?

---

[1] Les assonances italiennes sont Bella-Gioja et Troja (Beau-Joyau et Truie).

— Tais-toi, ne m'y fais point penser. On l'a baptisée Mignon-Bijou. Mignon-Bijou c'est toi, je ne veux pas que ce soit elle.

— Mais quel nom lui as-tu donné?

— Qu'il te plaise ou non, je l'ai appelée Trognon de chou, et elle doit s'appeler Trognon de chou.

— Ne pouvais-tu lui donner un autre nom?

— Point, elle doit être appelée Trognon de chou, Trognon de chou, Trognon de chou.

Mignon-Bijou, le fils, se lève et va dans sa boutique pour travailler à son métier. A vingt-deux heures (deux heures avant le coucher du soleil) il s'en revient, et il lançait toujours des œillades à l'autre Mignon-Bijou. Il ne l'appelait jamais Trognon de chou, mais la respectait comme elle devait être respectée. Au souper il dit à sa mère :

— Donnez donc aussi quelque chose à cette pauvre enfant. Que voulez-vous? si elle ne mange pas, elle ne se tiendra pas sur ses pieds.

— Comme elle travaillera, elle mangera. Une demi-tranche de pain et un demi-verre d'eau.

Mais Mignon-Bijou faisait un signe de l'œil à l'autre Mignon-Bijou, comme pour lui dire : Chut! chut! elle s'endormira, ma mère, et je veillerai.

Et en effet, tous les soirs il grisait la fée, qui commençait à ronfler, puis qui envoyait Trognon de chou coucher sur une planche, et allait se mettre au lit avec Mignon-Bijou. Quand le fils s'avisa que sa mère était endormie, doucement, doucement, sur la pointe des pieds, il alla vers la planche :

— Mignon-Bijou, est-ce que tu dors?

— Non, je ne dors pas.

— Lève-toi donc et assieds-toi.

Sur quoi il prend la baguette enchantée et lui commande un festin de reine : les meilleures pitances et les meilleures boissons qu'il y ait. Les deux Mignon-Bijou mangent et boivent à tire-larigot.

— Sais-tu, princesse ? Ma mère, qui est très-scélérate, voudra t'obliger à faire des choses que tu n'as jamais faites et que tu ne feras jamais. Ne pleure pas, ne soupire point, tu ne dois rien faire, et à vingt-trois heures, je reviendrai de mon travail et je ferai, moi, tout ce que ma mère veut que tu fasses. A présent, tu vas reposer dans un très-beau lit ; seulement, le matin, le lit disparaîtra et tu te retrouveras sur la planche.

Ainsi fut fait ce soir-là et le lendemain.

La troisième nuit, après le festin enchanté, le fils de la fée prit une chaudière, la remplit d'eau et la mit sur le feu. Puis il y jeta plusieurs livres de farine, et quand les macaroni furent cuits, il en offrit d'abord aux planches du lit, aux draps, aux couvertures, puis aux chaises, aux volets, à la pelle qui était dans la cheminée, aux ustensiles de ménage, et il croyait avoir contenté tous les meubles de la maison. Il prit alors la baguette enchantée, chargea deux mulets de verges d'or et d'argent, monta dessus avec la princesse et piqua des deux. Avant de partir, il avait fermé la porte. En avant, au trot, au galop, brides abattues, en avant, en avant !

Le matin, la mère s'éveille, elle tâte le lit et n'y sent pas son fils. Elle pense alors que c'est tard et qu'il est déjà parti pour sa boutique. La pelle la prie de rester au lit, parce qu'elle est fatiguée ; les autres meubles qui ont eu leurs macaroni en font autant ; mais il se trouvait sous le lit un mauvais escabeau qui n'avait pas eu sa ration de pâtes. Il dénonça les fuyards, et la fée, sautant à bas du lit, leur courut après. L'escabeau aurait bien dû se taire[1]. La fée court comme le vent. Elle trouve une boutique de jardinier : l'homme était devant sa porte et vendait des légumes :

— Dites-moi, brave homme, auriez-vous vu passer un garçon et une jeune fille avec des mulets chargés ?

— Des *broccoli* à un sou la botte ?

— Je vous demande si vous avez vu passer un garçon et une jeune fille avec deux mulets chargés ?

— Des *broccoli* à un sou la botte, des poireaux à un sou le paquet, qui en veut ?

— Je vous dis encore une fois : avez-vous vu passer deux mulets chargés avec un garçon et une fille ?

— A un sou le paquet d'oignons !

— Allez vous faire frire.

Elle lui tourne le dos et se remet en marche ; elle trouve une boutique de mercier et interroge le marchand :

— Le cordonnet, qui en veut ? un sou la pièce !

— N'avez-vous pas vu passer un garçon et une fille avec deux mulets chargés ?

— Qu'est-ce qu'il vous faut ? du linon, un ruban de coton, de soie, de velours ?

---

[1] Voilà qui rappelle le mythe de Balder, le plus beau des fils d'Odin. Sa mère Frigga avait invoqué les quatre éléments, la nature entière, la suppliant d'épargner le jeune dieu. Elle n'avait oublié que le gui, qui devint une flèche dans la main d'un frère aveugle, et cette flèche tua Balder. Plusieurs traits du présent conte figurent également dans la nouvelle de *Persillette*. Plus haut, le dévouement du fils de la fée nous reporte à la *Tempête* de Shakspeare; seulement les rôles sont intervertis: c'est le jeune homme qui montre la douceur vaillante de Miranda.

Elle enrage et se sauve, trotte, trotte et trouve un clerc devant une église. Elle questionne le clerc :

— Le prêtre est dans la sacristie et s'habille pour la messe.

— Je vous demande si vous avez vu passer un garçon et une fille avec deux mulets chargés.

— Voici qu'il sort de la sacristie pour aller à l'autel.

— Ah! ne me rompez pas la tête. Je vous demande...

— Le voici à l'autel, il s'est signé et il en est au *confiteor*.

— Allez vous faire bénir.

Elle lui tourne le dos et se sauve, court à toutes jambes, comme une désespérée, et va si grand train qu'elle arrive aux trousses des fuyards. Mignon-Bijou frappe le sol de sa baguette et fait sortir de terre une forêt. La fée, petit à petit, troue la forêt et passe par la trouée. Mignon-Bijou, avec sa baguette, fait surgir une montagne âpre et crottée ; on y glisse à chaque pas. La fée s'évertue si fort qu'elle franchit la montagne ; aussitôt après, elle en trouve une autre faite de lames tranchantes et bien affilées ; elle veut la gravir et perd deux doigts en grimpant ; arrivée au sommet, elle s'affaisse et dégringole, coupée en petites tranches comme une rave.

— A présent, dit Mignon-Bijou, nous n'avons plus besoin de hâter le pas, ma mère n'y est plus.

Les deux fugitifs arrivent enfin, grâce à la baguette enchantée, devant le palais de la princesse, et en face du palais en font surgir un autre, trois fois plus beau que celui du roi, rempli de serviteurs, le suisse devant la porte, des valets pour tendre le bras à la princesse, des portefaix pour monter les verges d'or.

— Que veut dire cela ? dit le majordome en montant sur la terrasse, c'est le palais des merveilles ; hier, il n'y avait rien, est-ce que je rêve ou suis-je éveillé ? (Et il se frottait les yeux.) Mais je suis éveillé, je ne dors pas.

Il va chez le roi, frappe à la porte :

— Majesté, peut-on entrer ? Ah quelle belle chose ! appelez votre valet de chambre et faites-vous habiller ; allez sur la terrasse : un palais des merveilles, plus beau que le vôtre, et deux jeunes gens, garçon et fille, les deux yeux du soleil !

Le roi monte sur la terrasse et envoie dire *indispensablement* aux jeunes gens que sa Majesté les salue tous les deux et voudrait savoir d'où ils viennent et d'où ils ne viennent pas ?

— Je ne peux l'expliquer ici dans mon appartement, répond Mignon-Bijou ; je *paierai* pour avoir un entretien avec Sa Majesté et je donnerai l'explication de tout.

— Oui, monsieur, dit le domestique en tirant son chapeau.

Le roi, aussitôt averti, annonce qu'il fera atteler ses chevaux à cinq heures et qu'il ira chercher les deux jeunes gens qui dîneront chez lui. A cinq heures il se met en voiture, traverse la rue, descend dans le palais merveilleux, ne veut pas que les deux Mignon-Bijou descendent à sa rencontre (il a ses serviteurs qui l'aideront à monter), ni qu'on s'agenouille devant lui. On remonte en voiture, on traverse de nouveau la rue et on se met à table. Le roi demande au jeune homme :

— Dites-moi, beau jeune homme, comment vous nommez-vous ?

— Eh ! Majesté, je me nomme Mignon-Bijou.

— Ne me le dites pas, ne me le dites pas, ne me

rappelez pas même ce nom, hélas ! Mignon-Bijou, j'avais une fille qui s'appelait Mignon-Bijou. Elle naquit avec la destinée que le vent l'enlèverait, et son nom était Mignon-Bijou. Et le vent l'a enlevée ! Je ne sais, pauvre fille, si elle est vivante ou morte, je ne le sais pas.

Et il fondit en larmes. Mignon-Bijou, qui le voit tant pleurer, lui dit :

— Eh ! Majesté, ne vous désespérez pas ainsi, parce que votre fille, vous l'avez là devant vos yeux.

On peut penser l'allégresse. Alors Mignon-Bijou, la princesse, raconta ses malheurs: comment le vent l'avait transportée sur le toit d'une fée, comment le premier jour la fée la mena dans une chambre toute remplie de légumes qu'elle devait trier : ici les haricots verts, là les haricots blancs, ailleurs le maïs.

— Mais celui-ci qui m'a délivrée et qui doit être mon légitime époux...

— Oui, ma fille, il sera ton légitime époux...

— Mais celui-ci venait à moi quand je pleurais et me disait : « Courage, Mignon-Bijou, tu pleures, ne pleure pas, je suis ici pour toi, je pourvoirai à tout. » La seconde fois, la fée me mit dans la chambre au linge sale, je devais tremper, nettoyer, lessiver, sécher, repasser et tout.

Puis elle raconta sa fuite, mais il n'était plus temps de pleurer, on servit le repas et l'on mangea bien. Le roi fit publier qu'il avait retrouvé sa fille et son libérateur, on célébra la noce et l'on y invita toutes les têtes couronnées. On donna du pain, du vin et tout aux pauvres de la ville.

Tout le monde fut fortuné,
Personne ne m'a rien donné.

Nous allons maintenant nager en pleine fantaisie. Le conte de *l'Impietrito*, composé de plusieurs autres, suffira pour montrer comment travaille l'imagination populaire qui recoud toute seule, à son caprice, des lambeaux ramassés partout.

LE PÉTRIFIÉ

Un marchand avait trois vaisseaux : l'un d'or, l'autre d'argent et le troisième de pierres précieuses. Il avait aussi trois filles : les deux aînées étaient méchantes, la troisième était bonne, ne sortait jamais de sa chambre et ne causait jamais avec ses sœurs. Il fit trois voyages en mer et chaque fois fut assailli par les Lévantins. Il perdit ainsi ses trois vaisseaux, et pendant ce temps ses deux filles aînées gaspillaient tous les biens de sa maison. Quand il revenait au logis après ses trois malheurs, sa fille cadette lui disait toujours :

— Que voulez-vous, monsieur mon père, il faut de la patience.

La troisième fois, le père dit aux trois sœurs :

— Tant qu'il y aura de quoi manger, je vous nourrirai ; après quoi je ferai comme tous les autres, j'irai mendier pour vous un morceau de pain.

Ainsi fit-il, il alla demander l'aumône hors d'une porte de la ville et obtint ici une miche, là un sou, plus loin une grâce ; il rapportait ainsi quelques victuailles au logis. Le lendemain, il sortait de la ville par une autre porte, et ainsi de suite, ramassant de temps à autre un fagot. Un beau jour, il se trouva dans un jardin tout planté de choux frisés. Il en cueillit un, puis un autre, çà et là, pour qu'on ne s'aperçût de rien, puis, au beau milieu du pré, il voulut en prendre un qui était superbe. Il se mit aussitôt à le tirer en tous sens avec de grands efforts, et tout à coup voici un serpent qui sort de terre. Le serpent lui dit :

— Marchand qui me voles mon chou frisé, amène-moi demain une de tes filles et tu regagneras le premier vaisseau que tu as perdu.

Le lendemain, le marchand amena sa fille aînée ; le serpent lui donna une bourse pleine de louis et lui dit d'aller au bord de la mer où il retrouverait son vaisseau, mais il ne voulut pas de la première fille. Le jour suivant, le marchand amena sa seconde fille dont le serpent ne voulut pas non plus, mais le père eut une seconde bourse pleine de sequins et retrouva son second vaisseau. Vint le tour de la troisième fille qui était la bonne ; le serpent en voulut bien et l'emmena dans son trou. Le père eut son troisième vaisseau et la troisième enfant, entraînée dans un souterrain, apprit d'un majordome qui s'y trouvait que le serpent, enchanté pour un an et trois jours, était le fils du roi d'Espagne. L'année était écoulée et pendant les trois derniers jours, à minuit, une bande de démons devait sortir de terre et se battre avec le prince et le majordome. La fille du marchand leva la tête et une main au ciel.

— Que voulez-vous, madame ? lui dit une voix.

— Une épée et une bouteille de liqueur.

L'épée et la bouteille tombèrent du ciel. La jeune fille prit la bouteille, en but la moitié, en donna l'autre moitié au majordome et mit l'épée à la main. A minuit, fracas du diable et irruption de démons qui venaient se battre ; le combat fut superbe et les démons disparurent à l'aube du jour. Le serpent était redevenu homme de la plante des pieds à la ceinture et avait une petite blessure à la cuisse. La fille du marchand leva la tête et une main au ciel :

— Que voulez-vous, madame ?

— Un petit vase d'onguent précieux.

Le vase d'onguent tomba du ciel ; elle en frotta la blessure de celui qui devait être son époux et le guérit. A minuit, elle redemanda l'épée et deux bouteilles de liqueur, elle en but une et se battit de nouveau avec les démons plus nombreux que la première fois. La bataille dura encore jusqu'au jour, le serpent blessé guérit encore et devint homme jusqu'aux épaules. La troisième nuit, la fille du marchand demanda trois bouteilles de liqueur, elle en but une et demie et les diables accoururent en foule. Il n'en resta pas un dans l'enfer. Le serpent redevint homme des pieds à la tête ; il était blessé encore, on le guérit et on l'habilla, parce que le majordome avait apporté un habit. Les voilà tous les trois sortis de terre et sur la grande route ; ils arrivèrent à une auberge où ils furent bien traités, parce que l'auberge appartenait au fils du roi. Le majordome ne voulut qu'une table, une chaise et un chandelier : il s'assit et songeait à ses aventures. Voici quatre hommes encapuchonnés qui apparaissent et causent entre eux.

— Bonsoir — bonsoir — bonsoir — bonsoir.

— Ah ! il est délivré, le fils du roi d'Espagne ; il a été tiré d'affaire par son majordome et par la fille d'un riche marchand.

— C'est bien, mais vous ne savez pas ? Le fils du roi est dans sa chambre en train d'écrire deux mots à son père, le priant de venir à sa rencontre et de faire honneur à la fiancée qu'il ramène avec lui. Le père viendra et fera des politesses à son fils ; mais il tombera amoureux de sa bru. Alors, sachant que son fils aime les pommes, il lui en fera manger d'empoisonnées. Mais si son majordome, qui l'aime tant et qui est resté avec lui sous terre un an et trois jours, ne s'éloignait jamais de lui et lui arrachait des mains toutes les pommes que voudrait manger le prince, le complot serait déjoué. Seulement, s'il y a quelqu'un ici qui écoute et qui redise ce qu'il a entendu, il deviendra de marbre.

— Ce n'est pas tout, dit un autre des encapuchonnés. Quand le père aura vu que son fils n'a rien à craindre des pommes, il empoisonnera le pâté qu'on lui servira. Il faut que le majordome ôte le pâté de l'assiette et mette le sien à la place; c'est ainsi que le complot sera déjoué. Mais s'il est ici quelqu'un qui écoute et redise ce qu'il a entendu, il deviendra de marbre.

— Ce n'est pas tout, dit le quatrième encapuchonné : à minuit, un gros lion apparaîtra dans la chambre du prince. Mais si le majordome obtenait la permission d'y coucher et que, vers minuit, il ôtât sa redingote et se jetât sur le lit aux pieds de son roi, et qu'avec l'épée qui l'a délivré des diables il montât sur le lit et tuât le lion, le complot serait déjoué. Mais s'il est ici quelqu'un qui écoute et redise ce qu'il a entendu, il deviendra de marbre.

— Bonsoir — bonsoir — bonsoir — bonsoir.

Et les quatre encapuchonnés disparurent. Les choses arrivèrent comme ils les avaient annoncées : le majordome arracha les pommes des mains du prince, lui enleva la tranche de pâté qu'il remplaça par la sienne, et tua le lion. Mais le prince, s'éveillant au bruit et voyant le majordome avec l'épée à la main, se mit à crier au secours ; les gardes accoururent et jetèrent le pauvre diable au fond d'un cachot tout noir après tout le bien qu'il avait fait. On lui fit son procès, on le condamna à mort. Il demanda la grâce de parler au prince à haute voix dans la salle d'audience ; il y raconta la rencontre qu'il avait faite et les propos des quatre encapuchonnés. Mais pendant qu'il parlait, petit à petit, des pieds à la tête, il devint statue de marbre. Le prince se mit alors en route et, à force de marcher, gagna l'auberge où les quatre hommes étaient apparus. Il voulut occuper la chambre où avait été son majordome et ne demanda qu'une table, une chaise et un chandelier. A minuit, les quatre encapuchonnés arrivèrent :

— Bonsoir — bonsoir — bonsoir — bonsoir.

— Oh ! dit l'un, il a été bien récompensé, le pauvre majordome qui avait sauvé son prince du poison de la pomme, du poison du pâté et des griffes du lion. On l'a mis en prison et en un clin d'œil condamné à mort.

— Eh ! pauvre majordome, dit un autre, il est devenu de marbre, chose pire que la mort. Mais le prince est ici avec nous autres. Croit-il qu'il n'y ait pas moyen de revoir son majordome en chair et en os ? Il y a moyen. Quand le prince partira d'ici pour retourner à la ville, il entendra un grand bruit de cloches, de fusils, de canons. C'est que sa femme lui aura donné deux fils.

— Mais voici le plus beau, dit le dernier encapuchonné ; si le prince, en rentrant dans son palais, monte par l'escalier secret et va voir ses deux enfants dans le même berceau, blancs et roses, pauvres petits ! et alors, mais de bon cœur, s'il prenait un bassin avec une éponge (mais gare ! savez-vous, il doit le faire de bon cœur !) et qu'il les prît un à un, et qu'avec son épée il les égorgeât tous les deux, si bien que leur sang tombât dans ce bassin ; qu'il allât ensuite dans le grand salon d'audience devant le majordome et qu'il le baignât de la tête aux pieds avec le sang de ses fils; alors il aurait son majordome vivant, sain et sauf, et il retrouverait ses enfants en bonne santé. Mais encore une fois, c'est bien entendu, il doit le faire de bon cœur.

— Bonsoir — bonsoir — bonsoir — bonsoir.

Le matin, le prince part de l'auberge; vers minuit, il entend un grand bruit de cloches, de fusils et de canons; en entrant au palais, il monte par l'escalier secret, trouve ses deux enfants blancs et roses, pauvres petits! Il prend un bassin et une éponge, les égorge l'un après l'autre avec son épée, et fait couler leur sang dans le bassin; puis il va dans la salle d'audience devant le majordome, le baigne de la tête jusqu'aux pieds, lui rend ainsi la vie et l'embrasse.

— Viens, lui dit-il, viens voir ce que j'ai fait pour te revoir vivant, j'ai coupé la gorge à mes deux fils.

— Ah! prince, vous ne deviez pas le faire.

— Mais viens, mon cher majordome, viens donc.

Il le prend par-dessous le bras et le conduit dans la chambre où étaient les deux petits qui jouaient dans le berceau avec une pomme d'or. Tous deux allèrent aussitôt dans la chambre de la reine, on célébra de nouvelles noces,

> Tout le monde fut fortuné,
> Personne ne m'a rien donné.

On voit ici comment le peuple travaille. Les experts ont signalés des variantes de ce conte dans le recueil de Grimm (*Der treue Johannes*) dans le *Hindoo Legends* de Frère (*Rama and Luxman*) et dans une nouvelle, *Lo Cuorvo*, du *Pentamerone*, où l'on

voit aussi un innocent changé en statue de pierre.
Mais ce n'est pas dans ces livres que les bonnes
femmes de Florence et de Pistoie sont allées chercher leurs documents. L'une savait l'histoire d'un
père qui avait trois filles dont une seule « était la
bonne, » c'est la source de *Cendrillon* et du *roi Lear*.
Une autre avait la tête pleine de récits fantastiques
où s'ouvraient tout à coup des souterrains sous des
plantes arrachées ; une autre se souvenait des antiques métamorphoses de l'homme en serpent : Dante,
en son *Enfer*, les avait magnifiquement chantées.
Quant aux statues recélant des âmes humaines, on
les retrouve dans la littérature populaire et légendaire de tous les pays. L'immolation du fils par le
père était déjà dans la Genèse ; le miraculeux pouvoir du sang des enfants ou des vierges avait déjà
inspiré au moyen âge le poëme si touchant de Hartmann d'Aue, le *Pauvre Henri*. Enfin les combats de
démons, que Milton n'a pas inventés, devaient terrifier l'imagination des nourrices : c'est pourtant le
seul conte florentin où le merveilleux chrétien soit
intervenu. Ces matériaux fondus ensemble par un
travail collectif et assurément séculaire ont composé
la fable du *Pétrifié*. On voit par là comment le peuple a fait ses contes et sans doute aussi ses épopées.
On voit de plus, en écrivant ces récits, avec une
scrupuleuse exactitude, sous la dictée de simples
gens qui ne savent pas l'alphabet, comment le peuple a fait sa langue, et l'on comprend l'intérêt que
prennent de plus en plus à cette science nouvelle
des esprits très-sérieux et très-savants.

XVII

LA GESTE DE LÉONBRUN. — LE MAGICIEN AUX SEPT TÊTES.

Haussons le ton, nous allons entrer dans l'épopée populaire. Léonbrun, le cher Léonbrun, disent les Florentins, comme les Espagnols disaient mon Cid et comme Virgile disait le pieux Énée, est le héros de plusieurs poèmes et de quantité de légendes répandues en Toscane et ailleurs. Alfred de Musset demandait qu'on lui prêtât le manteau de Faust; plusieurs poètes italiens invoquèrent le manteau de Léonbrun qui rendait invisible. Le mythe de Ganymède et celui de Cybèle reparaissent dans la longue histoire que nous allons abréger, car elle pourrait remplir tout un cercle épique. Les Toscans ont la geste de Léonbrun comme nous avons celle de Roland.

LÉONBRUN

Un pêcheur tire de l'eau un serpent qui lui demande :
— Combien as-tu de fils ?

— J'en ai douze.

— Donne-m'en un, sinon je les tuerai tous et toi avec eux.

Le pêcheur va chaque matin offrir au serpent un de ses fils pour sauver les autres, mais le serpent refuse les onze premiers ; c'est le dernier qu'il veut, le plus jeune de la famille, Léonbrun. Au moment où Léonbrun va être livré, un aigle l'enlève et le transporte dans une île, la plus haute qui soit au monde, sur le toit de dona Aquilina. C'était une reine et une fée : elle accueillit Léonbrun et l'épousa. Elle lui dit un jour :

— Mon cher Léonbrun, je suis dans votre âme et je sais la pensée que vous avez. Vous donneriez beaucoup pour aller faire une visite à monsieur votre père, à madame votre mère et à vos onze frères. Vous partirez demain.

Le lendemain elle lui dit :

— Vois-tu, mon cher Léonbrun, voici les cadeaux que j'envoie à mon beau-père, à ma belle-mère et à mes onze beaux-frères. Voici les cassettes et les clés ; quand chacun aura ouvert sa cassette, il deviendra richissime : tous pourront acheter la croix de chevalier, une épée, des villas, des terres et vivre en grands seigneurs. Ton père te conduira au casino des nobles et on te demandera si tu as à toi quelque rareté. Ne réponds jamais : « j'ai une très-belle femme ; » si tu le fais, tu seras trahi.

Puis, elle tira un anneau de son doigt et le mit au doigt de Léonbrun :

— Tiens, cher Léonbrun ; quand tu auras envie de quelque chose, frotte cet anneau contre le mur et tout ce que tu voudras, tu l'auras aussitôt. Seulement souvenez-vous bien, mon cher Léonbrun, de ne jamais dire que vous avez une très-belle femme ; sans quoi vous serez trahi ; adieu, adieu.

En un clin d'œil, Léonbrun fut transporté (avec les voitures, les portefaix et tout) chez monsieur son père. Il descendit de voiture, on déchargea les malles, et les carrosses, les portefaix disparurent aussitôt. Léonbrun ne fut pas reconnu d'abord et jouit un moment de son grand air de chevalier. Mais quand il eut ôté son chapeau et montré sur sa tête la cicatrice d'une blessure qu'il s'était faite en roulant dans l'escalier :

— C'est Léonbrun ! dirent le père et la mère, et ils tombèrent évanouis.

On leur fit respirer de l'eau parfumée et ils reprirent connaissance ; les caisses furent ouvertes et chacun les trouva pleines de verges d'or. Le père acheta une croix de chevalier, une épée et conduisit ses fils au casino des nobles. Là, chacun se vantait de son bien. L'un disait :

— J'ai une très-belle villa ; l'autre : j'ai une très-belle maison.

Léonbrun se tenait dans un coin et ne soufflait mot.

— Et vous, monsieur, lui demanda-t-on, n'avez-vous rien de beau ?

Il répondit : — J'ai une très-belle épouse légitime.

— Une très-belle épouse ! nous vous donnons trois jours pour nous la montrer.

— C'est impossible, elle demeure beaucoup trop loin et je ne saurais comment la transporter au casino.

— Nous voulons la voir d'ici à trois jours, ou vous le paierez de votre tête.

Le premier jour, Léonbrun frotta le mur avec son

anneau; apparut une belle camériste d'Aquilina vêtue en reine.

— Est-ce là votre légitime épouse?
— Non, répondit Léonbrun, et la camériste disparut.

(Tête de goujon, s'écrie la bonne femme qui raconte l'histoire, il aurait pu répondre que oui.)

Le second jour il frotta de nouveau le mur; apparut une seconde camériste d'Aquilina plus belle encore que la première.

— Est-ce là votre légitime épouse?
— Non, répondit Léonbrun.

Le camériste lui tourna le dos (le terme toscan est plus bas) et s'évapora comme une ombre.

— Seigneur chevalier, dirent les assistants, c'est demain le dernier jour. La guillotine sera dressée ici, dans ce grand salon, parce que vous devez perdre la tête si nous ne voyons pas la légitime épouse que vous dites avoir.

Le troisième jour, il pria si fortement la dame Aquilina de venir qu'elle apparut en personne.

— Est-ce là votre légitime épouse?
— Oui messieurs.
— Ah! enfin, on l'a vue.

Elle va droit à Léonbrun, lui arrache l'anneau, lui donne un revers de main (*manrovescio*) et disparaît en disant:

— Adieu, tu l'as bue, ton épouse.

Léonbrun s'en revient avec monsieur son père pleurant et soupirant.

— Que pleures-tu et que soupires-tu, mon cher fils? tu as apporté tant de richesses, il y a de quoi vivre nous tous, et si tes frères se marient, tous leurs enfants aussi.

Léonbrun répondit à monsieur son père:

— Ecoutez, je n'aurai point de paix, si je ne vais pas chercher ma légitime épouse.

Le père lui donne de l'argent, des lettres de change; Léonbrun embrasse tout le monde, promet d'écrire et : Adieu, adieu ! Il marche, marche encore, marche toujours, trouve une auberge, y descend :

— Entrez, monsieur, asseyez-vous, voulez-vous vous rafraîchir?

Il se rafraîchit, paie l'aubergiste et lui demande :

— Sauriez-vous où demeure une certaine madame Aquilina?

— Allons donc (*Che!*) on n'a jamais entendu de noms pareils.

Et il se remet en chemin, trotte de plus belle, trotte encore et toujours et arrive dans un endroit où deux hommes se disputaient. Il regarda au fond du ravin et les vit qui se partageaient des richesses : c'étaient deux assassins.

— Non, disait l'un, tu n'as pas fait les parts égales : ici y en a plus, là il y en a moins.

Léonbrun qui les regarde :

— Hé! jeunes gens, qu'avez-vous à vous disputer?

Ils relèvent la tête :

— Soyez juge, regardez, faites-nous le plaisir de descendre.

— Si j'étais un oiseau, je viendrais volontiers.

— Prenez ce petit sentier et allez toujours en bas, vous arriverez où nous sommes.

— J'ai compris, dit-il, et il alla rejoindre les jeunes gens.

— Donc, qu'y a-t-il entre vous? soyez de bons garçons.

— Vous devez savoir que ce sont là des objets volés; nous sommes deux assassins; nous autres,

— Oh ! je m'en réjouis avec vous.

— Vous devez savoir que les parts ne me semblent pas égales.

— Tenez-vous tranquilles, c'est moi qui ferai les parts.

Il prend une *répétition* (une montre à répétition) dans une main et une *répétition* dans l'autre, les balance, ainsi des colliers, des bagues et de tout ce qu'ils avaient volé.

— Voici les parts, dit-il.

— Mais il y a encore deux choses d'une grande valeur: une paire de bottes qui vont comme le vent et un manteau: quand on l'endosse, on n'est plus vu par personne.

— Voilà qui est très-bien, dit Léonbrun.

Il dit alors à l'un des assassins d'enfiler les bottes, de prendre le manteau sur son bras et de monter sur la montagne. En un clin d'œil l'assassin arrive au sommet:

— A présent, endosse le manteau, lui dit Léonbrun. — L'assassin obéit:

— Me voyez-vous?

— Hé non! tu peux descendre.

Le second assassin prend à son tour les bottes et le manteau, atteint d'un bond le sommet et devient invisible.

— Descends, lui dit Léonbrun. Ecoutez, mes enfants, j'ai été bon garçon, j'ai fait le partage ; est-ce que vous ne me laisseriez pas, moi aussi, essayer les bottes et le manteau ?

— Bien sûr, dirent les deux hommes.

Léonbrun se chausse et court au sommet, se drape et crie:

— Me voyez-vous, jeunes gens?

— Non.

— C'est que vous ne voulez pas me voir; — et il ne se laisse plus voir, le cher Léonbrun. Les deux assassins tombent alors l'un sur l'autre et se rouent de coups si fort qu'ils se tuent; il ne reste que le cher Léonbrun, qui des deux parts n'en fait qu'une et chargé de toutes les richesses, il se remet en chemin. Il marche, marche, marche encore et toujours et arrive à une auberge, il demande à l'aubergiste si on sait où demeure une certaine dame Aquilina. L'aubergiste lui montre sept montagnes et lui dit que beaucoup de gens en quête de cette dame ont essayé de les gravir, et n'y sont jamais parvenus.

— J'y arriverai, moi, dit Léonbrun.

Il mange, et boit, donne à l'hôtelier une très-belle répétition et deux bagues, passe au cou de l'hôtesse un très-beau collier avec un fermoir en or, leur laisse de plus deux lettres de change de deux cents écus l'une et fait du bien à tous les gens de la maison; puis, avec les bottes qu'il a, monte une à une commodément les sept montagnes. Il arrive dans un pré et voit au milieu du pré, comment dit-on?... l'ermite (la narratrice, qui ne trouvait pas le mot, voulait dire l'ermitage.) Il frappe, frappe encore. L'ermite crie (avant d'ouvrir):

— Diable que tu es, qui t'a transporté jusqu'ici? Va-t'en au plus profond de ton abîme.

— Il me prend pour le grand diable, dit Léonbrun, et il refrappe. L'ermite a ouvert, Léonbrun est entré:

— Que désirez-vous, beau jeune homme?

— Je désirerais savoir où demeure une certaine dame Aquilina.

— Ecoutez, beau jeune homme, je ne sais vous le dire; mais vous devez savoir que tous les sept vents viennent se reposer chez moi.

A une certaine heure arrive le Vent marin.

— Oh, bonsoir, ermite! Qui est ce jeune homme?

— Eh, c'est un jeune homme qui cherche à retrouver son épouse, une certaine dame Aquilina.

— Oh! voyez, j'arrive de chez elle, j'en reviens à l'instant, cher beau jeune homme. Je dois te dire une chose, que demain quelque autre vent ou Sirocco ou Ponent ou Levant ou Pisan ou Tramontane... qui sait si ce ne sera pas le tour de la Tramontane d'aller demain chez madame Aquilina? car son île ne reste jamais sans ventilation.

— Oh! cela me fait plaisir, répond Léonbrun.

Viennent tout doucement les sept vents; le dernier est le septième et c'est la Tramontane.

— Prenez garde, beau jeune homme et n'ayez pas peur. La Tramontane va venir et ma cellule branle de tous côtés; la Tramontane l'emporte çà et là. Elle est de force à arracher les murs.

— Oh! je n'ai pas peur.

En attendant Léonbrun cause avec les autres vents qui lui apprennent que dame Aquilina a mis deux gros lions devant sa porte; les pauvres diables qui veulent entrer sont dévorés aussitôt.

— Je n'ai pas peur, dit Léonbrun.

Brrr, brrr, la cellule branle, la Tramontane arrive, elle demande qui est ce jeune homme, elle cherche à le détourner de son projet et à l'effrayer.

— Je n'ai pas peur, dit Léonbrun.

La Tramontane le laissa aller et lui dit:

— Ecoute et ne t'en fâche pas; il y a les caméristes de ta légitime épouse qui font la lessive; quand elles seront sur le point de l'étendre, j'arriverai et je lancerai tout leur linge en l'air.

— Jette tout leur linge en l'air, répond Léonbrun, ça m'est parfaitement égal!

Il court à l'île, met son manteau, passe entre les lions et s'assied (invisible) sur une chaise à côté de dame Aquilina.

— Hélas! dit-elle, et elle tire la sonnette.

— Que voulez-vous, reine?

— Apportez-moi quelque chose, je me sens défaillir.

On lui apporte une belle soupière avec du bouillon; mais Léonbrun prend la soupière et la vide.

— Hélas! dit-elle, c'est mon pauvre Léonbrun. Qui sait quelle faim il a. Vite qu'on m'apporte autre chose.

On lui apporte autre chose, mais c'est Léonbrun qui le mange.

— Dis-moi, qui es-tu, toi qui es ici près de moi? fais-moi ce plaisir, laisse-toi voir si c'est toi.

Il ôte son manteau :

— Oui, c'est moi, ma très-chère femme.

Elle le voit et l'embrasse avec bonheur.

Là-dessus Léonbrun raconte son histoire et ajoute que sans son manteau, il aurait été dévoré par les lions.

— Ces lions, répond dame Aquilina, seront tes fidèles et te sauveront de la mort.

Sur quoi elle frotte le mur avec son anneau. Toute la famille apparaît: le père, la mère et les onze frères; le père avec sa croix et l'épée au côté.

Aquilina leur donne à tous une croix en diamant. Noce triomphale, banquets somptueux. On donne à manger et à boire à tous les pauvres gens, les époux se remarient.

Nous avons choisi ce conte parce qu'il est fort répandu en Toscane et nous sommes forcés d'en passer vingt autres mieux racontés peut-être, mais rappelant trop ceux qui courent partout : Peau d'Ane, le Petit Poucet, le Petit Chaperon rouge, Cendrillon surtout (la fameuse *Cencrantola* si mélodieusement illustrée par Rossini) reparaissent dans la littérature populaire de tous les peuples italiens avec des amplifications et des variantes pleines d'intérêt ; mais nos pages s'accumulent. Nous laissons de côté le *Roi cochon* (*Il re Porco*) qui rappelle naïvement *la Belle et la Bête*, et nous réservons pour un chapitre suivant *la Bella Ostessina* (la belle petite Hôtesse), histoire merveilleuse, aussi riche en incidents qu'un roman d'aventures et enchâssant la fable très-connue de la *Belle au bois dormant*. En attendant voici une féerie compliquée, *le Magicien aux sept têtes*, qui a été racontée à M. Gherardo Norucci par Elena Beccherini du Montale Pistojese. Il y a dans le recueil de Grimm et dans les *Nuits* de Straparole certains incidents qui offrent quelque analogie avec ceux de notre nouvelle, mais nous pouvons assurer qu'Elena Beccherini, qui ne sait probablement pas lire, ne connaît ni les *Nuits facétieuses*, ni les savants travaux du docteur allemand.

LE MAGICIEN AUX SEPT TÊTES

Il y avait une fois un pêcheur marié depuis longtemps ; sa femme était stérile. Un jour il pêcha dans le lac un très-beau et gros poisson qui, à peine sorti de l'eau, prit une voix plaintive et supplia l'homme de le laisser aller, lui promettant de lui indiquer une pêche abondante. Le poisson fut lâché, l'étang visité, le riche butin obtenu, mais la femme du pêcheur se mit en colère : elle regrettait le gros beau poisson. Le lendemain, l'homme dut retourner au lac. Il reprit le poisson parlant, mais le lâcha encore. La femme devint furibonde et bon gré malgré, le pêcheur alla pour la troisième fois jeter son filet dans le lac. Il rapporte le poisson parlant, on le mit dans un seau d'eau froide et on discuta le meilleur moyen de l'accommoder. Le poisson sortit la tête de l'eau :

— Puisque j'ai à mourir, dit il, laissez-moi faire mon testament.

La faveur accordée, il continua :

— Quand je serai mort et cuit, que la femme mange ma chair, donnez le bouillon à la jument ; jetez mes os à la chienne et plantez droites dans le jardin mes trois plus grosses arêtes.

Ainsi fut fait, et il arriva que la femme, la jument et la chienne mirent au monde en même temps trois petits garçons, trois petits chevaux et trois petits chiens ; les arêtes plantées dans le jardin devinrent trois lances. Les trois enfants qui étaient nés se ressemblaient si fort que pour les reconnaître il fallait les marquer d'un signe. Quand ils furent grands, le père donna à chacun d'eux un cheval, un chien et une lance, il y ajouta un fusil de chasse. Le fils aîné se lassa de la vie tranquille et pauvre ; il voulait chercher fortune et montant à cheval, la lance à la main, le fusil en bandoulière, le chien derrière lui, il laissa à sa famille une fiole bouchée et pleine d'eau :

— Si cette eau se trouble, venez à ma recherche : ou je serai mort, ou il me sera arrivé quelque malheur. Adieu.

Et il partit au galop. Il arriva dans une grande ville dont tous les habitants étaient tristes et vêtus de deuil : il apprit qu'un affreux magicien à sept têtes apparaissait tous les jours à midi dans le jardin royal et dévorait tout ce qu'il rencontrait. Pour diminuer le massacre, le roi s'était engagé à lui fournir tous les jours un corps humain et ce jour même il devait lui livrer sa propre fille. Aussitôt le jeune homme, qui était courageux, se fit présenter au roi et lui demanda la permission de tuer le magicien.

— Si tu y parviens, je te donnerai ma fille en mariage.

Le jeune homme se rendit au jardin royal où la princesse était à genoux, attendant le monstre et recommandant son âme à tous les saints. Il s'éprit d'elle aussitôt et lui dit :

— Je veux maintenant courir ce danger pour l'amour de vous.

Midi sonna, la terre se mit à trembler, un trou s'ouvrit avec un grand fracas et de ce trou, entre le feu et la fumée, jaillit le magicien aux sept têtes. Il ouvrit ses sept bouches en sifflant de joie parce qu'il voyait deux victimes à dévorer. Mais le jeune homme, sans attendre un instant, sauta sur son cheval, la lance en arrêt, et fondant sur le magicien, le perça de part en part, puis, pendant que le chien le retenait avec les dents, il coupa les sept têtes avec un cimeterre et rompit l'enchantement, délivrant ainsi la princesse de la mort et la ville du fléau :

— Tu es mon époux, dit la princesse, mais prends les signes de la victoire et porte-les au roi, afin qu'il sache que c'est toi qui as tué le monstre, et qu'il te permette de me donner l'anneau.

Le jeune homme coupa les sept langues du magicien et les enveloppa dans un linge ; puis remontant à cheval, il se dirigea vers une auberge pour changer d'habits, et arriver propre et galant devant le roi.

Or, il y avait une masure près du palais royal et dans cette masure, un savetier loqueteux et maupiteux mais de grande fourberie et malice. Il avait vu de loin le combat et entendu l'entretien entre la princesse et le jeune homme. Aussitôt il se laissa glisser dans le jardin par une fenêtre, enleva les sept têtes coupées, trempa son coutelas dans le sang et courant chez le roi, lui dit avec un air de mauvais birbo :

— Majesté, c'est moi qui ai tué le magicien ; voici les têtes que je lui ai détachées du corps avec ce couteau, tenez donc votre parole et donnez-moi votre fille en mariage.

Le roi fut troublé en voyant la pauvre mine du héros. Cependant sa parole était donnée :

— Si la chose s'est passée comme tu dis et comme il paraît aux preuves que tu m'apportes, ma fille est à toi, tu peux la prendre.

Survint la princesse, qui protesta que le savetier était un menteur. Il s'en suivit des coups de bec (*un battibecco*) mais le roi donna raison au savetier.

L'évènement fut annoncé au peuple ; on prépara de grandes fêtes et trois grands festins offerts de semaine en semaine, après quoi les noces. Cependant le jeune vainqueur du magicien se dirigeait vers le palais du roi, mais quand il fut à la porte, on ne le laissa pas entrer et il entendit le crieur qui annonçait le mariage. Il eut beau protester, réclamer à grands cris qu'on lui permît de parler au roi, les gardes tinrent bon par ordre du savetier et le malheureux fut chassé de vive force ; il dut s'en retourner chez lui moitié en rage, moitié en pleurs.

A la cour, la table était servie, les convives nombreux, le savetier auprès de la princesse, richement vêtu et sept coussins au-dessous de lui. — Le jeune homme s'était adressé au chien couché à ses pieds et lui avait dit tout-à-coup :

— Sus, cours au palais, va chez la fille du roi, ne caresse qu'elle et avant que le repas commence, jette la table en l'air, puis sauve-toi et ne te laisse pas attraper.

Le chien partit en courant, et sautant sur les genoux de la princesse, il se mit à la caresser et à la lécher sans fin ; elle le reconnut et se réjouit et, lui lissant le poil, lui demanda des nouvelles de son maître. Mais le savetier avait des soupçons et voulait que le chien fût chassé. On servit la soupe et le chien, prenant dans ses dents un coin de la nappe, tira tout le couvert et le fit tomber par terre puis dégringola par l'escalier : on ne put l'attraper ni le suivre. La bagarre fut grande parmi les invités ; cependant le second banquet fut donné au bout de huit jours. Le jeune homme dit à son chien :

— Sus, cours et recommence !

Le chien courut et recommença.

Au troisième banquet le jeune homme dit au chien :

— Va encore, mais cette fois laisse-toi prendre sur le seuil de ma maison.

Le chien se laissa prendre et le jeune homme fut conduit au roi qui le reconnut et lui dit :

— N'est-ce pas toi qui t'étais offert pour sauver ma fille des griffes du magicien ?

— C'est moi, dit le jeune homme, et je l'ai sauvée en effet ; elle est mon épouse.

Mais le savetier de crier :

— Ce n'est pas vrai, c'est moi qui apportai les

preuves de la victoire, c'est moi qui ai tué le magicien.

Le jeune homme repartit sans se troubler :

— Qu'on apporte ici les sept têtes et l'on verra qui a raison.

Quand les sept têtes furent mises aux pieds du roi, le jeune homme reprit :

— Regardez un peu si elles ont des langues dans leurs gueules.

Les langues n'y étaient pas, le jeune homme les tira du linge où il les avait enveloppées et raconta comment le fait s'était passé. Le savetier ne se donna pas pour battu et réclama que les langues fussent mesurées pour voir si elles s'adaptaient aux gueules du monstre. A chaque épreuve qui tournait contre lui, le drôle dévalait d'un coussin à l'autre ; arrivé au septième, il voulut se sauver à toutes jambes mais par ordre du roi il fut arrêté et pendu.

Grande joie partout : le roi, les époux, les conviés se remirent à table et se donnèrent du bon temps ; tout de suite après, les noces.

Le matin, à la pointe du jour, le jeune homme ouvrit la fenêtre et vit en face de lui une forêt touffue pleine d'oiseaux ; l'envie lui vint d'aller à la chasse, mais sa femme le suppliait de n'y point penser parce que la forêt était enchantée et quiconque y entrait n'en revenait plus. Mais le jeune homme avait sa tête et le danger l'attirait ; il prit donc son chien, sa lance, son fusil, et en route.

Il avait déjà tué beaucoup d'oiseaux quand, tout à coup, éclata un tel ouragan qu'on eût dit la fin du monde : tonnerre et éclairs à rendre fou, et l'eau tombait à torrents. Le jeune homme, trempé jusqu'aux os, cherchait à sortir de la forêt mais ne retrouvant plus son chemin, la nuit venue, il entra dans une grotte. Il la trouva pleine de statues de marbre blanc posées en diverses attitudes, mais le jeune homme n'y prit pas trop garde, mouillé et lassé comme il était. Il ramassa des branches sèches et avec son briquet il alluma un peu de feu pour se sécher et pour cuire les oiseaux tués, parce qu'il avait faim ; cependant il pensait à sa femme et se repentait de ne l'avoir pas écoutée. Peu après voici dans la grotte une petite vieille dont les dents claquaient, transie de froid et toute pourrie de la tête aux pieds. Elle s'approcha du jeune homme et le pria qu'il lui permît de se réchauffer :

— Venez seulement, dit-il, vous me tiendrez compagnie.

La petite vieille s'assit et offrit du sel pour les oiseaux rôtis, du pain pour le chien et de la graisse pour les armes ; il n'avait pas de soupçons et il accepta, mais dès que les armes furent graissées, le pain et les oiseaux mangés, les armes, le chien et lui devinrent statues de marbre.

Sur le soir la princesse, ne voyant pas rentrer son mari, le crut mort, et le roi fort affligé ordonna que la ville se mît en deuil.

Cependant chaque jour, dans la maison du pêcheur, la famille regardait la fiole d'eau que le fils aîné avait laissée : un soir, tout à coup, l'eau se troubla ; le deuxième fils dit alors :

— Mon frère est mort ou il est arrivé quelque malheur. Tenez, je vous donne aussi cette fiole d'eau claire : si elle se trouble, vous savez ce que vous avez à faire. Adieu.

Il monte à cheval et, avec le chien, la lance et le fusil en bandoulière, il part au galop. Partout où il passait, partout où il s'arrêtait, il demandait aux gens :

— Avez-vous vu quelqu'un qui me ressemble ?

Tout le monde riait en répondant :

— Tout beau ! n'êtes-vous pas celui qui vint l'autre fois ?

De cette façon, le jeune homme comprenait que son frère aîné avait passé par là. Quand il arriva dans la ville où le magicien avait été tué, tout le monde émerveillé s'écriait :

— Il est sauvé, vive le prince !

Le roi, la princesse et la cour le prirent pour son frère aîné. Mais lui, silence... Il se tenait coi, ne sachant s'il était parmi des traîtres ou des gens bien élevés. Il interrogeait finement, répondait à propos et parvint à deviner toute l'histoire. La nuit venue, il fit semblant d'être mort de fatigue et dormit sur le bord du lit, loin de la princesse. Le matin à son réveil, il ouvrit la fenêtre et vit la forêt. Il voulut y aller malgré les pleurs de la princesse et partit avec son chien, sa lance et son fusil. Il lui arriva tout ce qui était arrivé à son frère aîné ; lui aussi fut changé dans la grotte en statue de marbre. La princesse le crut perdu, la ville se remit en deuil.

Dans la maison paternelle, la seconde fiole d'eau se troubla tout à coup et le troisième fils partit aussitôt pour aller chercher ses deux frères. Il avait pris également avec lui son chien, sa lance et son fusil. Chemin faisant il demandait partout :

— Avez-vous vu passer par ici deux hommes qui me ressemblaient ?

Partout on lui répondait :

— Pourquoi faites-vous toujours la même question ? Etes-vous fou ?

Il comprit ainsi que ses deux frères avaient suivi la même route. Arrivé à la ville il fut reçu avec des cris de joie et conduit à la cour ; on le prit pour son frère aîné. Il feignit une grande fatigue et dormit sur le bord du lit. Au lever du soleil il se mit à la fenêtre, et voyant la forêt, il voulut y aller ; il y alla en effet malgré les cris de désespoir que poussait la princesse. Il tua beaucoup d'oiseaux, fut surpris par l'ouragan, entra dans la grotte et, regardant les statues de marbre, il reconnut ses deux frères. Il se dit alors :

— Il y a ici quelque tromperie : je tiendrai les yeux ouverts.

Le feu allumé, voici la même petite vieille qui, s'approchant comme les autres fois, lui demanda de se réchauffer. Il la regarda de travers et lui dit d'un air hargneux :

— Va-t-en, je ne te veux pas à côté de moi.

La petite vieille parut déconcertée.

— Que vous avez peu de charité ! dit-elle, je vous offrirai pourtant de quoi mieux souper. Voici du sel pour les oiseaux rôtis, du pain pour le chien, de la graisse pour les armes.

— Eh, vieille sorcière ! cria le jeune homme, ce n'est pas moi que tu dauberas. Sur quoi, lui sautant dessus, il l'eut bientôt renversée ; il lui mit un genou sur le ventre, lui serra le cou de sa main gauche et, tirant son cimeterre, le leva sur le cou de la vieille en disant :

— Sorcière infâme, rends-moi mes frères ou je t'arrache l'âme sans merci.

La petite vieille protestait qu'elle n'avait rien fait de mal. Mais voyant que le jeune homme ne se laissait pas émouvoir et qu'il allait lui couper la gorge, elle prit peur et promit d'obéir. Sur quoi, fouillant dans sa poche, elle en tira un vase d'onguent pour qu'il en oignît les statues en lui assurant que par ce moyen elles seraient toutes revenues à la vie. Le jeune homme ne lâcha pas la petite vieille ; mais en la menaçant toujours avec ses armes il la força de faire elle-même l'opération, si bien qu'en peu de temps toutes ces statues se mirent à remuer ; la grotte en fut pleine. Les frères se reconnurent et s'embrassèrent ; tous les autres ne trouvèrent pas de paroles pour remercier dignement celui qui les avait sauvés.

Dans cette bagarre la vieille cherchait à s'esquiver, mais on s'en aperçut et tous fondirent sur elle ; ils l'écartelèrent et rompirent ainsi l'enchantement de la forêt. De plus, le frère aîné lui prit le vase d'onguent qui rendait la vie aux enchantés et aux morts. Chemin faisant, pour rentrer à la ville ; les frères se firent le récit de leurs aventures. Mais quand l'aîné apprit que ses deux cadets avaient dormi dans le lit de la princesse, il fut pris d'une fureur jalouse, il tira son épée et les tua.

A peine eut-il commis ce crime qu'un grand remords lui vint au cœur ; il se jeta sur les cadavres et s'abandonna au désespoir. Il voulait s'égorger lui-même. Tout à coup il se souvint de l'onguent qu'il avait pris à la vieille sorcière et, pensant que cet onguent faisait revenir les morts, il en frotta les blessures des deux frères qu'il avait tués. Miracle ! l'un et l'autre se remit debout guéri et gaillard. L'aîné plein de joie demanda et obtint son pardon et tous allèrent chez le roi. Ils furent reçus avec un grand contentement ; on ordonna des chants, des fêtes, on sonna toutes les cloches. Le frère aîné s'unit de nouveau à la princesse ; le roi trouva de grandes dames pour les autres, et les éleva aux premières charges de la cour.

XVII

MONSIEUR JEAN DE CONSTANTINOPLE

Je vous raconterai maintenant la nouvelle de monsieur Jean de Constantinople qui était un très-riche monsieur. Comme il était au balcon de sa terrasse, il vit passer une femme mariée tenant par la main un bambin qu'elle accompagnait à l'école.

— Femme mariée !

— Que commandez-vous, monsieur Jean? et elle leva la tête.

— Pourriez-vous monter avec votre garçon ?

— Oui monsieur Jean.

— Et elle monte.

— Ah! monsieur Jean, bonjour à vous, bon réveil ! que me commandez-vous ?

— Est-il à vous cet enfant ?

— Oui monsieur, il est à moi.

— Ah ! je n'ai personne en ce monde ; pour moi, je suis seul unique ! Un monsieur comme je suis, plein de richesses *et tout*, je n'aurai à ma mort personne à qui laisser mon bien.

Il dit encore:

— Voyez, je le prendrais volontiers pour mon

fils dans mon appartement. Je lui donnerais un maître pour lui enseigner les vraies éducations ; s'il voulait apprendre un état ou chose semblable, je lui ferais aussi donner toutes les leçons. Je vous offrirais de plus en présent un sac de louis d'or. Ce n'est pas pour acheter le garçon, liberté aux parents de venir faire visite à leur fils quand et comme il leur plaira.

— Cher monsieur Jean, il faut que j'aille à la maison et que je le dise à mon mari, parce que si mon mari est content, je vous amènerai le garçon… Savez-vous monsieur Jean, j'ai aussi une fille.

— Ah ! ne me parlez pas des femmes, parce que je ne peux pas les voir. Le garçon oui, mais pas de femmes.

Elle va à la maison chez son mari en tenant l'enfant par la main. Elle va à la maison et elle frappe. L'homme se met à la fenêtre :

— Eh bien ! qu'as tu fait ? tu ne l'as pas accompagné à l'école, le bambin ?

Elle dit :

— Non ! ouvre, j'ai à te dire quelques mots. C'est monsieur Jean de Constantinople qui m'a appelée et m'a dit ceci, qu'il voudrait mon fils chez lui, que l'enfant serait l'héritier de toutes les richesses de monsieur Jean de Constantinople.

— Bah ! que veux-tu ? ça me fait de la peine.

— Mais avec cela, sais-tu, permis à nous d'aller voir notre fils quand et comme il nous plaira. Et, de plus, il nous donne un sac de napoléons d'or. Un besoin qui nous viendrait, tu entends, nous irions là et nous serions secourus.

Il dit :

— Va, et donne-le lui. Viens, pauvre petit François (le fils s'appelait François).

Il l'embrasse, et tout :

— Adieu, adieu, adieu !

La mère le prend par la main et le mène auprès de monsieur Jean de Constantinople. Monsieur Jean de Constantinople qui était là haut au balcon et qui voit revenir la mère avec l'enfant, le cœur lui sautait d'allégresse.

— Qu'y a t-il, chère petite femme mariée ?

— Mon mari est content.

— Dorénavant tenez ma maison pour la vôtre.

La mère prend l'enfant et l'embrasse :

— Adieu petit François, adieu petit François.

Elle ne pouvait s'en détacher. Monsieur Jean va chez lui et prend le sac de louis d'or. Il le donne à la mère et dit :

— Adieu, comptez bien que quand vous voudrez voir le garçon, vous entrerez ici comme chez vous.

— Adieu, adieu.

La mère s'en va.

— Ah ! pauvre petit François, dit monsieur Jean.

Il vous le prend, vous l'embrasse et vous le met sous un maître très-parfait, pour lui apprendre l'éducation. L'enfant se fait grand et dit :

— Monsieur Jean, je voudrais apprendre tel métier.

Selon la fantaisie qui lui venait, on lui donnait un maître. Petit François commençait avec ce maître ; et quand il arrivait à la perfection, il disait :

— Je veux faire tel métier, tel autre, je veux faire le doreur, le ciseleur, selon son caprice.

Il devint un très-brave jeune homme, un grand peintre tout à fait brave. Un jour il était à table avec monsieur Jean qui le tenait près de lui à l'heure du déjeuner ; à l'heure du dîner de même et à l'heure du goûter de même, il le voulait toujours à ses côtés. L'idée vint à monsieur Jean de lui dire :

— Petit François, je veux que tu me fasses cadeau d'un très-beau tableau avec un cadre sculpté, doré *et tout*. Fais-moi une drôlerie, sais-tu. Ce qui te plaira, mais non une figure de femme : prends garde ! Ne t'y frotte pas, sais-tu.

— Vous serez servi, monsieur Jean, lui dit petit François.

Petit François entre dans son atelier, se met à travailler et commence. Le tableau fut fait, mis sous verre, doré *et tout* ; il fit une très-belle peinture, une très-belle figure de Vénus. On sait fort bien que les peintres.... Que fait petit François ? Il arrange bien son tableau et, à l'heure du repos, il vous le porte dans la chambre de monsieur Jean et vous le met près du miroir. Le matin monsieur Jean se lève et s'en va dans sa chambre devant son miroir pour faire sa toilette ; tout à coup :

— *Ohimè !* dit-il, qu'est ce que cela ? — et il reste stupéfait.

— Petit François, petit François !...

— Plaît-il, monsieur Jean ?

— Viens là devant moi. Qu'est ce que je t'ai dit ? qu'une figure de femme, je ne la voulais pas.

— Que voulez-vous, monsieur Jean ? Pardonnez-moi et plaignez-moi, les peintres sont folâtres. Quand il leur passe une chose par la tête, ils sont forcés de la faire. Ceci m'est passé par la tête et j'ai fait ceci.

— Eloignez-vous de moi.

A l'heure du déjeuner petit François n'était plus appelé, à l'heure du dîner il n'était plus appelé, mais tout ce dont il avait besoin lui était porté dans son laboratoire.

— Même ainsi l'on va son chemin, même ainsi je mange. Il ne m'importe pas de manger avec monsieur Jean, tout ce qu'il mange vient ici : on mange partout, dit petit François.

Au bout de quelque temps monsieur Jean l'appelle :
— Petit François !
— Que commandez-vous, monsieur Jean ?
— Tu dois prendre ce petit tableau que tu as fait, tu dois le mettre dans la poche de ton habit et t'en aller au bord de la mer de Constantinople, et faire démarrer mon bâtiment. Tant à pied que dans mon bâtiment tu dois courir le monde entier et me promettre de m'apporter un portrait comme tu l'as fait (une femme qui ressemble à la figure que tu as peinte) ; je te donne une année pour cela.

Petit François demande licence.
— Je m'en vais, adieu, adieu, adieu !
Monsieur Jean embrasse petit Jean et le baise.
— Adieu et heureux retour ! Cherche à tout faire pour la réussite de ce que je t'ai dit.
— Oui monsieur.

Petit François va au bord de la mer, détache le navire, entre dedans, ouvre les voiles au vent. Adieu pour aller courir le monde. Vire d'ici, vire de là, vire d'en haut, vire d'en bas et vire de partout, petit François ne trouvait jamais un visage semblable à celui qu'il avait fait. En route, et toujours en route sur le navire du seigneur Jean. Un jour, il voit de loin des flammes sur une île : on eût cru que des choses avaient pris feu.

— Abordons ici, dit-il au pilote, arrivons là-bas à cette île. Nous pourrons nous y rafraîchir.

En montant sur l'île au sortir du bâtiment, François avise une fillette. Il va vers son compagnon de voyage :

— Regarde, sais-tu ? Si elle était à point, ce serait tout à fait le portrait. Mais laissez-moi faire. Elle vient d'entrer dans cette boutique de charcutier. Attendons qu'elle sorte et je veux lui demander combien ils sont dans la famille.

La fillette sort de la boutique du charcutier. François dit :

— Bambine, excusez-moi, venez ici.

— Que voulez-vous messieurs ? fait cette enfant aux deux jeunes gens, aussi bien à François qu'à l'autre.

Et il dit :

— N'y a-t-il personne ici qui donne de quoi se rafraîchir ?

La petite fille répond :

— Entrez messieurs, parce qu'en ce moment même monsieur mon père va se mettre à table ; il donne à boire et à manger à tous les voyageurs qui viennent ici.

Car cet homme, vous devez le savoir, était un charbonnier. Il faisait du charbon et c'est pour cela qu'on voyait au loin des flammes. Entrent petit François, son compagnon *et tout*.

La petite fille dit :

— Monsieur mon père, il y a ici deux messieurs qui veulent se rafraîchir.

— Fais les mettre à table, on va dîner à l'instant même.

Il se met à table *et tout*. Vient le charbonnier, vient sa femme, vient un fils et la petite fille. François brûlait d'impatience et demanda :

— Dites-moi, monsieur le patron, n'y a-t-il que vous dans la famille ?

Le père répond et dit :

— Quoi donc ? Rosine n'est pas venue. Qu'est-ce qu'elle fait ?

La sœur va dans l'autre chambre et crie :

— Rosine, que fais-tu ? ne viens-tu pas dîner ? c'est monsieur mon père qui l'a dit.

Rosine répond :

— Écoute, je ne veux pas venir, sais-tu ? Il y a ces deux messieurs, j'ai honte.

La petite fille revient :

— Savez-vous, monsieur mon père ? Elle ne veut pas venir parce qu'elle a honte de ces deux messieurs qui sont là.

Elle voulait parler de François et de cet autre.

— Ah ! dit François, dites seulement que nous autres, nous ne sommes pas des messieurs qui fassent honte aux gens. Elle peut venir dîner. Qu'elle ne soit pas intimidée à cause de nous.

La petite sœur va le dire à la grande.

— Je finis ma toilette et je viens.

La voici qui apparaît pour se mettre à table.

François qui la regarde dit à son compagnon :

— Laisse-moi faire, c'est tout le portrait de point en point !

Eh ! c'est un dîner que celui-là, un dîner somptueux : bouteilles, café, confitures ; ils mangent, boivent, s'amusent. Petit François dit enfin :

— Monsieur le patron, vous me direz maintenant ce je dois.

— Rien, répond l'homme. Aux messieurs qui viennent dans l'île qui est ici, je ne fais rien payer.

— Savez-vous, monsieur le patron, dit François, il faut que vous veniez voir une très-belle chose dans mon bâtiment ; vous vous y amuserez beaucoup, savez-vous ? Vous devez venir la voir avec toute votre famille.

Ils se lèvent de table, s'habillent très-joliment, aussi bien le charbonnier, sa femme, son fils, sa fille, pour aller dans le navire avec ces jeunes gens. Ils se lèvent, sortent de la maison, vont dehors, ferment la porte et s'acheminent vers le bord de la mer, pour entrer dans le bâtiment. Quand ils y sont entrés, petit François fait signe de l'œil aux matelots d'ouvrir les voiles au vent pour aller à grande vitesse à Constantinople. En attendant, petit François montre toutes les belles raretés qui étaient sur le navire. Il y avait un très-beau jardin avec des citronniers et toute sorte de plantes. Ils vont au premier étage, où il y avait un très-beau salon avec un très-beau déjeuner, très-grand et des chaises tout autour. On apporte des bouteilles, des confitures, des petits pâtés, d'autres choses semblables.

— Vous devez vous rafraîchir, dit-il à la société du charbonnier.

— Oh! fait le charbonnier, beau! beau! belles choses! je n'ai jamais rien vu de pareil. Il en est venu, des bâtiments, mais non remplis de toutes ces belles raretés.

François dit :

— Vos seigneuries viendront voir les autres étages. Elles doivent savoir que j'ai une terrasse et qu'autour de cette terrasse il y a quantité de vases où poussent des fleurs, des citronniers et des orangers.

Et ils montent sur la terrasse. Le charbonnier s'écrie alors :

— Ah! nous sommes ici dans les mains des assassins!

Petit François dit :

— Comment! dans les mains des assassins?

Vous êtes dans les mains de deux jeunes gens comme il faut.

— Ne voyez-vous pas qu'il y a maintenant entre ma maison et nous tant et tant de milles? Nous sommes dans les mains des assassins.

François tire de sa poche le petit portrait qu'il avait fait.

— Prenez ce portrait-ci, comparez-le à vos deux filles, n'est-il pas ressemblant...?

— C'est tout à fait ma fille aînée.

— Donc vous n'êtes pas dans les mains des assassins, mon cher monsieur; vous êtes dans les mains de jeunes gens comme il faut. Votre fille, je dois la conduire à Constantinople à son légitime époux qui doit se marier avec elle.

— Si c'est comme ça, allons de l'avant.

— Elle doit tomber dans les mains d'un grand seigneur, le plus riche qui soit à Constantinople.

En avant, en avant, en avant! le navire allait comme la foudre. Quand on fut sur le point d'arriver à Constantinople, petit François fit tirer un coup de canon comme pour dire:

— Place! voici le petit François.

— Voici petit François, dit monsieur Jean. Il sort de son palais, prend un petit vaisseau et court à la rencontre du bâtiment. Petit François qui le voit va aussi vers lui: quand ils sont près, ils s'embrassent.

— Qu'as-tu fait, François?

— Eh! j'ai fait tout ce que vous m'aviez commandé.

— Donc on peut voir l'épouse que je dois prendre?

— Je crois bien. Il court à la porte de la chambre et frappe.

— Qui est là?

— Rosine, c'est votre légitime époux, celui qui doit l'être, et qui veut vous voir.

Elle répond :

— Je finis ma toilette et je vais dans ses bras.

Voici la Rosine qui sort : elle sort, la Rosine. Lui qui la voit, vous pouvez croire les compliments *et tout*. Il demande.

— Qui est celui-ci ?

— Celui-ci est monsieur son père, celle-là madame sa mère, celui-ci son frère et celle-là sa sœur.

Jean salue tout le monde ; ils sortent du bâtiment tous ensemble et ils s'en vont à terre ; et en faisant du chemin, ils arrivent au palais de monsieur Jean de Constantinople. Quand tous furent entrés dans son palais, il fit crier aussitôt qu'il prenait pour épouse une très-belle femme, fille d'un charbonnier très-riche. Le mariage fut hâté, l'époux fit présent aux pauvres de pain, de vin et de tant de livres de viande par tête pour six mois. Un jour le beau-père qui était le charbonnier dit à monsieur Jean :

— Très-cher gendre, vous devez savoir que j'ai tant de livres de charbon dont je ne fais rien. Il faut que je retourne à mes affaires.

— Oh ! petit François ! viens ici, dit monsieur Jean, tu seras celui qui accompagnera chez eux mon beau-père, ma belle-mère, mon beau-frère. Dites-moi un peu, très-cher beau-père, n'avez-vous pas des parents au logis ?

— Oh ! des parents éloignés...

— Eloignés ou proches, je dis que vous leur cédiez tous vos biens ; et toi, petit François, et vous tous revenez à Constantinople, car il y a ici de quoi vivre et de quoi faire les messieurs, vous aussi qui êtes mes égaux...

Or vous devez savoir qu'il y avait un autre monsieur riche aussi, moins pourtant que monsieur Jean, monsieur Joseph. Or monsieur Joseph étant au café, le cafetier lui dit :

— Oh! monsieur, il y a tant de temps qu'on ne vous voit pas dans ma boutique. Vous avez sans doute été invité au mariage de monsieur Jean, hein !

— Point du tout, je n'ai pas été invité.

— Eh ! monsieur Joseph ! je vous dirai pourquoi vous n'avez pas été invité. C'est que monsieur Jean sait fort bien que vous êtes le coq de l'endroit.

— Moi le coq ! vous voulez rire. Combien y-a-t-il de temps que monsieur Jean n'est pas venu ici ?

— Il y a bien longtemps.

— S'il venait par hasard, je voudrais faire avec lui un beau pari : Je gage de passer dix minutes seul à seul avec sa femme. Si j'y réussis, je demande sa tête ; il aura la mienne, si je n'y réussis pas. Voilà le pari que je fais. Si vous avez l'occasion de le voir et de l'en informer, envoyez-moi chercher, je viendrai tout de suite.

— Oui, monsieur Joseph.

— Adieu, cafetier.

— Adieu, adieu.

Monsieur Joseph s'en va, et une dixaine de minutes après, comme qui dirait un demi quart d'heure, voici monsieur Jean qui entre au café.

— Oh ! monsieur Jean, bien venu ! Si vous étiez arrivé tout à l'heure, vous auriez trouvé monsieur Joseph.

— Qui ? cet imbécile ?

— Il a laissé ici un message pour vous.

— Un message pour moi ?

— Il a laissé ce message qu'il ferait volontiers un pari.

— Et quel pari veut-il faire ?

— De passer dix minutes avec votre femme.

— Je le fais, je le fais. Et que veut-il parier ?

— Votre tête, s'il y réussit ; s'il n'y réussit pas, la sienne.

— Je le fais, je le fais ! Allez me l'appeler.

On envoie un garçon de la boutique, d'autres courent les environs, pour voir s'ils trouvent monsieur Joseph. Le garçon l'avise de loin :

— Monsieur Joseph, monsieur Joseph !

— Qu'y a-t-il ?

— Il y a monsieur Jean qui vous attend dans la boutique.

Et en avant ! On entre au café :

— Oh ! monsieur Jean.

— Oh ! monsieur Joseph.

Et tous les deux se saluent.

— C'est vous qui faites ce beau pari ? je le fais moi aussi volontiers, dit monsieur Jean.

Ils se prennent par dessous le bras, demandent licence au cafetier et s'en vont dehors, achètent les papiers timbrés *et tout*, s'en vont à la délégation de Constantinople ; là les actes sont passés et cachetés: L'un s'en va d'un côté, l'autre de l'autre et ils ne se regardent plus.

Monsieur Jean se dirige vers son palais. Quand il y est entré, il salue sa femme, il salue sa belle-sœur et va se rafraîchir à table.

— Je vais, très chère épouse, faire un tour dans mes propriétés. Ici vous avez tout, rien ne vous manque. Vous avez le matin la laitière qui vous apporte du lait, quelqu'un qui vous apporte du beurre, un autre, la viande de boucherie; il ne vous manque rien. Votre sœur vous tiendra compagnie; amusez-vous, faites ce qui vous plaira, et adieu jusqu'à mon retour. Les compliments, je les fais ici, parce que je partirai de nuit et je ne veux réveiller aucune de vous deux.

Le matin (il s'était levé pendant la nuit, s'était habillé, était parti en laissant sa femme et sa belle-sœur) le matin, la belle-sœur vint porter le lait. L'épouse eut une idée et dit à sa sœur :

— Sais-tu, il faut fermer les volets sur la rue. Nous resterons dans les chambres de derrière, sur la terrasse et dans le beau jardin qu'il y a ; c'est là qu'on s'amusera nous autres. Les murs sont si hauts que les gens qui passent par la rue n'auront rien à voir.

Il faut revenir maintenant à celui qui avait fait le pari. Monsieur Joseph rôdait çà et là montant et descendant la rue et ne pouvait jamais lorgner la femme de monsieur Jean, pas même la voir. Il montait et descendait désespéré ; on l'eût pris pour un fou, monsieur Joseph. Au coin de la rue près de la porte de monsieur Jean, une vieille était assise sur une chaise.

— Eh ! monsieur Joseph, lui dit-elle, voilà ce que c'est que d'être vieille, vous ne me regardez plus.

— Laisse-moi tranquille, j'ai autre chose en tête que de te regarder.

— Faites attention à moi monsieur Joseph; qu'avez-vous en tête?

— Ce que j'ai, je ne peux le dire à toi, vieille intrigante, car tu n'es que ça !

— Faites attention à moi; si dans la chose que vous avez en tête, je pourrais vous aider, oh ! que ne ferais-je pas pour vous !

— Comment veux-tu m'aider ?

(C'était une vieille maligne.)

— Mais écoutez-moi, mais dites-moi quelquechose.

— Tu veux que je t'explique tout, je te l'expliquerai (et il le lui expliqua).

— Oh! pauvre monsieur Joseph, vous ne devez pas donner votre tête. Menez-moi chez vous et habillez-moi de pied en cap comme une dame. Je prendrai une voiture, une petite voiture hors de la porte de Constantinople et à minuit j'irai frapper chez monsieur Jean, et je me donnerai pour sa sœur...

Il l'habille *et tout*, il prend la petite voiture, l'installe dedans et s'en va. Quand elle est devant la porte de monsieur Jean, la vieille descend de voiture et tire la sonnette. L'épouse de monsieur Jean appelle sa sœur et lui dit :

— Va voir qui vient à cette heure brune ; j'ai entendu sonner. Je ne sais ce que cela peut être.

La sœur va ouvrir :

— Qui est-là ?

— Excusez, est-ce ici l'appartement de monsieur Jean de Constantinople ?

— Oui c'est son appartement, mais il n'y est pas, savez vous ? il est en voyage.

— Oh! ceci me fâche, j'étais venue ayant appris que mon frère s'était marié. J'étais venue de bien loin lui faire une visite. Mais l'épouse n'y est-elle pas ?

— Oui, je vais aller dire à madame...

— Fais-le, oui, et dis lui que c'est la sœur de monsieur Jean, qu'elle ne savait même plus s'il était encore de ce monde, tant il y a d'années qu'elle ne l'a point vu.

La Rosine dit à sa sœur :

— Donne-moi ma robe de chambre et toi, va lui ouvrir et fais-la monter.

— Oh ! dit la vieille en entrant, est-ce la femme de mon frère ?

Elle lui saute au cou et l'embrasse fortement avec un air d'allégresse et de bonheur. — (Vieille coquine !)

— Très-chère belle-sœur, avez-vous faim, hein ?

— Je vous dirai que j'ai voyagé tout le jour.

— Donne lui à manger et à boire.

On la met à table ; quand elle a bu, mangé et tout :

— Vous plairait-il d'aller reposer, chère belle-sœur ? lui dit l'épouse.

— Il me plairait fort, oui, allons.

Elles se lèvent et vont bras dessus, bras dessous dans une autre chambre. La vieille demande alors :

— Dites-moi un peu, très-chère belle-sœur, est-ce ici la chambre de mon frère ?

— Eh ! non.

— Je voudrais voir la chambre de mon frère.

— Vous voulez voir la chambre de votre frère ? venez, venez.

— Oh ! ce soir, puisqu'il n'y est pas, je voudrais dormir dans son lit.

Elles se déshabillent toutes les deux et se couchent.

Quand la vieille s'aperçoit que la jeune femme est endormie, doucement elle se laisse glisser du lit à terre, prend un crayon qu'elle avait sur elle et du papier et elle dessine toute la chambre comme elle était : le lit, le fauteuil et tout. Sur son buffet, sur sa commode l'épouse avait posé tous les bijoux qu'elle portait aux doigts. La vieille prend le plus beau joyau qu'elle trouve sur le bahut, puis fait le tour du lit, et doucement, doucement la découvre, lui prend une mèche de cheveux sur le chignon et les lui coupe pour les emporter, puis doucement, doucement la recouvre et rentre au lit doucement, doucement. Elle se tourne d'un côté, se retourne de l'autre et fait semblant de se réveiller. L'épouse qui entend ce remue-ménage lui dit :

— Chère belle-sœur, êtes-vous réveillée ?

— Eh ! chère belle-sœur, il est tard. Il faut que je m'en aille d'ici, parce qu'à telle heure je dois être dans telle ville, je ne peux faire autrement.

— Attendez, je vais me lever aussi.

— Non, non, restez au lit, ne vous levez pas. Ce n'est pas encore l'heure de vous lever.

La Rosine sonne et appelle sa sœur :

— Va l'accompagner jusqu'à la porte, parce qu'elle veut s'en aller.

— Oh ! je vous en prie ! vous en aller de nuit !...

Elle embrasse sa belle-sœur, embrasse aussi la jeune fille.

— Adieu, adieu ! dites pour moi mille choses à mon frère, et elle s'en va.

La duègne est sortie par la porte de la rue et court au grand galop chez monsieur Joseph. Le serviteur qui entend frapper en bas se met à la fenêtre.

— Qui va là ?

— Monsieur Joseph y est-il ?

— Puisses-tu tomber morte, vieille malandrine ! Est-ce l'heure d'importuner les gens ?

Le serviteur alla dans la chambre de son maître :

— Monsieur Joseph, monsieur Joseph !

— Qu'y a-t-il ?

— Il y a telle et telle qui veut vous parler.

— Fais-la entrer.

Le serviteur pense qu'ils sont décrépits (ramollis) tous les deux. Il la fait entrer, elle passe dans la chambre de monsieur Joseph.

— Toi, tu sais, tu peux t'en retourner chez toi, dit-il au serviteur.

— Ah! monsieur Joseph, bien trouvé. J'ai tout fait pour vous.

Elle lui donne le dessin de la chambre qu'elle avait crayonné.

— Voici l'anneau, le plus beau bijou qu'elle eût au doigt. Vous pouvez dire à la délégation qu'elle vous en a fait cadeau de sa propre main. Voici maintenant des cheveux de son chignon.

— Tu les as pris aussi? Bravo! bravo! Va dans ma commode ici près; il y a trois cassettes; ouvre les, sers-toi d'or et d'argent, remplis aussi les poches de la robe que je t'ai donnée. Et va t'en en paix, je te remercie.

La vieille s'en va.

Le jour levé, voici monsieur Joseph qui sort du lit, s'habille *et tout*, prend les papiers et court à la délégation devant les juges :

— Oh! monsieur Joseph, bien arrivé!

Il tire de sa poche les papiers et les enveloppes. Il montre la feuille où la chambre est dessinée *et tout*.

— Voici le plus beau joyau qu'elle eût, elle m'en a fait présent de sa propre main et voici les cheveux de son chignon.

Les juges se mettent à rire.

— Voyez donc, même les cheveux de son chignon! Bravo, bravo! vous pouvez aller.

Ils prennent tout, font un paquet et le cachètent. Arrestation personnelle (décrétée) contre monsieur

Jean quand il reviendrait à la ville : les gardes couraient partout. On entend de loin, tchia, tchia, tchia. C'était monsieur Jean qui revenait à Constantinople avec ses chevaux, ses serviteurs et tout. L'escouade l'arrête :

— Halte-là !

Monsieur Jean qui entend crier : halte-là ! met la tête à la portière et voit que c'est la police. Il dit :

— Messieurs, que commandez-vous ?

— Eh ! monsieur Jean, vous êtes arrêté.

— Oh ! puisque je suis arrêté, je paierai ce que j'ai à payer.

Il sort de la voiture, donne le pour-boire au cocher et s'en va au milieu des agents de police. Et le peuple de Constantinople qui voit monsieur Jean au beau milieu de la police :

— Pauvre monsieur Jean, qu'est-ce qu'il a fait ? voyez en quelles mains il est.

Tous étaient fâchés. Conduit à la délégation devant les juges :

— Monsieur Jean, bien arrivé !

— Bien trouvés, messieurs.

— Venez ici ; vous ; connaissez-vous votre chambre, pourriez-vous la reconnaître ?

— Je crois bien que je la reconnaîtrais.

Ils prennent alors le dessin.

— Il n'y a pas un poil qui pende (il n'y a pas de différence) entre ma chambre comme elle est et le dessin qu'on a fait.

— Et ce bijou, le connaissez-vous, monsieur Jean ?

— Je crois bien que je le connais : c'est l'anneau de mariage.

— Très-bien ! fait le juge ; ceci, c'est une mèche

du chignon de madame votre femme. La reconnaîtriez-vous ? Sont-ce bien ses cheveux ?

— Je crois bien, ces cheveux sont aussi à elle. A merveille ! ma tête paiera.

On l'emmena hors de la police. On fixa le jour et l'heure où on devait lui couper la tête sur la place de Constantinople. Un chuchotement s'éleva partout :

— Voyez ! pauvre monsieur Jean ! Il l'a eue la belle femme, et pour cette belle femme il doit aller à la mort.

Un chuchotement qui ne finissait plus. Je dois dire que la femme de monsieur Jean entendait aussi ce chuchotement. Mais elle ne s'expliquait pas ce que cela pouvait être. Elle appelle sa sœur et lui dit :

— Ecoute : quand viendra demain la laitière, dis lui de monter chez moi, que j'ai besoin de lui parler.

Vient la laitière le matin ; la sœur de l'épouse lui dit.

— Savez-vous, laitière ? ma sœur a besoin de vous parler.

— De me parler ? qu'a-t-elle à savoir de moi ?

La laitière avait un air superbe parce qu'elle savait que le mari devait être mis à mort. Elle ne voulait pas aller, elle ne voulait pas, mais ensuite elle monta chez la femme de monsieur Jean. Elle monte, elle salue :

— Bien levée, madame ; que voulez-vous de moi ?

— Quelle supériorité avez-vous pour me parler avec cette hauteur ? dit la dame.

— J'ai honte *inclusivement* même de causer avec vous.

— Pour quel motif ?

— Le motif est que demain à onze heures, sur la

place de Constantinople, on doit couper la tête à votre époux.

— A mon époux ? on doit lui couper la tête !
— Oui, par votre faute.
— Par ma faute ?
— Vous avez passé une nuit avec monsieur Joseph de Constantinople.
— J'ai passé... Qui est ce monsieur Joseph ?
— Vous êtes restés ensemble.
— Qui est ce monsieur Joseph ? J'aimerais à le connaître, vu que depuis qu'il a été mis en nourrice je n'ai jamais eu le plaisir de le voir. Sais-tu, laitière ? apporte du lait et du beurre, mais du bon, et viens de bonne heure ; nous déjeunerons nous trois, moi, toi et ma sœur. Et toi alors tu m'apprendras qui est ce monsieur Joseph parce que je ne le connais pas. Je ne connais pas de messieurs Joseph, moi; viens et ne manque pas, hein ? tu déjeuneras avec moi parce que je veux délivrer de la mort mon légitime époux innocent. Tant lui que moi, innocents tous les deux.

De bon matin revient la laitière avec le beurre et ils préparent un bon déjeuner, des *semelles*, des croûtes rôties *et tout*. La dame *répond* à la laitière :

— Mange seulement, car je vais me préparer, je dois sortir.

Elle remplit un mouchoir blanc de bijoux et les met dans les poches de sa robe. Elle dit alors :

— Nous allons partir pour aller sur le Pont-Vieux de Constantinople chez mon joaillier.

La dame et laitière sont sorties. Elles entrent dans la boutique de l'orfèvre.

— Bien venue !
— Bien trouvé, orfèvre. Prenez-moi à ce pied ci la mesure d'une pantoufle : et cette pantoufle doit

être garnie de tous les bijoux que voici. Que cela soit prêt à l'instant même.

L'orfèvre dit :

— Eh ! est-ce qu'on marche sur un seul pied ?

— Eh ! l'autre pantoufle, je la ferai rendre par celui qui me l'a volée.

— Faites un petit tour sur les quais de l'Arno, puis revenez et vous retrouverez la pantoufle belle et faite.

Elle revient.

— Voici, madame. Venez, venez, essayez-la.

Elle l'essaie, la pantoufle lui allait fort bien. Elle l'enveloppe dans le mouchoir où étaient les bijoux et la met dans sa poche.

— Adieu ; tu seras averti quand tu devras venir prendre ton argent.

— Allez, allez madame.

Elle s'en va avec la laitière qui lui dit :

— Madame, on ne passera pas, savez-vous ? au beau milieu de la place.

— Bah ! bah ! bah ! je veux passer. Toi, prends-moi par le pan de ma robe et ne me quitte pas, sais-tu. Je passe moi, tu dois passer aussi toi.

La femme de monsieur Jean veut passer. Les gardes voulaient la repousser en arrière. Elle les fait céder à droite et à gauche et passe au beau milieu de la place avec la laitière qui ne la quittait pas. En allant vers les juges, la laitière lui dit :

— Voyez-vous madame, celui-là qui est au milieu des juges avec le chapeau blanc sur la tête, c'est monsieur Joseph.

— Oh ! tu as bien fait de me le dire.

Si bien que, quand elle est devant les juges :

— Messieurs, bien trouvés ! je demande justice.

— Eh ! à présent, madame, on ne peut s'occupes de vous parce qu'il y a cette fête à faire. Il faut d'abord la finir, après quoi nous prendrons garde à vous.

— Au contraire, je veux tout de suite qu'on me rende la pareille de cette pantoufle que ce monsieur m'a volée.

Les juges se tournent vers monsieur Joseph :

— Eh quoi ! monsieur Joseph, que veut dire ceci ?

— Comment est-il possible que je lui aie volé sa pantoufle, puisque je ne connais pas cette dame. Depuis qu'elle a été mise en nourrice, je n'ai jamais eu le plaisir de la voir.

— Donc, porc immondo, car tu n'es pas autre chose, comment peux-tu dire que tu as passé une nuit avec la femme de monsieur Jean, puisque tu viens de déclarer aux juges que depuis le jour où on m'a mise en nourrice tu as l'honneur de me voir pour la première fois ? Vous entendez, messieurs, ajouta-t-elle, se tournant vers les juges.

Monsieur Joseph dut confesser en public la pure vérité.

— Il n'y a pas de mal, dirent les juges ; ôtez les fers que monsieur Jean porte aux mains et aux pieds et mettez-les à monsieur Joseph.

On envoya la patrouille chercher la vieille femme pour la transporter sur la place au milieu des juges. La patrouille va chez la vieille ; on frappe. Elle se met à la fenêtre :

— Que voulez-vous, messieurs ?

— Face contre terre ! vous devez aller devant les juges.

— Les juges n'ont pas affaire à moi : qu'ont-ils affaire à moi, les juges ?

— Venez de bon gré, sans quoi on vous fera venir de vive force.

Elle ne voulait pas ouvrir. On abattit la porte, on prit la vieille, pieds et poings liés, et on la transporta sur la place. Elle aussi dut se confesser en public depuis l'*i* jusqu'à l'*a*. On la mit sur l'échafaud et le seigneur Joseph était là pour voir tomber la tête de la vieille. Après la vieille on fit monter sur l'échafaud monsieur Joseph et on le décolla lui aussi. Le peuple battit des mains :

— Vive l'épouse de monsieur Jean de Constantinople qui a sauvé son mari !

On les souleva tous les deux en l'air pour les transporter dans leur palais. Sur ces entrefaites reviennent petit François avec le beau frère, la belle-mère et le beau-frère de monsieur Jean. Ils tirent le canon. La famille arrive. Petit François (nous abrégeons la fin) épouse la belle-sœur de monsieur Jean. Le frère de Rosine épouse la sœur de petit François. On fit deux noces en grand ; on donna à manger pendant six mois, du pain, du vin et tout le nécessaire aux pauvres de Constantinople.

<blockquote>
Tout le monde fut fortuné....
Personne ne m'a rien donné.
</blockquote>

Telle est la *Nouvelle de Monsieur Jean de Constantinople*. Un savant allemand, M. Liebrecht qui l'avait lue dans la première édition de la *Novellaja* l'a trouvée assez originale, assez riche en particularités, en incidents nouveaux pour lui assigner une place à part dans le répertoire des contes européens. Cependant M. Liebrecht a été fort offensé d'une note de M. Imbriani qui disait ceci : « Presque tous les recueils de nouvelles italiennes nous offrent une variante de ce récit qui fournit également beaucoup de matériaux à une médiocre tragédie de Shakespeare... Qu'ai-je osé dire ? médiocre. Gervinus avec le bon goût germanique, avec le sens très-fin du beau poétique qui est, tout le monde le sait, le partage exclusif des Teutons, déclare que c'est le chef-d'œuvre de celui qu'on appelle le cygne de l'Avon... »

M. Liebrecht répond :

— « Bien que ce ne soit pas la première assertion malveillante à laquelle M. Imbriani se soit laissé aller contre les Allemands, je veux pourtant ne rien répondre, et donner par là une preuve frappante que nous, Allemands, nous savons très-bien ce que c'est que le goût. »

M. Imbriani réplique :

— « Il n'est pas même permis de mettre en doute l'infaillibilité des Tudesques, ni de relever une sottise ou une bévue lancée en style de prosopopée par un de leurs gros bonnets. Y songez-vous? sacrilège! les autres nations doivent rester le visage dans la poudre en adorant les oracles de tout professeur allemand minuscule ou majuscule, jusqu'à ce qu'un autre professeur allemand, minuscule ou majuscule, daigne prouver que ce sont des sottises ou des bévues. Il y a beaucoup de nigauds qui se résignent à ce rôle. Moi non, non vraiment, non, cent fois non, moi! »

On voit par là que les Italiens commencent à regimber contre les Allemands, mais ce ne sont pas là nos affaires. Nous ne voulons pas entrer non plus dans la discussion sur le drame anglais (*Cymbeline*) emprunté à des conteurs italiens qui eux-mêmes avaient puisé à la source populaire. Ce qui nous intéresse dans la nouvelle de *monsieur Jean*, c'est avant tout le narrateur plébéien, un petit aveugle pouilleux, qui l'a dictée à M. Vittorio Imbriani. Comme il est bien du peuple et en même temps Florentin! Quel mélange singulier de candeur et de finesse! Il va grand train, mais à petits pas sautillants et saccadés. Il ne connaît pas les liaisons, la grande allure oratoire; souvent il se répète sans avancer, piétine sur place, puis fait de grands bonds à l'endroit même où s'arrêterait un narrateur de profession. Il raconte à l'indicatif-présent, c'est plus court et plus simple. Ainsi font les négligents et les naïfs, l'auteur qui a écrit la *Pucelle de Belleville* et celui qui a chanté la *Chanson de Roland*. Le dialogue est fréquent, rapide et coupé comme ceux d'Alexandre Dumas; la fable est riche en incidents : quand on la croit finie, elle recommence.

Mais ce n'est pas seulement l'art du narrateur qui nous étonne, c'est aussi sa simplicité. Son alphabet commence à l'*i* et finit à l'*a*; il ne sait pas lire. N'ayant jamais vu la mer que connaît si bien la Messia, la conteuse sicilienne, il croit que les navires sont des jardins flottants. Il n'y a pour lui au monde que Florence : Constantinople ne peut être qu'une cité toscane où siége une délégation de police, où les actes se font sur papier timbré. L'Arno y coule comme dans la cité des Médécis, traversé par le Pont-Vieux sur lequel s'alignent les boutiques des orfèvres. Les gens sont polis comme au Marché-Vieux, ils ne s'abordent pas sans se saluer, ils ne quittent pas le limonadier sans lui demander licence. Les juges font des civilités à l'homme qu'ils vont condamner à mort. Monsieur Jean, qui vit de ses rentes, dit à monsieur le charbonnier, son beau-père : « Vous aussi vous êtes mon égal » Il est démocrate par urbanité, ce qui ne semble pas très fréquent de ce côté-ci des Alpes. Les Toscans sont doux, polis, sociables, ils n'aiment pas les voleurs de terre ou de mer. Quand ils en rencontrent dans leurs récits, ils ne les appellent point corsaires ou brigands ; ces noms poétiques sont faits pour séduire les gens d'imagination : Byron, Schiller ou es lazzarones. A-t-on remarqué comment le petit François, sur le navire, se justifie auprès du charbonnier qui le prend pour un pirate ? Il lui montre une peinture qu'il a faite et lui dit : « Vous voyez bien que vous n'êtes pas chez des assassins. » Cette logique n'aurait eu aucune prise sur les compatriotes de Salvator Rosa, le grand peintre qui fut un peu brigand lui-même.

C'est ainsi que ces simples récits nous enseignent la psychologie nationale et populaire. A Florence les petits respectent les grands quand les grands le méritent ; mais qu'une belle dame cesse d'être une honnête femme, sa laitière la regarde avec un air de hauteur. Ce n'est pas tout, en faisant ainsi des haut le corps, la laitière se guinde et devient grandiloque ; elle dit à la grande dame :

— J'aurais honte *inclusivement* de causer avec vous.

Marquons encore l'honnêteté des contes plébéiens ; s'il y a dans leurs histoires certains détails scabreux, ils ne s'en amusent point, ne s'y arrêtent pas, en pesant dessus comme fait l'Arétin ou en voletant tout autour comme fait La Fontaine ; ils les montrent si ingénument qu'il faut avoir l'imagination bien corrompue pour s'en offusquer.

Ils ont une crédulité shakspearienne et admettent des engagements aussi insensés que ceux du *Marchand de Venise* ; la vraisemblance de leurs fables ne les inquiète pas et, comme Shakspeare, ils se montrent sans pitié pour les méchantes gens ; le peuple bat des mains, en voyant décoller monsieur Joseph et la vieille. En revanche ce peuple a des vertus que nous perdons et la première de toutes, le respect filial ; il observe le seul des dix commandements qui ne soit pas une prohibition : « Honore ton père et ta mère. » L'enfant déjà grand, déjà mûr donne à ses parents le titre de seigneur : *signore*.

Enfin, à chaque mot le narrateur montre qu'il est nécessiteux ; il s'inquiète très-fort du manger, qui tient peu de place sur la table des pauvres gens, mais beaucoup dans leur pensée et dans leur existence. Jean ne quitte pas sa femme sans la rassurer sur la question des vivres :

— Sois tranquille, lui dit-il, on t'apportera ton pain, ta viande *et tout*.

La laitière va déjeuner chez la signora, le jour même de l'exécution : quelle bombance ! Des *semelles*, des croûtes rôties, et du beurre, et du bon ! Quand les riches se marient, les indigents auront de quoi dîner pendant six mois ; c'est le côté merveilleux de la fable. Le conteur y tient si fort qu'il y revient deux fois. Il faut se préoccuper des petits ; monsieur Jean n'oublie pas le pour-boire au cocher quand on le fait descendre de voiture pour le traîner en justice. Le charbonnier pense à ses parents éloignés, eux aussi ont le droit de vivre ; il leur donnera tout son charbon, qui l'inquiète même au comble de la fortune, et il viendra vivre en Turquie où il y a grande chère pour tous. Le petit mendiant aveugle et pouilleux nous donne ainsi des préceptes de charité ; son dernier mot est une leçon de résignation et de philosophie pratique. Il s'écrie sans amertume, après avoir raconté la grande ripaille de Constantinople :

> Tout le monde fut fortuné,
> Personne ne m'a rien donné !

Dans le nord, les plébéiens avinés déclament souvent sur la misère du peuple. Dans le midi, les pauvres diables à jeun fredonnent gaiement le refrain de Béranger : Les gueux sont des gens heureux !

Une dernière observation : ce récit est une nouvelle et non pas un conte ; les événements en sont extravagants si l'on veut, mais point fantastiques ; le conteur incline au réalisme et n'admet pas le merveilleux. Nous en pouvons dire autant de la nouvelle qu'on va lire et que les Toscans racontent de vingt façons : elle est intitulée *La belle Jeanne*.

XIX

LA BELLE JEANNE

Il y avait une fois un paysan qui avait une fille très-belle, éveillée et fine d'esprit, si bien qu'elle était le passe-temps du voisinage et qu'il n'y avait pas de veillée où on ne l'invitât. Son nom, à ce que disent les histoires, était Jeanne.

Dans la ville voisine commandait un roi qui, lui aussi, avait une fille très-belle, mais elle montrait, au rebours de Jeanne, un visage mélancolique et sérieux et jamais personne n'était parvenu à la faire rire. Le roi son père en avait beaucoup de souci et s'ingéniait de tout son pouvoir à chercher quelque chose de nouveau, d'allègre et de bouffon pour égayer la pauvre enfant, mais tout fut inutile.

Un jour que le roi causait avec ses courtisans, l'un deux lui fit savoir qu'il y avait dans le village voisin un paysan, père d'une fille si gaie que, là où elle était, la tristesse paraissait bannie. Cette nouvelle réjouit le roi plus qu'on ne saurait croire ; il lui vint aussitôt la pensée de faire chercher la fille du paysan pour tenir compagnie à la sienne et envoya sans retard un serviteur chez le père de

Jeanne, avec l'ordre exprès de se présenter à la cour.

Le pauvre homme en fut pétrifié (*rimase di stucco*); quantité de soucis et de soupçons lui passèrent dans la cervelle. Il craignait d'avoir fait quelque sottise, lui ou Jeanne, mais plutôt Jeanne, parce qu'elle était si étourdie et avait la langue si leste qu'elle disait son fait à n'importe qui et n'importe où. Il l'appela donc et lui dit avec une figure bouleversée :

— Je parie, vois-tu, que le roi me veut pour me punir d'une de tes frasques. Je me le figurais bien qu'avec tes façons de vagabonder et de jacasser à tort et à travers, il nous arriverait du mal.

— Vous avez tant de peur et je n'en ai point, répondit Jeanne. D'où sortez-vous que le roi vous a appelé pour mes balivernes? Allez à la cour, et si c'est pour moi qu'on vous demande, ne tardez pas à m'en avertir, je saurai bien comment me comporter.

Le paysan mit ses plus beaux habits, donna un coup de brosse à son chapeau des dimanches et se dirigea vers la ville ; on le conduisit devant le roi qui le reçut avec beaucoup de bonne grâce, mais le pauvre homme tremblait de tous ses membres et se tenait là comme s'il fut attaché au carcan. Le roi le toisa de la tête aux pieds et lui dit :

— Brave homme, est-ce vrai que tu as une si belle fille en ta maison?

A cette question, bien qu'attendue, le pauvre homme fut abasourdi comme s'il avait reçu un coup de bêche entre la tête et le cou. Le sang lui tourna dans les veines ; il allait balbutiant et hoquetant comme s'il était sur le point de laisser là ses grègues (*tirare il calzino*). Le roi, qui voyait ce bouleversement, l'attribua sans doute à l'effet produit par sa royale personne, aussi cherchait-il à donner de l'assurance au paysan ; il lui répéta sa question.

— L'as-tu ou non, cette fille?

— Je l'ai, Majesté, pour mon malheur, chuchota le bonhomme. Mais ce n'est pas ma faute si elle est un peu espiègle et de trop joviale humeur. A-t-elle fait quelque brioche? Il faut lui pardonner, c'est effet de jeunesse.

— Eh! que m'importent les brioches de ta fille, reprit le roi. Je veux seulement savoir s'il est vrai qu'elle soit gaie et bouffonne comme on me l'a rapporté et qu'elle tienne en joie tout le voisinage.

— Oui, vraiment, dit le paysan, ma fille est ainsi depuis qu'elle est née et n'a jamais voulu se corriger, au contraire....

— Ce bavardage ne me va pas. Retourne au logis, et m'amène ou m'envoie à la cour ta fille, je veux la donner pour compagne à la mienne. Si elle réussit à la faire rire, Jeanne, parole de roi, ne sera plus pauvre. Cours et obéis.

Quand le paysan eut entendu la volonté du roi, il crut revenir à la vie. Le chemin de la ville au village lui parut plus court que celui du village à la ville. Il vit de loin devant sa porte Jeanne, qui l'attendait anxieusement, et il lui cria :

— Bonne nouvelle,.... habille-toi vite, il n'y a pas à perdre un moment ; et si, folle comme tu es, tu parviens à faire rire la princesse, tu deviendras riche à tout rompre ; celui qui me l'a promis, c'est le roi.

— Je vais tout de suite, dit Jeanne.

Et, pieds nus comme elle était, le fuseau à la main, les cheveux sur les épaules, elle se mit en chemin.

— Arrête, cria le paysan. N'as-tu pas honte d'aller à la cour ainsi accoutrée? Arrange un peu tes cheveux, enfile une jupe convenable, laisse ici cette vilaine quenouille et mets tes pieds dans des souliers.

— Non, vraiment, dit Jeanne ; de souliers, je n'en ai jamais eu et je ne veux pas de cet embarras pour m'estropier. J'entends aller comme je suis ; si je ne leur plais pas, je reviens à la maison, ce n'est pas moi qui les cherche.

Et sans attendre de réplique, Jeanne s'en va au palais du roi. Quand elle fut à la grande porte, elle rencontra des serviteurs ; elle en prit un par le bras et lui dit :

— Allez chez le roi et dites-lui que c'est moi.

Le serviteur fut ahuri, mais fit le message et alla dire qu'il y avait à la porte une très-belle fille habillée en paysanne et pieds nus, avec une quenouille à la ceinture, et qui avait à la bouche peu de paroles et encore moins de compliments. Bref, Jeanne fut introduite en présence du roi et, sans même le saluer, demanda :

— Où est la princesse ?

Le roi leva la main pour montrer la chambre ; Jeanne y entra tout droit, et dès qu'elle eut vu la princesse, elle se mit à chanter une chanson si drôle, en l'accompagnant de gestes si bouffons et désordonnés, que la princesse se mit à rire, et comme à force de rire elle se sentait pâmer, elle demanda en criant que Jeanne sortît de la chambre.

La glace était rompue ; dès que Jeanne était près d'elle, à force de chants, de danses, de drôleries, de récits burlesques, la princesse ne faisait que rire du matin au soir, si bien qu'en peu de jours son caractère changea tout à fait et de triste qu'elle était avant, elle devint constamment allègre. Le roi ne se sentait pas d'aise ; il nomma Jeanne fille d'honneur de la princesse et lui permit de demander tout ce qu'elle voudrait, lui promettant que tout lui serait accordé sur-le-champ.

Déjà depuis quelque temps Jeanne était à la cour du roi, quand il lui vint le désir de s'habiller elle aussi à la royale.

— Vos habits ne m'iraient-ils pas? dit-elle à la princesse. Nippée comme il faut, je dois faire la figure que doit faire une fille de cour; patronne, qu'en pensez-vous? je pourrais alors vous accompagner à la promenade.

Aussitôt dit, aussitôt fait; Jeanne fut habillée en dame et n'en parut que plus belle. Peu après, elle pensa que, malgré son costume royal, elle n'était après tout qu'une belle ignorante; elle ne savait pas même lire. Ayant donc déclaré son désir de s'instruire, elle eut aussitôt des maîtres; l'esprit naturel qu'elle avait s'accrut à vue d'œil et tout le monde la recherchait. Le roi et la princesse la regardaient comme fille et sœur, tant ils l'aimaient dans l'âme; mais, en dépit des soins qu'on avait pour elle et de la vie élégante qu'elle menait, simple fille habituée à la liberté de la campagne, elle était souvent ennuyée des cérémonies de la cour et opprimée par l'air renfermé de la ville et du palais. Elle dit un jour à la princesse:

— Eh! que faisons-nous ici, cloîtrées du matin au soir, et menant toujours le même train de vie? Il est vrai qu'il ne nous manque rien, mais si nous nous mettions en voyage pour nous amuser, pour voir des gens et des pays nouveaux, ce serait une belle chose.

— Tu es folle, Jeanne, répondit la princesse. Le roi, mon père, ne me donnerait jamais la permission de courir le monde seule avec toi. Y penses-tu? Que diraient les gens?

— Vous vous troublez pour rien, reprit Jeanne. Voici mon projet : nous choisirons dix autres jeunes filles, toutes belles ; nous les habillerons toutes comme nous et c'est ainsi que nous voyagerons. Qui pourrait donner de l'ennui à une bande de douze jeunes filles ?

L'idée plut à la princesse, qui courut aussitôt chez le roi pour lui demander son consentement. Mais le roi ne voulut pas le donner. Il dit qu'il était vieux et qu'il voulait sa fille auprès de lui ; que d'ailleurs, en aucun temps, les filles ne peuvent, sans danger et sans déshonneur, vagabonder par des terres éloignées et inconnues. La princesse revint donc bredouille. Mais Jeanne ne se découragea pas. Elle alla elle-même chez le roi et le raisonna de tant de façons, lui fit tant de câlineries et de gentillesses qu'il se donna pour battu, engagé d'ailleurs qu'il était par sa parole royale de lui accorder tout ce qu'elle voudrait.

Elle se prépara donc pour le voyage, trouva les dix jeunes filles qu'elle habilla de robes pareilles ; puis quand tout fut prêt, après avoir salué le roi, les douze voyageuses partirent dans deux voitures et pendant bien des jours visitèrent en courant quantité de châteaux et de pays, où elles s'arrêtaient à peine pour se reposer.

Cependant, étant arrivées dans une ville très-grande et populeuse, elles se décidèrent à y séjourner quelque temps et, à cet effet, prirent un logement dans une auberge. Là, chacune d'elles arrangeait elle-même ses hardes et faisait sa chambre à l'exception de la princesse que Jeanne servait assidûment. La bande joyeuse se donnait du bon temps, tantôt visitant la ville, les palais et les jardins, tantôt faisant des parties de campagne, et chacun s'étonnait de voir tant de belles personnes toujours ensemble et sans cavaliers; on était curieux de savoir qui elles étaient; mais elles se tenaient sur leurs gardes, ne voulant autour d'elles ni hommes, ni fâcheux.

Un jour que Jeanne rangeait la chambre de la princesse, elle était montée sur un meuble pour épousseter un tableau qu'elle souleva, et elle découvrit derrière, à sa grande surprise, une fenêtre. Elle y colla ses yeux et vit une cuisine où un cuisinier fort affairé préparait un si grand repas qu'il le destinait sans doute à la table d'un prince. Ce ne pouvait être en effet la cuisine de l'auberge où on n'avait jamais servi aux voyageuses de pareils festins. En se demandant pour qui diable était ce dîner et à qui appartenait la cuisine, elle examina les maisons du voisinage et aperçut bien vite que la cuisine était celle du palais royal. Aussitôt l'idée lui vint de jouer un tour au cuisinier, et, quand il se fut éloigné, elle descendit vivement dans la cuisine, goûta tous les mets qu'on y préparait, prit de larges portions des meilleurs et, dans ce qui restait, jeta sans discrétion des poignées de sel. Puis elle remonta dans la chambre par la fenêtre, qu'elle se hâta de refermer avec le tableau.

Quand vint l'heure du repas, Jeanne donna de ces plats exquis à ses compagnes, mais elle ne dit point où elle les avait pris et elle parla tant et de tant d'autres choses qu'aucune d'elles ne s'informa de rien.

Ce même jour, le roi donnait un grand dîner à des invités nombreux et de haute famille. Mais, quand la compagnie fut à table, elle ne put rien manger de ce qui était servi, tant les mets étaient amers de sel. La moutarde monta au nez du roi qui fit appeler le cuisinier et lui demanda raison du fait en le regardant avec des yeux d'ogre. Le pauvre homme, tout humble et surpris, protesta que pour sûr ce n'était pas sa faute, parce qu'il n'avait pas employé plus de sel que d'habitude; il ne comprenait pas ce qui était arrivé. Le roi le tint en prison pendant un ou deux jours et lui commanda un nouveau dîner pour la semaine suivante, après quoi il remédia de son mieux au désappointement des convives et les renvoya.

Le cuisinier, qui était sorti de prison, préparait un nouveau festin et veillait avec le plus grand soin à la mesure du sel; mais il dut encore quitter un moment la cuisine et Jeanne, qui était en vedette, lui joua le même tour. Le dîner royal fut de nouveau manqué, et le roi, furieux, voulut faire couper la tête au cuisinier sur la place publique. Le pauvre diable tomba à genoux, jurant ses grands dieux qu'il était innocent et, voyant son maître ému, reprit courage.

— Majesté, dit-il, il y a quelqu'un sans doute qui me veut du mal et me fait ces malices; il faut que vous sachiez qu'on m'enlève jusqu'aux mets qui disparaissent je ne sais comment. Commandez un nouveau dîner pour la semaine prochaine et si je ne découvre pas le filou mal intentionné, je veux bien perdre ma tête.

La proposition plut au roi, qui voulut se cacher lui-même dans la cuisine pour voir qui s'y glissait en cachette et enlevait les plats. Voici donc le cuisinier affairé autour des fourneaux et le roi dans une armoire. Quand le cuisinier fit semblant de s'éloigner, Jeanne, qui était aux écoutes, se laissa dévaler de la fenêtre et s'amusa aux mêmes dégâts ; mais, tandis qu'elle remontait, le roi sortit de sa cachette et l'attrapa par une jambe.

— Je t'ai attrapée, cria-t-il. C'était donc toi qui volais et salais ? A présent nous allons régler nos comptes.

— Majesté, répondit Jeanne sans se troubler, je ne suis pas une voleuse et, grâce à Dieu, il ne me manque rien. Tout ce que j'ai voulu faire, c'était pour me moquer du cuisinier et pour m'amuser de votre désappointement à table ; pardonnez-moi donc et n'en parlons plus.

Le roi sentait déjà son cœur s'échauffer pour les beautés de Jeanne. Il lui dit :

— C'est toi qui fais les conditions à ce qu'il semble ? Je te pardonnerai si tu me déclares qui tu es, d'où tu viens et quel est ton métier.

Alors Jeanne le contenta, en lui racontant son histoire jusqu'à ce moment. Le roi reprit :

— Eh bien ! puisque j'ai fait ainsi ta connaissance, vous viendrez au palais, toi et tes compagnes, et vous dînerez avec moi et avec mes courtisans.

— Pour moi, je ne refuse pas, dit Jeanne, mais il faut que ma maîtresse le permette et je ne sais si elle voudra. Revenez demain, Majesté, sous cette fenêtre, et je vous donnerai la réponse.

— Ainsi ferai-je. Adieu.

Sur quoi Jeanne monta dans sa chambre, et le roi tout content de sa découverte rentra dans ses appartements. Il n'y eut plus moyen de cacher à la princesse et à ses compagnes ce qui était arrivé. Au récit de Jeanne, les unes riaient, les autres lui reprochaient ses folies. Quant à la princesse, elle se montrait fort courroucée et craignait d'être compromise. Mais Jeanne la persuada si bien avec ses bonnes paroles et ses caresses, qu'il fut enfin décidé qu'on accepterait l'invitation, à cette condition toutefois qu'il n'y aurait à table, y compris le roi, que douze jeunes hommes, de telle façon que chaque jeune fille eût son cavalier. Et comme Jeanne avait le soupçon que le roi pourrait bien lui faire un mauvais parti pour prendre sa revanche, elle complota d'apporter douze bonnes bouteilles de vin provenant du royaume de la princesse et de les opiacer (*alloppiarle*) d'avance pour les donner ensuite à boire aux jeunes gens. A cet effet, elle envoya un messager avec une lettre et, au bout de peu de jours, elle eut les bouteilles.

Les douze jeunes filles, vêtues superbement, allèrent à la cour, où le roi les attendait avec onze jeunes gens choisis parmi les plus grands seigneurs de la ville. Ils s'assirent à table rangés par couples, et Jeanne était auprès du roi ; mais bien qu'elle parlât plus spécialement avec lui, elle amusait toute la compagnie par ses mots plaisants et ses contes agréables. Au dessert, les jeunes gens et le roi, ayant trinqué, commençaient à en dire de belles ; aussi Jeanne, qui craignait quelque méchante affaire, fit-elle venir les douze bouteilles opiacées ; puis elle se leva et dit :

— Mes seigneurs, ce vin vient de loin, il sort de la cave du roi mon maître et père de cette princesse ; si vous êtes chevaliers courtois, je défie chacun de vous à en vider une à notre santé.

Aussitôt dit, aussitôt fait : les bouteilles furent vidées et peu après le roi et les jeunes gens commencèrent à tomber de sommeil ; ils s'endormirent bientôt dans leurs fauteuils : on eût dit des loirs en hiver. Mais Jeanne ne se contenta pas de cette niche ; elle tira de sa poche une paire de ciseaux et coupa aux douze jeunes gens un seul côté de la moustache, après quoi elle s'élança sur l'escalier avec ses compagnes. A peine arrivées à l'auberge, elles firent leurs malles et, montant en voiture, ne s'arrêtèrent qu'à plusieurs lieues de la ville, dans une maison de campagne où elles ne risquaient plus rien.

Le roi et ses compagnons ne se réveillèrent qu'à l'aube, mais, avachis et rompus par le malaise et par le vin, ils avaient du plomb dans la tête et bâillaient, s'étiraient, regardaient çà et là comme s'ils avaient perdu la mémoire. Tout à coup l'un dit à l'autre :

— Oh! tu n'as qu'une de tes moustaches.
— Toi aussi, dit l'interpellé.
— Maugrebleu! cria le roi, nous sommes tous arrangés de la même façon. Elles nous ont fait pièce. Sus, sus! vengeons-nous, parce que la joberie est trop forte. Dauber un roi! je ne suis plus roi, si cette diablesse de Jeanne ne le paie pas cher.

On chercha en vain les jeunes filles dans la ville, mais le roi sut bientôt, grâce à ses espions, où elles s'étaient réfugiées, et il résolut de les surprendre sous des vêtements d'emprunt. Il faut noter cependant que le roi était resté un peu cuit (*cotto*) de Jeanne, et ce n'était pas seulement l'envie de se venger qui l'excitait à lui courir après. Il eut l'idée de se déguiser en pèlerin et, prenant un panier qu'il remplit de douze pommes cuites, il se dirigea vers la porte de la ville suivi de loin par ses onze compagnons. Il parvint sur le soir à la maison de campagne où étaient les jeunes filles et frappa gentiment. Jeanne descendit et, apprenant qu'il demandait un abri pour la nuit, elle introduisit dans la maison le pauvre pèlerin, parce qu'elle avait bon cœur. Elle le conduisit dans la cuisine et le fit asseoir devant le feu, pour qu'il pût se réchauffer; le roi dit alors:

— Madame, je me suis égaré dans les environs, en allant à la ville, pour porter ces pommes cuites à un vieillard que je connais. D'ici à demain elles ne vaudront plus rien, et comme je n'ai rien à vous donner pour vous remercier de votre bon accueil, je vous les offre, si vous voulez. Ce sont des pommes de France et vraiment bonnes.

Jeanne accepta et, voulant les partager avec ses compagnes, elle laissa le pèlerin devant le feu et rentra au salon. Mais, ayant découvert les pommes cuites, il lui vint quelque soupçon quand elle avisa qu'il y en avait douze tout juste. C'est pourquoi elle revint sur ses pas et, en regagnant la cuisine, elle vit le pèlerin à la fenêtre et elle entendit qu'il disait à quelqu'un :

— Sus ! hâtez-vous, je viens vous ouvrir...

Jeanne ne s'attarda pas à demander: « Qu'est-ce qu'il y a? » Elle prit le pèlerin par les jambes et le jeta dehors. Par bonheur la fenêtre était basse. Le roi donna de la tête sur le gazon, mais ne mourut pas, il perdit seulement connaissance : ses compagnons l'emportèrent sur leurs bras et le mirent au lit. Cependant il tomba gravement malade et tout le monde croyait qu'il s'en irait avant peu. Le mal était plutôt d'amour méprisé qu'autre chose; les médecins ne savaient pas quelle drogue manipuler pour le guérir et n'entendaient rien à la maladie du roi: c'est leur habitude.

Cependant Jeanne avait de l'inquiétude, et quand elle apprit que le prince était malade, elle se proposa de remédier au méfait ; elle voulut se grimer en médecin et le visiter, parce qu'elle regrettait qu'il fût réduit en un pareil état. Elle tint bon contre les remontrances de la princesse et quand elle arriva au palais royal, se fit annoncer comme un médecin capable de guérir sa Majesté.

— Les cures que je fais, dit-elle, je les fais entre quatre yeux avec mes malades, et si fort qu'ils crient, je ne permets à personne d'accourir. Mais la guérison est certaine.

Chacun croyait le cas désespéré; on promit donc à Jeanne d'obéir à ses prescriptions. Elle alla au chevet du roi, saisit un bon nerf de bœuf, et le roua de coups jusqu'à ce qu'il eût perdu connaissance, sur quoi elle le roula dans ses couvertures et s'en alla. Peu de jours après, le roi guérit, mais Jeanne et ses compagnes avaient plié bagage et s'en étaient retournées, à toutes jambes, chez le père de la princesse, en craignant la vengeance du roi, équipé de tant de façons et de plus fouetté.

Mais celui-ci, de plus en plus épris de Jeanne et soupçonnant d'ailleurs qu'il lui devait sa guérison, assembla un cortége et vint au royaume où habitait la jeune fille; là, pour dire la chose en deux mots, il demanda sa main.

Le père de la princesse fit un peu la grimace, car il craignait que ce roi ne voulût avoir Jeanne entre ses mains que pour la punir. Mais Jeanne, ayant de la hardiesse et l'ambition d'être reine, dissipa la peur de son patron, si bien que celui-ci la dota royalement et, après l'avoir mariée dans son palais même, lui dit adieu. Elle partit donc avec son mari, non sans échanger bien des larmes avec la princesse. Le mari adorait Jeanne; il avait pourtant un vif désir de lui faire payer les nasardes qu'elle lui avait données si copieusement; mais Jeanne, qui était fourbe, tenait ses yeux grands ouverts et commanda qu'on lui fît en secret une femme en pâte qu'elle cacha parmi ses hardes et qu'elle emporta sans souffler mot. Quand vint le soir, elle ne voulut pas de lumière dans sa chambre et glissa le mannequin entre les draps, puis elle s'accroupit à terre, la tête appuyée sur le bord du lit. Le roi prit alors la parole :

— Tu as eu avec moi beaucoup d'audace et de méchanceté, Jeanne. Ce serait le moment de te châtier, mais comme je te veux du bien, je me tiendrai pour satisfait si tu me demandes pardon et si tu me promets que tu ne le feras plus.

Jeanne avança la tête et dit sur un ton de moquerie :

— Je ne me repens de rien et, à l'occasion, j'en ferai toujours autant.

Le roi, furibond, prend l'épée qu'il avait au chevet de son lit et, portant un grand coup sur le mannequin, lui tranche la tête. Cependant, sa fureur tombée, il tâte et sent un corps froid ; on ne saurait dire son désespoir en croyant avoir tué sa femme. Il saute à bas du lit, sort de la chambre et demande ses gens et des lumières ; accourent les serviteurs et les courtisans. Cependant Jeanne, ayant lestement enlevé du lit le mannequin décapité, s'était mise à sa place et feignit d'être blessée ; car elle avait teint son cou de sang et paraissait moribonde. Quand le roi revint avec ses gens, il se jeta sur le lit avec de gros gémissements ; il s'arrachait les cheveux en accusant sa maudite fureur et ne pouvait se consoler d'avoir tué Jeanne. Et Jeanne, l'ayant laissé se désespérer quelque temps, se mit sur son séant à la grande surprise de tous ceux qui étaient là.

— Messeigneurs, dit-elle, en vérité, si je devais avoir égard aux mauvais traitements de mon mari, je prendrais mes effets et m'en retournerais sur-le-champ là d'où je suis venue. Mais, je n'ai pas de rancune et je pense que ce qu'a fait le roi est venu d'un subit accès de folie. Eh bien donc ! passons l'éponge et n'y pensons plus. Seulement que le roi sorte de la chambre et me laisse remettre un peu de la frayeur qu'il m'a causée.

Le roi consentit à ce qu'elle voulait et lui demanda pardon ; elle se donna l'air malade pendant quelque temps, puis fit la paix avec son mari ; ils vécurent joyeux et je pense qu'ils le sont encore.

> Vivez sans crainte, tenez-vous bien,
> Dites le vôtre, j'ai dit le mien.

Cette nouvelle a été racontée à M. Gherardo Nerucci par Silvia Vanucchio du Montale Pistojese. Il en existe un certain nombre de variantes ; on y retrouve plusieurs traits qui reviennent souvent dans les contes italiens. La fille ou le fils de roi qui ne peut arriver à rire est un personnage très connu dans la littérature populaire et qui joue son rôle dans une des *fiabe* de Gozzi. Le narcotique endormant le souverain ou le grand seigneur, dont on a quelque raison de se méfier, le mannequin substitué à la personne qui craint d'être immolée sont des incidents connus des nourrices de tous les pays. On en peut dire autant de la moustache coupée, pendant leur sommeil, sur la bouche des gens dont on se rit ou se venge. Le même camouflet devient féroce dans une histoire sicilienne recueillie par M. Pitrè : *Les treize bandits*. On y voit une jeune fille qui, après avoir endormi treize voleurs avec un narcotique, se divertit à couper un doigt à l'un, une lèvre à l'autre, le nez ou une oreille à celui-ci ou à celui-là. Les voleurs se réveillent et chacun d'eux se moque de son voisin, le trouvant tout à fait drôle. Ils ne se fâchent qu'après.

D'autres traits sont plus neufs et *trouvés* par la narratrice. Dans le nombre, on a remarqué l'audace de Jeanne entrant chez le roi :

— Dites-lui que c'est moi.

C'est ainsi qu'elle s'annonce.

A ce propos, M. Vittorio Imbriani raconte l'anecdote d'un étudiant calabrais qui se présenta un jour au guichet de la poste, à Naples, en demandant à l'employé :

— Y a-t-il une lettre pour moi de mon père ?

On venait justement de recevoir un pli revêtu de cette suscription : « A mon fils, à Naples. » On le remit aussitôt à l'étudiant, en pensant qu'il ne pouvait être que pour lui. L'employé postal avait deviné juste.

M. Imbriani note encore que le roi de ce conte n'aimait pas les plats salés ; cela prouve, selon lui, que la narratrice ne les aime pas non plus ; c'est qu'elle est toscane. Les Florentins salent très peu leur cuisine ; leur pain est si fade, que lorsqu'un voyageur étranger en mangea pour la première fois à une table commune, il s'écria comme frappé d'une inspiration subite :

— Ah ! je comprends !

— Que comprends-tu ? lui demanda son voisin.

— Je m'explique l'exclamation de Dante : *Come sa di sale lo pane altrui* (Comme le pain d'autrui a un goût de sel).

Le poète exilé regrettait le pain de Florence.

Et maintenant un dernier conte de fées, la *Belle ostessina*.

XX

LA BELLE OSTESSINA. — UN CONTE ITALIEN, UNE LETTRE DE PAUL-LOUIS COURIER ET UNE NOUVELLE DE LA REINE DE NAVARRE.

LA BELLE OSTESSINA

Il y avait une fois (je ne me souviens plus où) une hôtesse qui était très-belle, si bien qu'elle avait un grand renom et que tous couraient à son auberge, sinon pour autre chose, au moins pour la curiosité de la voir et de lui parler. L'hôtesse avait une fille qui, en devenant grande, passa peu à peu sa mère en grâce et en beauté ; quand cette fille eût dix-huit ans, on ne pouvait lui comparer aucune autre femme. Aussi les gens qui allaient à l'auberge en foule n'y allaient plus pour la mère, mais pour la fille, qu'on appelait la belle *ostessina* (petite hôtesse,) pour la distinguer.

C'est un vice des femmes, surtout quand elles commencent à vieillir, de porter envie aux jeunes gens : ainsi advint à l'hôtesse. Son enfant lui devint une épine dans les yeux, et elle ne pouvait la souffrir autour d'elle ; et tant crut sa haine et sa rage contre son propre sang qu'elle résolut de tuer la belle Ostessina, si elle n'arrivait pas à la rendre laide. Pleine de fureur, elle la tint d'abord toujours enfermée, lui donna peu à manger et la fatigua de toutes manières, afin de la faire tomber en consomption. Mais, on ne sait comment, l'enfant n'en souffrait point et sa beauté augmentait sans cesse. La mère aurait donné de la tête contre les murs. Elle décida enfin d'ôter sa fille de devant ses yeux et d'en finir avec elle.

Pour ne pas inspirer de soupçons, elle appela un serviteur sur lequel elle croyait pouvoir compter et lui donna l'ordre de mener la belle Ostessina dans un bois et de la tuer ; après quoi, en témoignage du fait, de lui apporter les mains, le cœur et une fiole pleine du sang de la morte.

A cette injonction, le serviteur resta de pierre ; mais connaissant l'humeur de sa maîtresse, il craignit, s'il refusait, de ne point sauver la jeune fille, parce que la mère barbare aurait toujours trouvé le moyen de l'égorger. Il dit donc qu'il obéirait, et le jour suivant, il alla dans la chambre où l'Ostessina était enfermée, et il lui fit savoir que la maman voulait qu'il la menât promener quelque peu sur le coteau pour prendre l'air. L'ostessina, qui était de bon cœur, n'eut aucun mauvais soupçon ; bien plus, elle se persuada que sa maman avait changé d'humeur. Pourtant cette idée lui était venue avec un tantinet de trouble ; elle s'habilla tout de même de ses plus beaux habits, et, avec le serviteur, se dirigea vers le bois sur le coteau voisin. Chemin faisant, le serviteur était soucieux et ne pouvait se décider à tuer cette créature si belle ; il ruminait comment sauver la chèvre et le chou.

Cependant ils arrivèrent à l'endroit le plus touffu

de la forêt. Ici le serviteur, tombant à genoux, raconta à l'ostessina ce qu'avait commandé sa mère. L'ostessina se sentit toute glacée et suspectait même une invention du serviteur; mais celui-ci lui jura que ce qu'il disait n'était que trop vrai, et qu'il fallait songer à parer le coup, afin que l'hôtesse n'en voulût pas à lui s'il désobéissait et ne s'acharnât point pour trouver sa fille et pour la tuer en apprenant qu'elle n'était point morte. L'ostessina désespérée s'écria :

— Plutôt que de vivre ainsi détestée par ma mère, je veux mourir. Tue-moi donc et fais ce qu'elle a commandé.

Le serviteur répondit :

— Mais vous semble-t-il que je sois si coquin et que j'aie si peu de pitié ? Je vous ai conduite ici exprès pour vous sauver, et je vous sauverai à tout prix.

Tandis que ces deux-là discouraient en se disputant, vint à passer un berger avec beaucoup de petits agneaux nés depuis peu. Le serviteur eut la pensée d'acheter un de ces agneaux, de l'égorger et de lui arracher le cœur qu'il porterait à l'hôtesse avec le sang de sa fille. Mais les mains?

— Coupe-les-moi, dit la belle enfant, tu les auras.

Et le serviteur :

— Comment voulez-vous gagner votre vie sans vos mains?

— Je m'en passerai.

Ayant donc acheté le petit agneau, le serviteur effectua ce qu'il avait machiné. La jeune fille se dépouilla de tous ses vêtements, ne gardant que sa chemise et les donna au serviteur, afin qu'il les rapportât à la maison; et elle fut laissée toute seule dans le bois.

L'hôtesse, qui attendait l'homme avec impatience, tressaillit de joie en le voyant revenir avec les preuves du meurtre commis ; mais quand elle s'aperçut que les mains manquaient, elle se mit à crier avec un mauvais visage :

— Et les mains, où sont-elles ?

Le serviteur répondit :

— Que voulez-vous ? Je n'ai pas eu le courage de les couper à votre fille après tout le mal que je lui ai fait pour vous obéir. Quoi donc ! n'avez-vous pas assez de ces autres preuves ? Il y a jusqu'aux vêtements.

Bien que l'hôtesse restât avec un peu de mécompte dans l'esprit, elle se montra contente et, ayant imposé au serviteur de se taire, elle répandit le bruit que sa fille était morte auprès d'un parent éloigné chez qui elle était allée passer quelques mois.

Cependant la belle ostessina abandonnée là, seule et presque nue dans le bois, fut surprise par la nuit, par le froid et par la faim, si bien qu'effrayée, engourdie et exténuée, elle se sentait mourir. Tout à coup lui apparut une vieille, et cette vieille lui demanda qui elle était, et ce qu'elle faisait à cette heure dans ce bois et dans cet accoutrement. La jeune fille lui raconta en détail toute sa mésaventure. Sur quoi la vieille lui dit :

— Pauvre enfant, je te prendrai avec moi, mais à condition que tu m'obéiras toujours.

L'ostessina le lui promit et la vieille, la prenant par la main, la conduisit dans un magnifique palais enchanté où elle ne la laissa manquer de rien et la fit traiter comme une reine.

Tous les jours la vieille allait courir le monde pour ses affaires et ne rentrait que tard, le soir. Avant de sortir, elle dit à l'ostessina :

— Écoute, prends garde à ce que je dis et fais ce que je veux. Je suis une fée de celles qui sont bonnes et je t'avertis de ne point te laisser leurrer par aucune personne qui vienne autour du logis. Ta mère malandrine a le soupçon que tu ne sois pas morte ; elle le saura sûrement avant peu et t'enverra chercher pour qu'on te tue. Donc prends garde et tiens les yeux ouverts.

Cela dit, elle sortit.

Cependant l'hôtesse pensait toujours aux mains que le serviteur ne lui avait pas rapportées après la mort de sa fille, et toujours plus augmentait sa crainte que le serviteur n'eût menti et n'eût pas fait ce qu'elle avait commandé. Un jour, se tenant à la porte de l'auberge, l'hôtesse vit passer une sorcière, si bien qu'elle l'appela pour se faire dire la bonne aventure ; à cet effet, elle lui tendit la main et lui demanda :

— Peux-tu lire dans mon cœur ?

La sorcière, ayant fait son examen, répondit :

— Belle hôtesse, vous avez une fille que vous croyez morte et qui, au contraire, est vivante : elle vit en grande dame dans le palais d'une fée qui l'aime, et personne ne pourra jamais la tuer.

Cette nouvelle fut bien amère pour l'hôtesse ; aussi, enragée, machina-t-elle un nouveau moyen de faire mourir son enfant. Sachant que celle-ci aimait les fleurs, elle fit un grand bouquet et y répandit du poison, puis appela un serviteur et lui dit de se grimer en marchand de bouquets et d'aller crier devant le palais de la fée : « Qui veut des fleurs ? » Le serviteur exécuta ses ordres, de point en point. La belle ostessina, entendant ce cri et oubliant l'avertissement de la vieille fée, descendit et acheta le bouquet, mais à peine y eut-elle mis le nez qu'elle tomba morte.

Quand la fée rentra au logis, tape et retape, et personne ne lui ouvrait ; enfin, impatientée, elle heurta violemment la porte et l'ouvrit à deux battants. Elle monta l'escalier et vit le spectacle de la jeune fille morte et déjà raide. Elle s'écria :

— Je te l'avais dit, vilaine étourdie, et tu n'as pas voulu m'obéir. Ta mère a les mains longues. J'ai envie de te planter là et de ne pas recourir à mon art pour te ressusciter.

Mais, en regardant ce corps si beau et en pensant combien l'ostessina était bonne, elle se repentit ; et, avec certains onguents et certaines conjurations, elle rendit la vie à l'ostessina qui, alerte et guérie, se leva sur ses pieds. Alors la vieille ajouta :

— Prends garde de ne point tomber une seconde fois dans ses filets ; parce qu'une seconde fois je ne serai pas si miséricordieuse. Je veux que tu m'obéisses, as-tu entendu ?

La jeune fille promit qu'à l'avenir elle serait obéissante.

Quelques jours après, la sorcière vint à repasser devant l'auberge de la belle hôtesse ; celle-ci la rappela pour se faire dire de nouveau la bonne aventure et lui tendit la main. La sorcière, l'ayant examinée de la belle façon, se mit à dire :

— Cette fille qui est dans le palais de la fée, on ne peut la tuer ; elle est sous la protection de la fée et vivante aujourd'hui comme avant.

L'hôtesse ne perdit pas courage, mais voulut de nouveau tenter l'épreuve. Si bien que, sachant que sa fille était gourmande de petits gâteaux, elle en pétrit un certain nombre et les remplit de poison. Puis elle les donna à un serviteur qui, déguisé en pâtissier, devait aller les vendre sous le palais de la fée. La belle ostessina qui ne pensait déjà plus au danger qu'elle avait couru, descendit, acheta les gâteaux et, remontant dans sa chambre, les mangea tous ; un moment après elle tomba morte.

Revoici la vieille fée : tape et retape, on n'ouvre pas ; elle donne un coup de pied à la porte et l'enfonce : arrivée dans la chambre, elle trouva l'ostessina déjà raide. La vieille se fâcha tout rouge et fut sur le point de tenir sa promesse et de la laisser morte ; mais après, le bon cœur lui parla mieux et elle la ranima. Quand elle la vit debout, elle lui dit avec une mine sérieuse :

— Ecoute bien, et je te jure que je tiendrai parole : si pareille chose t'arrive une autre fois, je te plante là et tu ne reviendras pas à la vie.

L'ostessina reconnut qu'elle avait tort et promit que dorénavant elle se garderait de tomber en faute. Il arriva que de là à peu de jours vint chasser dans la forêt le roi d'une ville voisine ; et, passant devant le palais de la fée, il vit l'ostessina à la fenêtre et en devint amoureux. Comme il renouvela plusieurs fois ce va et vient et ses œillades, elle aussi se sentait tirer vers le roi ; néanmoins le roi ne lui ayant rien dit ni envoyé de message, elle ne savait pas ce qui naîtrait de là.

Cependant la sorcière était retournée chez la belle hôtesse et l'avait informée que sa fille vivait toujours et qu'un roi s'en était épris. L'hôtesse, entêtée dans son idée de tuer sa fille, et la sachant quelque peu ambitieuse et crédule, imagina une nouvelle tromperie pour arriver à ses fins. Elle fit faire de très-beaux vêtements à la royale et une couronne d'or toute chargée de pierres précieuses et elle mit partout du poison ; il suffisait de le toucher pour mourir. Puis elle appela divers serviteurs, les costuma de livrées et leur ordonna d'aller au palais de la fée, de chercher l'ostessina et de lui présenter toutes ces choses comme des présents du roi son amoureux. Les serviteurs obéirent de point en point. L'ostessina crut qu'en vérité les serviteurs venaient de la part du roi, si bien qu'ayant pris les vêtements et la couronne, elle s'en fit belle sans attendre un moment. Mais peu après, elle tomba morte. Quand la vieille fée revint à la maison et se trouva présente à cette tragédie, elle se mit en colère et s'écria :

— Tu l'as voulu, ainsi soit-il. Je ne veux plus te ressusciter à aucun prix. Tu m'as fait prendre ce lieu-même en horreur.

Alors elle enleva la jeune fille dans ses bras ; puis, ayant construit par son art magique un riche catafalque au milieu du salon et l'ayant entouré de cierges perpétuellement allumés, elle mit dessus (sur le catafalque) le corps mort habillé comme il était à la royale. Sur quoi elle ferma toutes les fenêtres du palais, elle y amassa des provisions pour trois ans, autant qu'il en fallait pour le service abondant de trois princes ; elle déplaça ensuite la forêt, afin que le palais ne pût être retrouvé si facilement ; elle ferma et emporta la clef, qu'elle alla jeter au fond de la mer ; enfin, après la clef, s'y jeta elle-même.

Le roi dont il a été question et qui était un beau jeune homme non marié fut abasourdi quand, retournant à la chasse, il ne trouva plus le chemin du palais où il avait vu l'ostessina ; il perdait l'esprit à chercher comment avait pu arriver un pareil contre-temps. Or, il faut savoir qu'il y avait au service de ce roi certains pêcheurs qui le fournissaient les jours maigres des meilleurs poissons de mer. Un vendredi, on ne sait comment, ils ne prirent pas un seul poisson ; c'est pourquoi le cuisinier jugea nécessaire d'en faire acheter au marché : mais il n'y avait au marché qu'un poisson énorme ; à défaut d'autres, il fallut bien prendre celui-là. Cependant la stupeur du cuisinier fut grande quand, en ouvrant le poisson, il lui trouva dans la tête une grosse clef. On la porta aussitôt au roi qui, ne sachant pas quelle porte elle pouvait ouvrir et supposant qu'elle devait entrer dans la serrure d'un palais merveilleux, résolut de ne s'en jamais séparer et, à cet effet, se la pendit au cou avec une chaîne d'or.

Cependant le roi ne se lassait pas de chercher l'habitation de l'Ostessina. Un jour, il avait pris avec lui deux serviteurs fidèles : et tous les trois, le fusil en bandoulière, étaient partis au lever du soleil. Quand ils eurent parcouru beaucoup de pays et des buissons épais, survint une nuit si noire que nul ne savait où mettre les pieds au milieu des arbres et des épines. Ils se croyaient perdus ; et, en effet, le roi avait égaré[1] l'un de ses compagnons, si bien qu'il allait seul à tâtons avec l'autre. Tout à coup, il lui parut apercevoir de loin une lueur, ils y marchèrent avec beaucoup de peine et fatigués, essoufflés, transis de froid, ils arrivèrent à la porte d'un palais. Ils frappèrent et refrappèrent, mais personne n'ouvrait.

---

[1] On remarquera l'opposition de ces deux mots : perdu et égaré. Cette distinction n'est pas trop subtile pour les plébéiens de Florence. Un étranger nous a raconté qu'un jour, dans cette ville, il demanda son chemin à une femme du peuple. — « Je me suis perdu, » lui dit-il. Elle lui répondit : *Perduto no, smarrito si* (perdu, non ; égaré, oui.) »

Le roi se souvint alors de la clef qu'il portait au cou et, l'ayant essayée dans la serrure, il fut stupéfait en découvrant qu'elle y entrait à merveille et qu'elle ouvrait la porte comme si elle était faite exprès.

Ils entrent, ils montent l'escalier ; et, bien que le palais fût plein de lumières, il n'apparaissait pas une âme vivante. Dans la salle à manger, ils trouvèrent une table richement servie sur laquelle était un grand trousseau de clefs ; une cheminée était allumée dans un coin de la salle. Le roi et le serviteur ayant tout examiné, dans l'idée d'attendre si quelqu'un viendrait les saluer, allèrent se sécher au coin du feu : puis ils s'assirent à table et mangèrent. Chaque fois que les plats étaient vides, des mains invisibles en apportaient d'autres toujours plus exquis et appétissants. Le roi comprit bien que ce palais devait être enchanté. Aussi n'était-il pas sans inquiétude, ignorant si celui qui le possédait était un bon ou un mauvais génie. Quoi qu'il en fût, le roi qui était très-courageux dit au serviteur quand il se fut restauré :

— Prends une lumière, et visitons ce palais : il est certain que ce trousseau de clefs ouvre les portes des appartements.

Ils parcoururent tout le palais, mais trouvèrent de tous côtés le même désert et la même solitude. C'est pourquoi leur admiration était grande, d'autant plus qu'ils découvraient une richesse incroyable dans la décoration et l'ameublement : l'or et les pierres précieuses reluisaient par monceaux. Désespérant presque d'arriver à découvrir les maîtres du palais, ils se dirigeaient de nouveau vers la salle à manger, et, tout en causant, le roi jeta les yeux sur une petite porte qu'il n'avait pas vue d'abord. Il y courut avec le serviteur et avec les flambeaux ; et, après avoir essayé plusieurs clefs dans la serrure, il parvint à l'ouvrir. La petite porte donnait accès à une enfilade de chambres encore plus luxueuses que les autres. Mais, arrivé à un salon, le roi et le serviteur demeurèrent *entre stupéfiés et effrayés* en voyant au beau milieu un catafalque entouré de cierges allumés et dessus une femme morte. Ayant repris un peu de calme, le roi s'approcha du catafalque et fut sur le point de défaillir quand il reconnut dans la morte l'ostessina qu'il cherchait depuis si longtemps. Il tomba dans des désespoirs et le serviteur jugea bon de le tirer loin de là. Mais le roi voulut d'abord avoir un souvenir de la jeune fille et, à cet effet, il lui enleva un anneau du doigt : Il eut aussitôt les cheveux hérissés de terreur, car à peine eut-il enlevé l'anneau que la jeune morte remua la main.

— Ici, dit-il, il y a quelque enchantement. Elle n'est pas morte.

Elle s'étirait et bâillait comme réveillée d'un long sommeil.

Pour ne pas traîner la chose en longueur, le roi et l'ostessina, amoureux comme ils l'étaient, se marièrent et demeurèrent deux ou trois ans dans ce palais sans manquer de rien ; leur mariage fut si heureux qu'il en naquit deux enfants mâles.

Cependant la mère du roi, qui n'avait plus rien su de son fils depuis qu'il était parti, le faisait chercher sans cesse. Mais elle y perdit ses peines. Aussi le croyant mort, s'était-elle remis l'âme en paix. Mais il arriva que la sorcière tomba chez la belle hôtesse et lui dit que sa fille n'était pas morte du tout et qu'au contraire elle menait joyeuse vie, épouse du roi dans le palais enchanté. L'hôtesse, toujours mal disposée, que fait-elle? elle court chez la reine et lui raconte tout, dont la reine se réjouit d'un côté en apprenant que son fils était vivant; mais d'autre part, elle était très-fort enragée de ce qu'il eût pris pour femme une fille de basse naissance et de vil métier. Aussi, sans perdre un moment, pensa-t-elle aux moyens de réparer le mal, et l'idée lui vint de séparer à tout prix les amoureux, à quoi l'excitait aussi l'hôtesse, en haine de son propre sang, avec quantité de paroles et de calomnies.

La reine écrivit une lettre à son fils; et, comme on avait retrouvé le chemin du palais enchanté, elle lui envoya l'ordre de rentrer à la cour et de reprendre le gouvernement du peuple. Le roi lui répondit qu'il se trouvait trop bien où il était et qu'il ne voudrait pour rien se séparer de sa chère femme et de ses enfants. Alors la reine recourut à un stratagème : elle fit entendre à son fils qu'il avait provoqué par son absence l'ambition d'un roi voisin et que ce roi, voulant assaillir l'état, s'était mis en marche avec une armée; de telle sorte que le royaume et elle-même se trouvaient en grand péril, et c'était le devoir du roi de défendre tous ses sujets, l'épée à la main et en personne. Pour colorer cette invention, elle demanda à l'un de ses parents de réunir des soldats aux frontières, afin qu'on les prît pour des ennemis. Le roi, qui ne plaisantait pas sur l'honneur, tomba dans le filet et partit pour le camp avec ses troupes après avoir recommandé à sa femme d'être prudente pour éviter les embûches de ceux qui lui voudraient du mal; bien plus, il remit à l'ostessina un vêtement plein de grelots en lui disant :

— S'il t'arrive jamais quelque mésaventure et que tu sois en danger, endosse cette robe et secoue-la ; je l'entendrai, si loin que je sois, et j'accourrai sans retard à ton secours.

Peu de jours après, voici arriver dans le palais une ambassade envoyée par la reine mère, afin d'inviter l'ostessina à se rendre dans la ville avec les deux garçons, parce que la reine voulait faire, disait-elle, la connaissance de l'épouse de son fils, comme aussi des petits enfants, et que l'épouse n'avait à s'inquiéter de rien, au contraire, car elle serait accueillie comme une princesse. L'ostessina, naïve comme elle était, crut à la sincérité de la reine ; elle prit donc avec elle les enfants, sortit du palais avec les ambassadeurs et s'en vint à la ville. Quand elle fut en présence de la reine, elle se trouva aussi en face de sa méchante mère. Toutes les deux la chargèrent de mauvais mots ; enfin la reine donna l'ordre aux gardes que l'ostessina fût arrêtée et qu'on la jetât en prison avec ses fils.

Après quoi, voulant la tuer et détruire avec elle sa génération, la reine s'entendit avec l'hôtesse. Celle-ci, pour assouvir l'envie rageuse qui la rongeait, conseilla de faire bouillir une chaudière d'huile et d'y jeter sur la place publique l'ostessina et ses enfants. Tout était prêt pour le supplice, et la pauvre et jeune femme se résignait à sa fin, quand elle se rappela l'avertissement de son cher époux. Et comme en sa prison on lui avait laissé ses hardes, elle en tira la robe aux grelots et se la mit. Quand elle fut arrivée sur la place devant la chaudière d'huile bouillante, elle se secoua tant qu'elle put et au carillon, voici venir le roi au galop sur son cheval. Il vit l'affreux spectacle et s'informa de ce qui était arrivé ; sur quoi, par son autorité de roi, il ordonna l'arrestation de la reine et de la belle hôtesse.

Le jour suivant il assembla le conseil, et ces deux mauvaises femmes, attachées ensemble, durent bouillir dans la chaudière d'huile qui avait été commandée pour l'ostessina et pour ses enfants. Ainsi le roi et l'ostessina délivrés de toute crainte régnèrent, aimés de tous ; et s'ils n'étaient pas morts de vieillesse ils vivraient encore :

Il fosso sta tra'il campo e la via ;
Dite la vostra, che ho detta la mia.

Le fossé est entre le champ et la route.
Dites la vôtre, j'ai dit la mienne.

Cette nouvelle, recueillie par M. Gherardo Nerucci, nous paraît composée de plusieurs autres et appartenir au cycle, comme on dit aujourd'hui, de la *Belle au bois dormant*. Tous ces récits coulent de même source : c'est l'opinion commune des savants qui les recueillent avec tant de soin, non seulement en Italie, mais partout.

Ne serait-il pas possible cependant qu'il y eût là je ne sais quelle rencontre fortuite ? Les mêmes choses arrivent à beaucoup de gens et il est fort difficile au journal le plus riche en faits divers d'en trouver un qui ne se soit pas passé ailleurs et bien des fois. Tout le monde connaît la charmante lettre que Paul-Louis Courier écrivit à Mme Pigalle le 1er novembre 1807. Il y racontait une aventure de son voyage en Calabre, la triste nuit qu'il passa dans une maison de charbonniers. Ces braves gens avaient fort mauvaise mine et Courier, sa tête sur la valise, n'avait eu garde de fermer les yeux. « Cependant, écrit-il, je commençais à me rassurer quand sur l'heure où il me semblait que le jour ne pouvait être loin j'entendis au-dessous de moi mon hôte et sa femme parler et se disputer ; et, prêtant l'oreille par la cheminée qui communiquait avec celle d'en bas, je distinguai parfaitement ces propres mots du mari : « Eh bien, enfin, voyons ! faut-il les tuer tous les deux ? » A quoi la femme répondit : « Oui. » Et je n'entendis plus rien. »

Courier pensa qu'on voulait l'égorger, lui et son compagnon de voyage. Mais l'hôte et sa femme entendaient parler de deux chapons auxquels ils tordirent le cou pour en faire déjeuner le lendemain les voyageurs.

Nous n'avions pas douté un seul instant que cette histoire ne fût arrivée à Paul-Louis Courier ; d'autre part il n'est point à présumer que la correspondance de cet homme d'esprit eût jamais été lue en Italie par les femmes du peuple qui ne savent pas lire. L'une d'elles pourtant nous l'a racontée avec des additions et des variantes qui pourront intéresser le lecteur.

— Un soir, nous dit-elle, deux prêtres vêtus de noir comme tous les prêtres, étant en voyage, s'arrêtèrent dans un petit endroit et prirent logement dans la maison d'un boucher. Or il n'y avait qu'une mince cloison entre leur chambre et celle de l'hôte. Les prêtres sont curieux, aussi aiment-ils à confesser les gens. Ayant donc collé l'oreille contre les fentes de la cloison, le plus corpulent des deux entendit le boucher qui disait à sa femme :

— Il faut que je me lève demain de grand matin pour faire visite aux noirs : il y en a un bien gras qu'il nous faut tuer pour le vendre.

Figurez-vous l'effroi des bons prêtres, surtout de

celui qui avait écouté. Il voulut aussitôt se confesser à son compagnon, car on ne pouvait sortir de la chambre où ils étaient enfermés sans passer par celle de l'hôte. Le compagnon répondit qu'il fallait essayer de passer par la fenêtre, par la bonne raison qu'ils ne pouvaient craindre pis que la mort. Sur quoi le plus maigre qui était aussi le plus jeune, donna l'exemple et prit la clef des champs sans attendre l'autre; celui-ci tomba si lourdement qu'il se blessa une jambe et se voyant seul, chercha un endroit où s'abriter. Il ne trouva qu'un toit à porcs, où il se traîna le mieux qu'il put : deux grands cochons s'échappèrent dès qu'il eut ouvert la porte ; il se mit à leur place dans le haran et tira la porte sur lui. Le matin venu, le boucher aiguisa ses grands couteaux pour aller tuer le plus gras de ses *noirs* (c'est le nom d'amitié que les plébéiens donnent aux sangliers domestiques) Quand il fut arrivé, suivi de sa femme, au haran, il cria bien haut en ouvrant la porte : « Sortez, mes noirs, je veux goûter de vos boudins. »

Le bon curé sortit à quatre pattes, parce qu'il ne pouvait se tenir sur ses deux pieds.

Vous pouvez vous imaginer s'il eut peur, mais la femme et le mari ne furent pas moins effrayés, pensant que saint Antoine, qui est le patron des cochons, venait de faire un miracle. Aussi tombèrent-ils à genoux devant le curé, qui de son côté rampait devant eux, tous trois se demandant pardon l'un à l'autre et miséricorde. La scène dura un bon quart d'heure ; enfin l'on finit par s'expliquer et par s'entendre et le boucher courut après ses cochons pour tuer le plus gras qu'il mangea avec le curé. L'autre noir, qui avait abandonné son compagnon, n'eut rien et ce fut bien fait, parce qu'il ne faut jamais abuser de ce qu'on est maigre.

A qui est arrivée cette histoire ? est-ce aux curés italiens ? est-ce au pamphlétaire français ? Un de nos amis, très-savant et un peu douteur, nous répond : Ni aux uns, ni à l'autre. » Ce conte a été fait il y a trois-cents ans par la reine de Navarre ; c'est la XXXIV° nouvelle de l'*Heptaméron*. Vous y verrez comment « deux cordeliers, trop curieux d'écouter, eurent si belles affres qu'ils en cuidèrent mourir. »

XXI

BARBE-BLEUE A FLORENCE — UNE SAGA DU NORD A BOLOGNE — UNE LÉGENDE JAPONAISE A NAPLES — UN CONTE DE FÉES TIRÉ DU RAMAYANA.

Il n'y a donc rien de nouveau sous le soleil, pas même ce proverbe que le roi Salomon avait probablement lu quelque part. Dans tous les temps et dans tous les pays, on amuse les enfants des mêmes contes. Veut-on celui de Barbe-bleue raconté par une petite Florentine de huit ans?

Il y avait une fois un mari et une femme qui avaient trois filles : pauvres, pauvres ils étaient. Mais pour manger ils dirent à une de ces fillettes :

— Va dans le jardin de l'Ogre et prends-y quelques feuilles de chou.

La bambine alla donc, et quand elle fut près du chou elle s'entend dire :

— Où vas-tu?

— Papa et maman, répond-elle, m'ont envoyé prendre un peu de chou, nous sommes si pauvres.

— Viens là-haut, tu seras bien.

Elle répond :

— Non vraiment, papa et maman me gronderaient.

L'Ogre insistait pour qu'elle vînt.

Enfin, la bambine monta et l'Ogre lui donna trois boules d'or, puis la mena par toute la maison et lui dit :

— Maîtresse de tout, excepté de cette chambre.

L'Ogre s'en va ; reste la fillette, et elle dit :

— Qu'y aura-t-il dans cette chambre?

Ah! la curiosité la pousse ; elle l'ouvre, il n'y avait rien, pas autre chose qu'une armoire. Elle ouvre l'armoire et laisse tomber dessous une des boules que l'Ogre lui avait données. (La boule se salit.) La fillette désespérée, plus elle la lavait, voyez-donc! la boule était toujours sale et même plus laide.

L'Ogre revient, il dit :

— Où sont les boules que je t'ai données?

La pauvrette les fait voir.

— Ah coquine! dit l'Ogre.

— Il la prend par un bras et la jette par-dessous l'armoire où la boule était allée. Il ne fait pas de discours, bah! (*che!*). On voit que cette armoire était un puits où l'Ogre jetait toutes les petites filles.

Venons aux parents qui envoient chercher leur enfant par une de ses sœurs ; ils étaient désespérés.

La sœur l'appelle ; il y avait le petit panier dans le jardin, mais la fillette n'y était pas, parce qu'elle était morte. L'Ogre l'avait jetée dans le puits. Comme il entend ainsi appeler et pleurer, l'Ogre se met à la fenêtre et dit :

— Qu'as-tu, fillette?

— Eh! dit-elle, c'est ma sœur ; on l'avait envoyée prendre le chou.... Et elle lui fait toute l'explication.

— Monte, dit l'Ogre, tu seras bien.

Et il lui dit la même chose qu'il avait dite à l'autre.

La bambine monte donc, ça s'entend ; il lui donne les mêmes trois boules et il lui tient le même discours :

— Maîtresse de tout, hormis d'ici.

Quand l'Ogre est parti, la même chose arrive, elle ouvre l'armoire et la boule tombe. La pauvre enfant était plus désespérée que jamais, elle pleurait, elle était inquiète pour ses parents. Et ainsi toute désespérée, elle se met à laver, et il lui arrive comme à l'autre, même (la boule était) plus crottée de sang[1].

Voici l'Ogre qui revient et voit la boule en plus mauvais état.

— Ah coquine ! fait-il, viens, viens.

Il la prend, la jette comme l'autre, là même où il lui avait dit de ne pas aller.

Venons maintenant aux parents, désespérés, vous pouvez croire. Ils envoyèrent la dernière fillette :

— Va, toi, nous faire cette charité ; va voir ce qui en est de tes sœurs.

Elle va dans le jardin, elle trouve les petits paniers, mais les sœurs n'y étaient pas. Elle se met à hurler, elle les appelait par leurs noms.

L'Ogre se met à la fenêtre et lui dit :

— Que veux-tu ? monte, tu seras bien.

Mais la fillette :

— Ah ! je ferai mal. Il y a papa et maman inconsolables de douleur qui crient. Ah ! il faut que j'aille à la maison.

— Monte, dit l'Ogre, tu seras bien, je te renverrai après.

La bambine monte.

L'Ogre lui donne les trois boules d'or et lui dit :

---

[1] On remarquera qu'en parlant de la première fillette, la narratrice avait oublié de dire que la boule était tombée dans le sang.

— Maîtresse de tout excepté de cette chambre.

Mais quand l'Ogre est parti, cette petite fille qui était plus rusée prend les boules et les laisse dehors avant d'entrer. Elle était plus fourbe que ses sœurs et elle sut faire. Elle ouvre la chambre et dit :

— Qu'y a-t-il dans cette chambre?

Elle voit l'armoire, l'ouvre et entend :

— Oohu! Oohu!

— Qu'y a-t-il, dit-elle, là au fond?

— Nous sommes deux petites filles ; papa et maman nous ont envoyées prendre le chou et l'Ogre nous a appelées, nous a donné trois boules, et une est tombée, et quand il est revenu et qu'il l'a vue abîmée, il nous a jetées ici.

— Ah! pauvres petites, dit l'autre, vous êtes mes sœurs.

Désespérée, elle cherche des cordes, pour que ces fillettes s'y accrochent, et elle les tire en haut, et après cela elle les mit dans une chambre séparée pour que l'Ogre ne s'aperçût de rien. Elle leur prépare à manger, elle les soigne et puis s'en va. Elle prend les boules et attend l'Ogre.

Voici l'Ogre qui revient.

— Où sont les boules?

— Les voici, dit-elle.

— Brava, dit-il, à présent je t'aime ; tu seras toujours bien.

Donc il s'en allait tous les jours dehors et la laissait seule, et elle allait soigner ses sœurs.

Un jour l'Ogre lui dit :

— Tu ne sais pas, tu ne sais pas, je ne dois jamais mourir.

Je laisse à penser quelle douleur eut la fillette. Comment ferait-elle pour aller chez son père avec ses sœurs? Mais elle n'en laissa rien voir à l'Ogre.

— Comment cela? lui dit-elle.

— Parce que mon âme est dans une coquille d'œuf.

Elle en fut fâchée, mais ne le montra pas et dit à l'Ogre :

— Oh! quelle belle chose que vous ne mourriez jamais! quelle félicité pour moi!

Un jour elle prend un air mélancolique, sans manger, sans rien faire.

— Qu'as-tu, dit l'Ogre, que tu ne manges pas?

— J'ai ce que j'ai ; vous m'aviez dit que vous ne mourriez jamais. Mais ce n'est pas possible. Dès qu'il y aura dans l'œuf un peu de saleté, ça vous fera mourir. Je voudrais le voir, cet œuf, s'il est sale ou propre. Je désire le voir ; quand je l'aurai vu, je serai plus tranquille, entendez-vous?

— Ah! coquine, dit l'Ogre, tu veux me trahir.

— Que pensez-vous là? Vous, un bienfaiteur comme vous, que je veuille vous trahir? Impossible!

Elle insiste, insiste ; cet homme vient et lui montre l'œuf, et il le tenait serré dans sa main, pour qu'elle ne le touchât pas.

Elle le regarde et dit :

— La saleté, voyez donc, elle est là, regardez ce noir qui est dedans ; c'est ça qui vous fera mourir.

— Où? dit-il.

— Le voici là, ne le voyez-vous pas?

Pendant qu'elle dit : le voici-là, elle le frappe avec la paume de la main, l'œuf tombe et l'Ogre reste mort.

Ahou! quand il est mort, elle court vers ses sœurs :

— Venez dehors, fillettes ; j'ai tué l'Ogre. A présent nous sommes heureuses.

Là-dessus, elles font un beau trou dans le jardin, un grand trou et elles l'enterrent. Puis elles prennent les clefs de la maison, la ferment et vont à la recherche de leurs parents. Elles vont et leur racontent toute l'affaire, précisément comme c'était arrivé. Ces parents, vous pouvez croire, le contentement de voir les petites filles, qui de pauvres, il faut le dire, étaient devenues très-riches, parce que l'Ogre avait tant de biens, et que tout ce bien leur était resté. Et ils allèrent à la maison de l'Ogre, ils l'ouvrirent et devinrent maîtres de toutes ses richesses et vécurent et en jouirent et demeurèrent toujours en paix.

Tel est le conte de Barbe bleue, avec les variantes florentines et l'addition de l'œuf merveilleux que nous avons trouvé dans *Viola*. Dans tous les pays, les enfants ont ri des mêmes fariboles, ont écrit sur leurs livres de classe les mêmes maccaronées :

> *Aspice* Pierino appeso
> *Quod hunc librum* non ha reso ;
> *Si hunc librum reddidisset*
> Pierino appeso *non fuisset*.

Tel est l'avertissement donné aux voleurs par les écoliers de Florence : ceux de Paris disaient exactement de même, au moins de mon temps :

> *Aspice* Pierrot pendu
> *Quod librum* n'a pas rendu ;
> *Si librum reddidisset*
> Pierrot pendu *non fuisset*.

On nous dira que les lycéens de Florence ont pu copier ceux de Paris. Mais d'où vient que telle légende italienne reproduise exactement une saga du Nord ?

Deux chevaliers vont dans une maison cherchant une épouse ; des deux sœurs ils demandent la petite et méprisent la grande.

La plus jeune sait filer le lin, l'ainée sait garder les porcs.

La plus jeune peut filer de l'or, l'ainée ne peut pas même filer de la laine.

La grande sœur dit à la petite :

— Allons au bord de la mer.

— Que ferons-nous au bord de la mer? nous ne devons rien y porter.

— Nous nous ressemblons déjà, nous deviendrons également blanches.

— Oh ! même en te lavant tous les jours, tu ne deviendras pas plus blanche que Dieu ne l'a voulu, et quand même tu deviendrais blanche plus que la neige, tu n'auras pas mon amant.

La petite sœur est assise sur un rocher, la grande la pousse dans la mer.

La pauvre petite lève les bras :

— Ma chère sœur aide-moi !

— Je ne t'aiderai que si tu me promets de me céder ton fiancé.

— Si je pouvais je le ferais, mais je ne peux décider de lui.

Un vent terrible s'élève et pousse le corps dans la mer.

Le vent court sur les eaux bleues et le corps retourne au rivage.

Le vent tourne à l'est et pousse le corps vers la proue d'un bateau.

Deux pèlerins recueillent le cadavre.

Ils font une harpe avec les bras de la jeune fille, ils font les cordes avec ses blonds cheveux.

— Allons à la maison voisine : on y célèbre des noces.

Ils se placent près de la porte et on entend la harpe.

La première corde chante :

— L'épousée un jour fut ma sœur.

Et la seconde :

— Elle me tua de rancœur.

Et la troisième :

— L'époux m'avait donné son cœur.

La fiancée devient rouge comme braise :

— Cette musique me fait mal.

La fiancée se fait rouge comme sang :

— Je ne veux plus entendre cette harpe.

La quatrième corde a chanté :

— La harpe ne se taira plus.

La fiancée se couche dans son lit.

La harpe sonne plus fort et le cœur de la jeune fille éclate.

N'est-il pas étrange que cette poésie fantastique recueillie dans un journal bolonais, soit connue également des nourrices florentines qui en ont fait un beau conte. (*Oragio e Bianchinetta*) Ne serait-elle pas mieux à sa place dans les brumes du Nord ?

Elle y flotte en effet ; on la retrouve dans une chanson des îles Féroë qui, traduite en suédois et du suédois en allemand, a été recueillie dans les *Volkslieder der Schweden*.

Ainsi les nuées scandinaves descendent en Italie et loin de s'y évaporer, dansent au soleil. Plus rapidement encore y viennent les fictions orientales. L'an dernier (1878) par une belle soirée d'automne, nous étions réunis à quelques lieues de Florence dans la villa d'Antella, sur une terrasse illuminée, entourée d'un cirque de collines, avec une cinquantaine de Toscans et d'étrangers (M. Benfey était du nombre) que madame Peruzzi, la plus accorte et la plus alerte des Florentines, abreuvait de paroles courtoises et d'un vin muscat supérieur au frontignan. L'avocat Tommasoni, de Padoue — un avocat qui ne plaide jamais et qui n'est jamais à Padoue, mais qui a fait plusieurs fois le tour du monde et qui en a rapporté des trésors, — nous racontait avec une verve et un talent admirable le conte japonais du *tailleur de pierres* qui produisit sur tout l'auditoire une vive et forte impression. M. Benfey, qui sait toutes les légendes de l'Orient, déclara, qu'il n'en connaissait pas de plus intéressante.

Quinze jours après nous étions à Naples, sur une terrasse non moins belle qui regardait le Vésuve et la mer. Chacun racontait une histoire, comme au bon temps de Boccace ; quand ce fut notre tour, nous essayâmes de répéter le plus fidèlement possible le conte japonais de l'avocat Tommasoni.

— Hé ! nous connaissons cela dit, un Napolitain qui était des nôtres ; je tiens d'un chante-histoires du môle une légende exactement pareille ; il n'y a de changé que les noms de lieux et un nom de saint.

Et il nous fit en vers improvisés le récit qu'on va lire.

LE TAILLEUR DE PIERRES

Le sable est chaud, aucun flot ne le mouille ;
Autour de moi qu'on s'étende au soleil !
Filles, quittez l'amour et la quenouille ;
Quittez, garçons, la pêche et le sommeil.
Je vais vous faire un conte sans pareil,
Mais, avant tout, que chacun s'agenouille !
Bon saint Janvier, donne à ces gens la foi,
Le pain du jour et quelques sous pour moi.

Peppin était simple tailleur de pierres
Et, comme nous, avait l'estomac creux :
Quand il voyait les traîneurs de rapières
Gruger le pauvre en prenant tout pour eux,
Et des barons, laissant les malheureux
Sans vermicel, en manger deux soupières,
Il se disait : « Tout va mal au pays, »
Et grignotait tristement du maïs.

« Bon saint Janvier, vous qui vivez en joie,
S'écria-t-il, m'aiderez vous enfin ?
Je n'en peux plus, il faut que je m'assoie
Et que je mange aussi, vu que j'ai faim.
Ce grand seigneur qui passe a tant d'or fin
Sur son manteau qu'on n'en voit plus la soie...
Ce manteau là comblerait tous mes vœux... »
Saint Janvier dit : « Soit fait ce que tu veux. »

Peppin reçut un manteau de parade ;
Il s'y drapa, prenant l'air éminent,
Ne voulut plus chez nous de camarade
Et m'eût traité, moi lettré, de manant.
Comme il allait un jour se pavanant
Et qu'il lançait aux gueux mainte algarade,
Un cavalier par là caracolait
Qui le crotta des talons au collet.

« Bon saint Janvier, dit alors le pauvre homme,
Voici carême après le carnaval :
Je n'ai pas même une bête de somme.
Certes en bonheur je serais sans rival
Si tu pouvais me donner un cheval :
Pour raconter ce bienfait, jusqu'à Rome
Au grand galop j'irais sans dévier...
— Ce que tu veux soit fait, » dit saint Janvier.

Voilà Peppin cavalier : « Quel homme est-ce ? »
Se disait-on quand, trottant et piaffant,
Il s'en allait à cheval à la messe,
Même au marché, superbe et triomphant ;
Mais après tout, c'était un bon enfant :
Donc à cheval, pour tenir sa promesse,
Il galopa vers le pays romain.
Or il eut chaud tout le long du chemin.

Peppin fondait en eau comme Artémise
Vu que la route était chauffée à blanc ;
Il dut changer quatre fois de chemise
Et son cheval se coucha sur le flanc.
« Affreux soleil ! cria-t-il en soufflant ;
Qu'une prière encore me soit permise !
Bon saint Janvier qui n'as pas ton pareil,
Que je voudrais devenir le soleil ! »

Saint Janvier dit : « Ton souhait me dérange,
Mais tu le veux, ce que tu veux soit fait. »
Dieu sait comment, car la chose est étrange,
Peppin devint le soleil en effet.
De l'aube au soir il chauffait, surchauffait
L'herbe, la feuille et la fleur et l'orange ;
Chaque rayon flambait comme un éclair
Et les oiseaux étaient rôtis dans l'air.

Saint Janvier seul riait à pleine gorge
Et se roulait dans le firmament bleu ;
Peppin grillait le blé, l'avoine et l'orge :
Quelle chaleur, quelle chaleur, bon Dieu !
Une fournaise où la neige eût pris feu,
Le fer aussi, plus vite qu'à la forge...
On vit des morts descendre sans regrets
Jusqu'en enfer et s'y trouver au frais.

Plus de fontaine où le peuple s'abreuve !
Les pauvres gens criaient à plein gosier :
« Nous avons soif ! Oh ! qu'il pleuve, qu'il pleuve !... »
La terre était un immense brasier.
Peppin buvait sans se rassasier :
Il but d'un trait la source, il but le fleuve ;
Si le breuvage eût été moins amer,
Avant le soir il aurait bu la mer.

Mais tout à coup, sur la voûte éternelle,
Un si léger nuage, qu'un oiseau
L'eût dissipé du vent frais de son aile,
Passa devant Peppin comme un rideau,
Puis descendit sur nous en gouttes d'eau :
La fleur des champs se releva plus belle.
« Quoi ! ce brouillard, dit Peppin plein d'ennui,
M'a pu cacher ? Je voudrais être lui ! »

Et saint Janvier, toujours plus débonnaire:
« Ce que tu veux soit fait. » Alors Peppin
Devint nuage et, chargé de tonnerre,
S'amoncela sur un sommet alpin,
Puis, en crevant, s'abattit sur un pin,
Déracina la forêt centenaire,
Puis, en croulant du haut des monts, voilà
Que dans la plaine en tumulte il roula :

Il envahit les terres inondées,
Il emporta les toits et les gros murs,
Gonfla la mer aux vagues débordées,
Mit en morceaux les phares les plus durs ;
A coups de grêle il hacha les blés mûrs,
A coups de feu, les cités bombardées :
Il couvrit tout de ses flots dévorants,
Et les clochers roulaient dans les torrents.

Mais un rocher de bonne et vieille lave
Laissa passer l'orage et, planté là
Sur le volcan, restait tranquille et grave ;
Grêle ni foudre en rien ne l'ébranla.
« Bon saint Janvier, qu'est-ce donc que cela?
Ce vil caillou me résiste et me brave ?
Si j'étais lui, je serais satisfait... »
Et saint Janvier: « Ce que tu veux soit fait. »

Peppin devint rocher. La bonne vie!
On est tranquille, on n'a besoin de rien,
A nul amour l'âme n'est asservie,
On ne peut faire aucun mal, aucun bien :
On ne doit pas travailler comme un chien
Pour le manger dont on n'a nulle envie ;
On voit tomber les fleurs, les amoureux
Mourir et l'on survit. Rochers heureux!

Mais tout bonheur est mouvant comme l'onde.
Un jour Peppin vit en bas un garçon
Qui lui faisait une entaille profonde
Et du marteau le frappait sans façon.
« Hé quoi! je suis battu par un maçon ?
Si j'étais lui, cria Peppin, le monde
N'aurait plus rien que je pusse envier...
— Ce que tu veux soit fait, » dit saint Janvier.

Peppin reprit la scie — et voilà comme,
Après avoir été de son vivant
Soleil, nuage et rocher, le pauvre homme
Revint tailleur de pierre comme avant.
Mais j'ai pris soif à parler en plein vent;
Si vous avez sur vous la moindre somme,
Cent sous, vingt sous, dix sous, deux sous, eh bien!
Donnez-les moi ; sinon, je ne veux rien.

On voit comment les contes voyagent. Veut-on voir maintenant d'où ils viennent, comment ils se sont formés? Qu'on écoute un dernier récit qui nous a été fait par un indianiste italien.

Au temps où tous les hommes étaient bons, riches et heureux, vivait un grand roi âgé de neuf mille ans. De sa première femme il avait eu un fils très-beau et très-brave à qui il devait laisser son royaume.

Mais ayant épousé plus tard une seconde femme, en un jour d'amour il lui avait promis de lui accorder un don quel qu'il fût, et elle exigea que le fils aîné fût envoyé en exil, pour donner la couronne à son propre fils à elle. Chassé par la cruelle marâtre, le prince se retira dans la forêt avec la princesse sa femme.

Mais un jour qu'à la poursuite d'un cerf il s'était éloigné de sa cabane, le monstre aux dix têtes enleva la princesse. Le prince, ne la trouvant plus à son retour, se désespéra grandement et, pour la retrouver, courut le monde. Après bien des pas, il rencontra le roi des singes qui se plaignit à lui, — car en ce temps-là les bêtes parlaient, — d'être poursuivi par un monstre. Pour l'obliger, le prince attaqua le monstre et le tua.

En ce temps-là aussi les bêtes étaient reconnaissantes : le roi des singes, ayant donc appris que le monstre aux dix têtes avait enlevé la princesse, envoya tous ses sujets chercher ce qu'elle était devenue. Les singes s'égarèrent en chemin et ils eurent faim, mais une bonne fée leur donna à manger et les remit en route. Ils cherchent encore et encore ; à la fin ils rencontrent le vautour qui leur apprend que le monstre aux dix têtes a emporté la princesse de l'autre côté de la mer. Mais comment passer l'Océan ? Les singes ont recours au roi des ours ; il est trop vieux et leur conseille de s'adresser au fils du vent. Celui-ci passe la mer au vol, voit la princesse et en rapporte des nouvelles. Alors le prince, au moyen d'un pont merveilleux, passe la mer à son tour ; il rencontre enfin le monstre aux dix têtes, le tue et ramène sa malheureuse épouse !

Qu'est-ce que cela ? C'est le plan d'un conte de fées. Et qu'est-ce que ce conte de fées ? Ce n'est autre chose que le *Râmâyana* transposé *ad usum vulgi*. En arrangeant cette ingénieuse réduction, M. de

Gubernatis a voulu fournir une preuve de plus à l'école savante et sagace qui soutient l'identité d'origine entre le mythe et le conte populaire. Selon le savant indianiste, il n'est nullement vrai que les anciens systèmes de mythologie aient cessé d'exister; ils n'ont fait que se répandre et se transformer. Le *nomen* est changé, le *numen* reste. Leur éclat s'est affaibli, parce qu'ils ont perdu leur rapport et leur signification célestes, mais leur vitalité est très-grande. On peut en quelque sorte dire des dieux ce qu'on a dit des reliques des saints de l'église romaine ; plus ils ont été dispersés, plus ils se sont multipliés.

C'est ainsi que la plus ancienne des littératures, celle de l'Inde, n'est qu'une mythologie très-savante, un fourmillement d'astres lointains qui brillèrent avant les siècles connus dans la profondeur de la nuit. Les étoiles sont tombées et se sont éparpillées en étincelles, en poussière d'or qui luit encore aujourd'hui dans l'imagination de tous les peuples. Les contes de nourrice viennent de là et se sont maintenus jusqu'à présent chez les naïfs et les illettrés des pays incultes. On fait bien de les recueillir avant qu'ils s'évaporent tout-à-fait à cette lumière égale et triste qui s'appelle le bon sens ou la raison.

FIN

TABLE

Avant-propos 1
I. — Les contes siciliens.— La Messia : ses voyages, sa langue, sa mimique.— Les conteuses. — Les chansonniers. — Giufà le joorisse.— Les œufs cuits durs. — Le diamant du Père éternel 5
II. — Les princes, les belles-mères, les fées, les dragons, le diable. — Le Juif-errant et Malchus. — Judas et Ponce-Pilate. — Bénis soient les voleurs ! — Les âmes des décollés. — Les bévues de saint Pierre. — La mère de saint Pierre. — Frère Gros-Jean. — La religion des Siciliens 19
III. — La légende du seigneur de Carini. — Contes antiques, réminiscences de Polyphène, de Psyché et de Laïs 38
IV. — La légende de Virgile à Naples et en Sicile. — Les contes aryens. — Le perroquet conteur. — Un mythe : *l'Horloge du Barbier*. 51
V. — Les contes napolitains. — Le *Pentamerone* de Basile. — La *Posillicheata*. —

Les Chante-histoires. — Maître Michel. — Cosimo Salvatore. — Le cycle carolingien à Naples	69
VI. — Pomigliano d'Arco. — Un conte de Giordano Bruno. — Les Imbriani. — Chansons d'enfants. — Le conte de Micco. — La légende de Fennisje. — Noël. — Vigna. — Joseph la Vérité. — L'oiseau griffon.	82
VII. — Les Cornes. — Viola. — Les contes de l'Ogre.	107
VIII. — Le conte de Persillette	122
IX. — Mémoire sur la Jettatura. — La Jettatura dans l'antiquité grecque et latine. — L'opinion de Métrius Florus. — La Jettatura dans la loi des XII tables. — La Jettatura de la voix, des yeux, etc. — Les anciens préservatifs contre le mauvais œil	141
X. — La Jettatura dans la Bible. — L'opinion de saint Thomas, de saint Jérôme, de Diderot, de M. Victor Cherbuliez. — La Jettatura des prêtres et du pape. — Preuves tirées du bon sens. — Histoires de jettateurs. — Les préservatifs modernes. — Questions pendantes .	159
XI. — Superstitions bolonaises : l'amour, le mariage, le baptême. — La *vertu* dans les Marches. — La science de Mariuccia et d'Angeline. — Les sorcières . .	179
XII. — La Sibylle de Noto. — La religion du vendredi. — La dévotion joviale. — Le Pater noster d'un lazzarone.	195
XIII. — Les contes milanais. — Enfantillages. — Le Savetier. — Le Curé. — La Poule volée. — Le Prêtre qui mangea de la paille. — Les deux Jamais-contents. — Les Oies. — Anecdotes de Giusti. —	

	La voie épineuse. — Saint-Ambroise et les trois garçons	214
XIV.	Les contes toscans. — Le dialecte. — Les Trois amis. — Le Loup et l'Écrevisse. — La nouvelle du Sommeil. — Manfano, Fanfano et Zufilo.	230
XV.	Le Pastoureau. — Fanta Ghirò.	242
XVI.	Happe-fumée. — Mignon-bijou. — Le Pétrifié.	254
XVII.	Gesto de Léonbrun. — Le Magicien aux sept têtes.	278
XVIII.	Monsieur Jean de Constantinople. . . .	297
XIX.	La belle Jeanne.	323
XX.	La belle Ostessina. — Un conte italien, une lettre de Paul. — Louis Courier et une nouvelle de la Reine de Navarre	341
XXI.	Barbe-bleue à Florence. — Une saga du nord à Bologne. — Une légende japonaise à Naples. — Un conte de fées tiré du Ramâyâna.	358

FIN DE LA TABLE

St-Amand. — Imprimerie de Destenay.

www.ingramcontent.com/pod-product-compliance
Lightning Source LLC
Chambersburg PA
CBHW070447170426
43201CB00010B/1240